신뢰와 통합의 인재가 답이다

글로벌 인재포럼

2014

신뢰와
통합의 인재가
답이다

| 한국경제신문 특별취재팀 지음 |

한국경제신문

신뢰와 통합은 관계 속에서 만들어진다

훌륭한 인재(人材)라 하면 대부분 '재능이 뛰어난 사람'을 떠올리기 십상입니다. 머리가 똑똑하고, 말을 조리 있게 잘하고, 판단을 빠르게 하는 사람 말입니다. 초·중·고등학교에 다닐 때에는 공부를 잘하는 학생, 대학생 때에는 고시에 합격하거나 유학을 떠나는 사람들을 인재라 생각하는 경향이 있습니다. 직장 생활을 하거나 사회 활동을 할 때에는 '많은 성과를 내는 사람'이 주로 거론됩니다.

하지만 이런 생각은 개인적인 차원에서 보는 인재상입니다. 이런 인재가 되기 위해 자기계발에 노력하고 성공의 길을 걷는 것은 개인이나 가족의 꿈일 수 있지만, 우리 사회가 바람직하다고 여기는 인재로 보기는 어렵습니다.

2014년 11월 4일부터 6일까지 2박 3일 동안 서울에서 열린 〈글로벌 인재포럼 2014〉는 우리 사회에서 필요한 인재에 대해 심도 있게 고민하는 자리였습니다. 포럼의 대(大)주제는 '신뢰와 통합의 인재'였습니다. 신뢰와 통합은 개인의 머리가 아니라 '다른 사람들과의 관계'에서 나옵니다. 상대방을 인정하고, 꾸준한 교감과 정서적인 연대를 유지해야만 생길 수 있는 힘입니다.

'신뢰'를 키워드로 정한 데에는 세월호 참사도 영향을 미쳤습니다. 침몰하는 배를 그대로 두고 간 선장과 선원들, 구조에 적극적으로 나서지 않은 해양경찰, 자신의 잇속을 채우기 위해 각종 불법을 일삼은 해운사, 이들과 결탁해 이권을 챙긴 사람들…. 우리 사회의 기본적인 신뢰를 저버린 이들의 행동으로 극심한 혼란을 겪어야 했습니다. 짧은 기간에 눈부신 경제성장을 이뤄낸 한국이 기본적으로 지켜야 할 것들을 무시하고 건너뛴 결과가 아닌지 반성하는 계기였습니다. 각자 맡은 직무를 성실하게 이행하지 못해 신뢰가 무너지면 지금까지 공들여 쌓아온 것이 한순간에 무너질 수 있다는 위기감과 교훈을 우리 사회에 줬습니다.

통합은 여전히 우리 사회가 추구해야 하는 핵심가치입니다. 사람들이 하나의 생각만 갖도록 만드는 것이 통합이 아닙니다. 다른 사람들이 자신의 생각에 동조하도록 노력하는 것도 통합을 위한 노력이 아닙니다. 오히려 자신과는 다르게 생각하고 행동하는 사람들이 있다는 것을 인정하는 것이 통합의 첫 걸음입니다.

하지만 우리 사회에는 상대방의 가치관이나 의견을 이해하려고 노력하기보다는 자신의 주장만 내세우고 상대방과 선을 긋는 데 골몰하는 사람들이 아직도 많습니다. 지역과 학연, 이념 등으로 갈라서고, 상대방을 '개념 없는 집단'으로 매도하는 일이 횡행합니다. 이런 편가르기를 통해 갈등을 키우고 사익(私益)을 추구하는 집단은 우리 사회의 암덩어리입니다.

세계적으로도 통합은 큰 이슈였습니다. 경기 불황이 장기화되면서 빈부 격차, 양극화 문제가 새롭게 부각됐습니다. 자본축적 속도가 경제성장 속도를 앞질러 빈부 격차가 더 확대되고 있다는 내용의 《21세기 자본》을 쓴 토마스 피케티가 뜨거운 관심을 끈 해였습니다. 미국에서는 흑인 청년 마이클 브라운을 사살한 백인 경찰에 대한 사법처리 문제를 놓고 흑백 인종갈등과 폭력사태가 발생했습니다. 신뢰와 통합 회복이 세계적인 이슈로 떠오른 한 해였습니다.

올해로 9회째를 맞은 글로벌 인재포럼에는 60여 개국에서 120여 명의 HR(human resources: 인적 자원) 전문가들이 연사와 토론자로 참여했습니다. 김용 세계은행 총재는 '사회통합과 신뢰구축을 위한 발전 전략'을 주제로 강성모 KAIST 원장과 대담을 했습니다. 김 총재는 자신의 성장 과정과 경험을 토대로 인재양성 등에 관한 통찰력 있는 얘기를 들려줬습니다. 존 가트맨 미국 워싱턴대 명예교수는 게임이론을 예로 들며 신뢰의 중요성을 이론적으로 설명했습니다.

지영석 미국 엘스비어그룹 회장, 야니나 쿠겔 지멘스그룹 HR총괄부사장, 케빈 스니더 맥킨지 아시아 회장, 일라이 콜린스 클아우데라 최고기술책임자(CTO)가 발표자로 나선 '글로벌 최고경영자(CEO)가 말하는 성공의 법칙'은 진지한 발표와 청중의 뜨거운 관심으로 화제를 모았습니다. 좌장을 맡은 전성철 세계경영연구원장이 여러 질문들 가운데 일부만 선별해야 할 정도였습니다.

로버트 브라운 미국 보스턴대 총장, 에릭 케일러 미국 미네소타대 총장, 세이케 아쓰시 일본 게이오대 총장, 티머시 오시어 영국 에든버러대 총장이 발표한 '미래의 대학을 위한 새로운 패러다임'

은 대학이 안고 있는 고민과 발전 방향을 엿볼 수 있는 좋은 기회였습니다.

이 밖에도 많은 연사들과 토론자들이 나서 우리 사회에 필요한 인재에 대해 통찰력을 주는 얘기를 많이 했습니다. 이 책은 글로벌 인재 포럼의 세션들을 직접 듣지 못한 독자 여러분을 위해 만들었습니다.

이 책은 크게 4부로 구성되어 있습니다. 1부에서는 신뢰와 통합의 인재라는 올해 주제를 비교적 충실히 반영한 인재포럼 주요 세션을 다루고 있습니다. 세계적으로 '통합의 아이콘'으로 통하는 김용 세계은행 총재의 대담은 연사로 참여한 각국의 전문가들조차도 '감동을 받았다'고 격찬할 정도로 알찬 내용을 담고 있습니다. 존 가트맨 워싱턴대 명예교수의 강연과 글로벌 시민교육, 세월호 참사 이후 관심을 모은 직업윤리 관련 세션 등도 소개되어 있습니다.

2부는 교육의 새로운 패러다임을 다루고 있습니다. 해외 명문대 총장들이 내다보는 미래 교육의 전망과 영국 대학들의 세계화 전략, 최근 각광받고 있는 MOOC(온라인공개수업)의 동향 등은 앞으로 변화될 교육 현장을 예측하는 데 많은 도움을 주리라 기대합니다. 또한 공유경제에 기반한 교육과 창업교육, 글로벌 MBA 학교들의 동향도 함께 소개합니다.

3부는 글로벌 기업의 인재육성 방안과 세대별, 성별 다양한 일자리 창출 방안을 집중적으로 다루고 있습니다. 사회관계망(SNS)을 활용한 인재 확보 및 육성 방안과 핵심 인재가 유출되지 않게 관리하는 방안, 세상의 변화를 꿈꾸는 차세대 영재기업인들의 당찬 모습 등은 기업 인사 담당자들에게 중요한 정보가 되리라 기대합니다. 또한 4

부에서 청년, 장년층, 경력단절 여성 등 세대별로 각각 나눠 일자리 확대를 모색하고 이 과정에서 노동조합이나 공공 부문의 역할, 나아가 사회적 변화까지를 다루고 있어 이 책의 내용이 가히 풍부하다고 자부할 수 있습니다.

이 책을 통해 인재육성에 관한 세계 최고의 포럼으로 자리매김한 글로벌 인재포럼의 각 세션을 다시 한 번 마음껏 음미하시고 지식과 정보, 통찰력을 얻는 기회로 활용하시기를 진심으로 기대합니다. 독자 여러분의 앞날에 항상 좋은 일만 가득하기를 기원합니다. 감사합니다.

현승윤
글로벌 인재포럼 사무국장(한국경제신문 편집국 중소기업부장)

제1부

신뢰와 통합의 인재

01 끊임없는 시도가 창의력을 낳는다

김용 세계은행 총재는 "한국의 교육제도는 성과를 내는 데 매우 탁월한 반면 학생들의 심리적 비용이 너무 크고 선택의 폭이 좁다는 게 단점"이라고 말했다.

김 총재는 〈글로벌 인재포럼 2014〉에서 '사회통합과 신뢰구축을 위한 발전 전략'이라는 주제의 기조연설을 통해 "가수 싸이 같은 아이들이 학교에 다니면서 문제아라는 말을 듣지 않는 교육제도를 만들어줘야 한다"며 이같이 강조했다. 그는 "열린 마음으로 학생들의 다양성을 끌어안아주고 재능이 있는 분야에서 최고가 될 수 있도록 지원하는 게 필요하다"고 조언했다.

고교 졸업생의 80%가 대학에 진학하는 현실에 대해서는 "우려할 만한 상황"이라며 "이 때문에 시장에서 필요로 하는 일자리와의 괴리가 커진다"고 지적했다. 그는 "한국 학생들은 경제협력개발기구

(OECD)가 시행한 창의력 검사에서 세계 1위를 기록했다"며 "다만 능력보다는 연공서열 중심의 조직문화에서 이런 탁월함이 짓밟히고 있지는 않은지 살펴봐야 한다"고 말했다.

또한 그는 마이크로소프트 전 CEO 빌 게이츠와의 일화를 소개하며 한국인의 의지력을 높이 평가했다. 그는 "지독하다 할 만큼 무언가 해내겠다는 의지가 중요하다"며 "한국의 교육제도는 이런 투지를 길러주는 환경"이라고 평가했다. 이어 "'열 번 찍어 안 넘어가는 나무가 없다' 라는 말처럼 끊임없는 시도가 창의력으로 이어진다"고 덧붙였다.

기조연설은 강성모 KAIST 총장과의 대담 형식으로 진행됐다.

| 강연 |

교육 체계의 질이 중장기적인 경제성장에 기여한다
김용 세계은행 총재 기조강연

Q 김 총재는 5세 때 미국으로 이민을 간 후 미국의 지도자로 우뚝 섰다. 이런 성공이 가능했던 이유는 뭔가?

A 되돌아보면 불가능해보이는 일을 제안받았을 때 나는 그저 뛰어들었던 것 같다. 예컨대 게이트재단이 처음 창설됐을 때 나는 작은 비영리단체(NGO)를 운영하면서 가난한 사람들의 병을 치료하기 위한 자금을 구하고 있었다. 게이트재단 창립 초기라 어려운

김용 "야심찬 목표를 설정한 덕분에 이를 넘어설 수 있었다."

때였기 때문에 다들 100만~200만 달러밖에 얻지 못할 것이라 했지만 4,500만 달러를 요구했고, 결국엔 그 돈을 받아냈다. 그 경험을 통해 '실패하려면 화려하게 실패해야 한다'는 것을 깨달았다. 세계보건기구(WHO)에서 에이즈 담당 국장으로 일하면서 3억 명을 치료하겠다는 불가능해보이는 목표를 세웠다. 그리고 야심찬 목표를 설정한 덕분에 이를 넘어설 수 있었다.

다트머스대 총장이 된 일도 비슷하다. 한 동료 의사가 "다트머스대에서 총장 후보로 완전히 새로운 사람을 찾고 있다"며 인터뷰를 권유했다. 당시 아내도 "어차피 안 될 텐데 인터뷰나 한번 해보라"고 해서 지원했는데 결과는 성공이었다. 그리고 다트머스대 총장으로 2년 반 정도 일했을 때 그 대학 동문이기도 한 티모시 가이드너 재무부 장관이 전화를 걸어왔다. 그는 대뜸 "세계은행 총재를 맡는 게 어떠냐"고 제의했다. 이튿날인 월요일, 전 세계은행 총재를 만났고, 다음 날 버락 오바마 대통령과 사전 인터뷰를 한 뒤 그 주 금요일에 세계은행 후보자로 지명이 됐다.

이런 경력을 밟기 위해 준비한 적은 없다. 중요한 건 이 모든 게 우연히 일어난 일들이라는 것이다. 그저 가난한 사람을 돕는 의사가 되고 싶었다. 그런데 힘이 있어야 더 많은 일이 가능하다는 것을 깨달았다. 그래서 4,500만 달러 자금을 확보했고, WHO에서 일하게 됐으며 다트머스대 총장에 이어 세계은행 총재까지 오게 됐다. 연 650억 달러를 빈곤퇴치를 위해 쓰는 곳이 바로 세계은행이다. '내가 이걸 할 수 있을까' 같은 생각은 하지 마라. 여러분의 능력에 달린 게 아니라 하고 싶은 일에 달려 있다. '뭐가 되고 싶다' 보다는 '무엇을 하고 싶다'고 생각하면 기회가 생긴다.

Q 세계은행 총재로서 현재 가장 중요한 현안은 무엇인가?

A 단기적인 현안은 에볼라 바이러스 위기다. 세계은행이 에볼라 위기를 지원하기 시작한 계기는 이 문제가 경제적으로도 큰 파급력을 갖기 때문이다. 비단 아프리카 3개국뿐 아니라 전 세계에 커다란 타격을 주기 때문에 초기부터 관리하는 게 필요하다. 그동안 결핵, 에이즈 치료 관련 일을 해봤는데 에볼라가 가장 심하다. 우리가 적절히 통제하고 있는지도 확실치 않다.

더 나아가 어떻게 하면 이 같은 리스크가 세계경제를 위협하는 걸 막을 수 있는지, 그 방안을 찾고 있다. 현재 금융 수단을 통해 일종의 보험 장치를 마련하는 것을 생각하고 있다. 예컨대 선진국이

기금을 마련해 추후에 세계적인 협조를 필요로 하는 질환 문제가 발생하면 즉시 해당 국가로 인력을 파견해서 질환을 통제하는 노력을 시작하도록 하는 것이다.

에볼라의 경우 우리 대처가 너무 늦었다. 1년 전 처음 발병했을 때 조기 대처만 했다면 오늘날 같진 않을 것이다. 그동안은 금융 부문과 세계 보건 담당자들 사이에 괴리가 있었지만 세계은행은 보건 부문을 잘 알고 있고 또 금융 분야에 속하기 때문에 제 역할을 충분히 할 수 있을 것이다. 미리 조기기금을 마련하면 추후에 비슷한 문제가 생길 때 즉각적인 대처가 가능할 것으로 기대한다.

개별 국가가 국회 승인을 받아 예산지출을 결정하고 인력 파견을 결정하는 데까진 시간이 걸린다. 현재 위기에서 얻은 교훈을 바탕으로 향후 비슷한 일이 발생 시 더 큰 파급을 막아야 한다. 부동산 가격의 거품이 꺼져 경제에 문제가 생기면 국제통화기금(IMF)이 바로 개입해 여러 국가의 지불 문제를 해결하는 체계가 마련돼 있지만 질병에 대해선 그렇지 못하다. 이제 세계은행이 그 주체가 되고자 한다.

아울러 세계경제가 저성장 상태를 지속하고 있는 게 상당히 실망스럽다. 회복 속도가 조금 더 빨라지기를 바란다. 흥미로운 점은 6~7년 전과 비교해 각국의 중앙은행과 재무부가 과거엔 고려하지 않았던 수단을 이용하고 있다는 것이다. 저금리 기조에도 중앙은행이 사용할 수 있는 수단이 아직 남아 있다. 예컨대 유럽중앙은행은 그 활동 영역을 넓혀 경기 활성화를 도모하고 있으며, 일본은행은 한 걸음 더 나아가 경제 활성화 방안을 강구하고 있다. 현재 경제 상황은 우려할 만하지만 과거에 비해선 대처할 준비가 어느 정도 갖춰져 있는 것 같다.

Q **인적 자원이 국가 발전에 얼마나 영향을 주는가?**

A 세계은행이 갖고 있는 중요한 통찰력 중 하나가 바로 이것이다. 20년 전 세계은행은 국가의 국내총생산(GDP)이 성장하면 교육과 보건도 그 수혜를 입을 것이기 때문에 경제성장에만 집중하면 교육과 보건 부문 예산이 줄더라도 괜찮을 것이라 생각했다. 지금은 그런 시각을 전혀 갖고 있지 않다. OECD가 실시한 세계 각국의 국제학업성취도평가(PISA) 점수를 보면 그 나라의 경제성장 수준과 상관관계가 상당히 높다. 교육 체계의 질이 중장기적인 경제성장에 기여한다는 것은 이미 경험적으로도 증명됐다.

일각에서는 보건 분야 비용을 제한해야 한다고 주장한다. 래리 서머스 미 재무장관이 2014년 1월, 책을 하나 썼는데 2001~2011년 사이 중진국과 저개발국 경제성장의 24%는 보건 부문 투자에서 비롯됐다는 내용이다. 교육과 보건은 단순한 비용이 아니라 중장기적인 성장을 위한 투자라는 인식이 높아지고 있다. 단순히 돈을 더 써서 문제를 해결하자는 게 아니라 좀 더 효과적인 결과를 얻기 위해 투자를 활용하는 방안들이 많이 있다. 세계은행은 '페이먼트 포 리절트(Program-for Results, PforR)'라는 프로그램을 운영하고 있다. 사업의 성과가 있어야 다음 단계에서 기술적, 재정적 지원이 이뤄지는 것이다. 이 프로그램을 통해 사업 결과가 더욱 좋아졌다. 이런 투자들이 굉장히 중요하고, 동시에 그 투자가 결과로 이어질 수 있도록 보장하는 방법을 찾아야 한다.

Q 교육과 보건 부문에 적절하게 투자하는 국가의 예를 들어 달라.

A 인도는 290억 달러를 초등교육에 투자하기로 결정했고, 탄자니아도 교육에 대한 투자를 상당히 늘리고 있다. 흥미롭게도 케냐에서는 민간 교육회사가 등장했다. 한 사람당 월 7달러의 비용으로 초등과정 교육을 제공하는 회사다. 이 회사는 최첨단 기술을 이용해 교사와 학생 간 상호작용을 높이고 있으며 교사를 대상으로 한 재교육 프로그램도 진행하고 있어서 공교육 부문에 대한 기여가 상당히 높다. 민간이 초등교육을 담당한다는 개념이 생소하기만 이 회사가 너무 뛰어나기 때문에 향후 혁명적인 기여를 할 것이라고 생각한다. 정부의 관리와 감독도 필요하겠지만 고정관념을 깨는 교육제공 체계가 빠르게 확장될 수 있을 것이고, 동시에 수익까지 내면 대단하다고 생각한다.

Q 한국은 세계적으로 교육 선도자라는 명성을 갖고 있다. 내년 5월엔 세계 교육포럼이 한국에서 열린다. 한국 교육제도에 대해 어떻게 생각하는가?

A 14살짜리 아들이 있는데 종종 '공부 안 하면 한국에 보내버린다'고 얘기한다. 한국 교육의 엄격한 맛을 봐야 한다는 생각에서다. 한국 교육제도에 대해 긍정적으로 생각한다. 한국 학생들의 국제 학업성취도평가 점수는 상당히 높다. OECD가 실시한 창의력 검사에서도 1위를 달성했다. 하지만 한국 교육 체계의 결과는 매우 탁월한 반면 심리적인 비용은 상당히 커 보인다. 학생들의 선택의

폭이 상당히 좁다.

하루는 가수 싸이와 저녁을 함께 먹을 기회가 있었다. 싸이는 한국 교육제도 내에서 실패한 사람이라 하지만 만나보니 너무 똑똑했다. 다만 한국의 교육제도 내에서 전통적으로 가치 있게 평가하는 '똑똑함'이 아니었던 것뿐이다. 학생들의 심리적인 비용이 너무 크고 선택의 폭이 굉장히 좁다는 게 한국 교육의 단점이라고 생각한다.

한국의 사교육을 보면 학원 선생님이 잘 가르치지만 사교육으로 인해 빈부 격차가 더 벌어지는 것을 볼 수 있다. 의대 1학년 때 외울 게 너무 많다고 한다. 그런데 3학년이 되어 직접 병동을 돌게 되면 외울 게 더 많아진다. 머리에 아무것도 없다면 창의력을 발휘하기 너무 어렵다. 외우는 것이 많다는 게 단점은 아닌 것 같다. 머리에 뭔가 더 많으면 창의력을 발휘할 재료가 많은 것이다. 그래서 집중적으로 교육에 투자하는 시간이 중요하다. 싸이는 수학과 과학에서 1등은 못했지만 한국에서 학교를 다니면서 춤출 때와 노래할 때 잘했다. 최선을 다해야 한다는 걸 학교에서 배웠을 것이다. 지능지수(IQ)는 못 바꾸지만 투지는 바꿀 수 있다. 한국 교육제도는 주어진 과제에 집중하고 최선을 다하는 투지를 배양한다.

물론 한국 교육제도에 우려할 점도 있다. 독일은 고등학생의 40%가 4년제 대학에 진학하고, 나머진 직업학교로 간다. 스위스는 25%가 대학에 가고 나머지는 국가가 일부 지원하는 견습제도에 참여한다. 이런 교육제도는 시장과 잘 맞춰져 있다. 한국은 고등학생의 80%가 대학에 진학하는 것으로 알고 있는데, 이는 시장에서 필요로 하는 일자리와의 불일치가 나타나는 부분이다. 이 부분은 분명히 수정돼야 한다. 고등학생의 80%가 대학에 간다는 건 우려할 만한 상황이다. 4년 내내 등록금 내고 대학을 다녔는데 졸업한 뒤 적절한 일자리를 찾을 수 없다고 한다면 학생들은 굉장히 어려울 것이다.

Q 글로벌 대학들이 학생 선발에 있어서 직면한 도전과제는?

A 총장으로 있던 다트머스대에서 입학 업무에 참여했었다. 학생 입학과정이 어떻게 진행되는지 관심을 가졌다. 우리는 매년 1,000명을 뽑는데 2만 5,000명의 학생이 응시한다. 대학입학시험(SAT)은 800점 만점인데 응시생의 평균 점수는 720점이다. 상당히 뛰어난 학생들이다. 어떤 학생이 다트머스대에 와서 성공할지, 아닐지를 어떻게 알까?

다트머스대는 학생을 선발할 때 단순히 점수를 중심에 두지 않는다. 만점자를 탈락시키기도 했다. 우리는 흥미로운 학생을 찾는다. 아이비리그 대학들이 선발하길 원한 학생이 있었다. 미국 원주민으로 조실부모한 상태였다. 빈곤한 환경에서 힘겹게 자랐지만 지역 고등학교에서 좋은 성적을 낸 유망한 학생이었다. SAT 650~680점대로 점수만 따지면 유수 대학에 진학할 수 없었겠지만 모든 아이비리그가 그 학생을 원했다.

대부분의 유수 대학은 점수가 완벽한 학생을 원하는 게 아니라 어려움에도 불구하고 엄청난 자기관리능력이나 창의력을 보인 학생을 찾는다. 다트머스대 교육의 가장 중요한 가치는 훌륭한 교수를 초빙하는 것뿐만 아니라 학생들이 동료 학생들에게서도 긍정적인 도전의식을 배울 수 있도록 돕는 것이다. 교수에게서 배우는 것도 중요하지만 동료 학생들로부터 배우는 것이 크다. 다양한 사람들이 다양한 생각을 한다는 것을 경험하게 해주려 한다. 이게 미국 교육의 주요 특징이다.

한국의 훌륭한 대학들도 점수만 좋은 학생이 아니라 유망한 학생들을 원할 것이다. 학생들이 어떻게 하면 한국을 훨씬 발전시킬 수 있는지에 관심을 갖게 하는 것이 좋다. 하지만 이를 어떻게 공정하게 평가할지는 고민해야 한다. 언젠가 입학처에, 그렇게 학생들을 뽑은 뒤 나중에 실제로 이 학생들이 우리 기대에 부응하는지를 평가하느냐 물었더니 그건 안 한단다. 다트머스대의 입학생 선발기준은 나름대로 다양성 공급에만 초점을 맞추고 있다. 최종 결과는 평가하진 않는다. 그게 어렵긴 하다. 끝까지 추적해서 이들의 자질 중에 우리가 훌륭하다고 생각한 것 중 실제 성공에 기여한 자질이 뭔지를 분석하고, 이를 기반으로 잠재력이 큰 학생을 선발하는 것까지는 못한다. 다만 입학생들 사이에 다양성이 크다는 효과가 있다. 한국에도 이런 것이 필요하다고 본다. 만약 한국이 그렇게 변화할 수 있다면 그것은 정말 큰 변화다.

Q 미래 잠재력이 크지만 다른 지원자보다 점수가 낮은 학생을 합격시켰다면 총장 집 앞에 시위대가 모였을 것 같다.

A 다트머스대 학생은 항상 자신의 의견을 주장하지만 입학 결과를 가지고 시위하진 않는다. 일전에 소수자 우대 정책(Affirmative

Action) 개념이 생겼을 때 이에 반대하는 사람이 있었다. 소수 민족의 학생들에게 입학 특혜를 주는 과정에 저항이 있었다. 그런데 지금은 백인들이나 이민자들이나 다양성을 원한다. 우리가 사는 세상은 다양하기 때문이다. 미국 대학들이 굉장히 흥미로워지고 있는 이유도 바로 이 다양성 때문이다. 전 세계 학생들이 다 같이 공부하기 때문에 자연스레 사회에 나아갈 준비가 되는 것이다.

Q 한국 교육제도가 세계에서 선도적으로 보이지만 완벽하진 않다고 생각한다. 사실 완벽한 제도가 어디 있겠나. 그래서 교육부 장관이 어려운 것 같다. 임기도 길지 않기 때문에 너욱 그룋다. 그등안 한국은 반기문 유엔 사무총장, 이건희 삼성그룹 회장, 김연아 선수 등 탁월한 사람들을 배출했다. 이들의 성공이 어떻게 가능했을까?

A 김연아 선수를 빼고 두 분을 만났다. 포트폴리오 개발부터 여러 이슈에 대해 빌 게이츠와 협력하는데 어느 날 그와 같이 저녁을 먹었다. 인지 능력과 의지, 끈기에 관련된 이야길 했는데 빌 게이츠가 말했다. "총재님, 우리가 똑똑해서 이 자리에 온 건 아니지 않습니까?" 그는 굉장히 똑똑한데도, 똑똑해서가 아니라 열심히 일하고 어려움을 뚫고 결과를 냈기 때문에 여기까지 온 게 아니냐고 얘기하더라.

우리는 창의력에 대해 얘기했고 한국 얘기도 나왔다. 그는 삼성과도 여러 가지 일을 했다. 그래서 내가 한국은 창의적이라 생각하는지 물었다. 그는 많은 사람들이 한국은 효율성은 좋지만 창의력이 좋진 않다고 평가한다 했다. 이어 한국인들은 성실하게 일을 해서 뭔가 개선을 하고, 여러 가지 아이디어를 합쳐서 판매하는 걸 과소평가하는 경향이 있다고 하더라. 그러면서 의지라는 것이 굉장히 중요한데 그것을 지닌 것이 바로 한국이라는 데 우리는 동의했다. 지독하다는 표현을 쓸 수도 있는데, 한국인들은 뭔가 해내겠다는 의지가 굉장하다. 이런 투지는 탁월한 아이디어가 있는데 아무것도 결과를 내지 못하는 것보다 훨씬 중요하다.

그렇다면 교육제도가 사실을 가르치기보다는 투지를 키우고 새롭게 배양할 수 있을까? 더 열심히 해서 뭔가 달성할 수 있는 것이 굉장히 중요하다 했는데, 한국이 바로 그런 교육제도를 갖고 있다. 한국 교육을 통해 가장 크게 얻을 수 있는 결과물은 열심히 일을 해야 한다는 것이다. '열 번 찍어 안 넘어가는 나무 없다' 라는 말도 있다. 계속해서 시도를 하다 보면 이것이 창의력으로 이어진다고 생각한다. 빌 게이츠는 실패했다고 생각했을 때도 다시 일어서서 노력하는 것이 창의력이라고 생각했다.

물론 심리적인 부담을 많이 받고 있는 한국 학생들이 좀 불쌍하다는 생각도 들지만 우리 부부는 오히려 자녀들에게 어려움이 너무 부족하지 않나, 인성교육을 위해서는 더 많은 어려움을 겪어야 하지 않나 이런 생각을 한다. 부모는 자식의 이를 날카롭게 갈아주는 돌이 돼야 한다고 어머니는 종종 말했다. 우리는 호랑이 같은 부모가 되고 싶다. 어려움이 없고 다 편안하고 안정적일 때는 열심히 안 할 수도 있다. 그러면 창의력을 개발할 수 있는 기회도 없기 때문이다.

Q 교육열이 큰 호랑이 부모에 대해 얘기했는데, 자녀 교육에 고민이 많은 한국 부모들에게 조언을 한다면.

A '자녀들이 원하는 것을 하게 하라'는 건 한국 사회구조에 맞는 접근법이 아닐 수 있다. 한국은 사회적인 구조와 체계 변화부터 꾀해야 한다. 싸이 같은 아이들이 학교를 다니면서 문제아라는 말을 듣지 않고, 자신의 예술지수(AQ)를 배양하며 자랄 수 있도록 해야 한다. 오늘날 한국의 영화와 음악은 세계에서 가장 인기가 많은 문화산업이다. 예술적인 재능을 크게 인정해주지 않는 사회에서 이런 성과를 이뤄낸 것이다. 열린 마음으로 다양성을 끌어안아주고 어떤 부문에 재능이 있다면 그 분야에서 최고가 될 수 있도록 교육하고 지원하는 게 도움이 되지 않을까. 그렇게 된다면 정말 뛰어난 리더들을 다양한 분야에서 배출할 것이라고 본다. 그러면 미래의 줄리아드 음대는 한국에 만들어져야 할지 모른다.

Q 박근혜 정부는 창조경제를 달성하기 위해 교육제도에서도 창의력과 도전 정신을 강조한다. 젊은이들은 어떻게 하면 창의력을 기를 수 있을까?

A OECD가 실시한 창의력 검사에서 15세 한국 학생들이 1위를 기록했다. 15세 때는 창의력이 너무나도 좋은데 이후에 창의성을 억누르는 걸림돌이 있는 것이다. 남자들에겐 군대가 창의력을 없애는 기관으로 꼽힌다. 창의성이 높은 조직은 연공서열보다는 능력 중심의 보상 체계를 갖추고 있다. 언젠가 전 한국 축구 국가대표 감독이었던 히딩크를 만났는데 선수 한 명이 골을 넣을 수 있는 기회에서 선배가 올 때까지 기다렸다가 공을 넘겨줬다는 일화를

들려줬다. 이런 일은 전 세계 어디에서도 못 본 일이라 했다. 한국 각 기관들은 이렇게 탁월함이 위계질서 때문에 짓밟히진 않는가를 생각해봐야 한다.

Q **마지막으로 한국 젊은이들에게 조언을 해달라.**

A 두 가지를 말하고 싶다. 우선 젊은이들이 반드시 기억해야 할 것은 언어다. 네덜란드 사람을 상당히 존경하는데 평균 3개 이상 언어를 구사한다. 나 같은 경우는 인류학을 전공한 것이 상당한 영향을 줬는데, 이른바 현상학을 배웠다. 전혀 익숙하지 않은 환경에 나를 노출시키는 것이나 마찬가지다. 다른 이가 나와 다른 어떤 관점을 가졌는지를 배운다. 이는 한국에서 태어났지만 24세 때 이방인이 되어 다시 한국에 돌아왔을 때 직접 경험한 것들이다. 의대에서 배운 것보다 인류학을 공부하면서 배운 기술을 매일 이용한다.

한국의 모든 아이들이 언어를 3개 정도 배워야 한다. 중국어, 프랑스어, 에스파냐어 등 배울 수 있는 언어는 상당히 많다. 시간과 노력을 할애해 언어를 배워라. 언어를 발판으로 세계에서 일어나는 일을 직접 목도해라. 한국이 지도자의 역할을 하길 바라는 국가가 늘고 있다. 에볼라 사태, 세계 빈곤퇴치에도 기여해야 한다. 전 세계적으로 한국 제품을 팔고 싶다면 전 세계에 기여해야 한다는 의무 또한 져야 한다. 한국 젊은이들이 그런 세계 시민이 되길 바란다. 세계 여행을 다니면서 한국인 관광가이드의 설명을 들으라는 것이 아니다. 그 국가의 언어로 더욱 많은 것을 경험하라.

| 토론자 |
김용(세계은행 총재), 아리프 라흐만(유네스코 인도네시아위원회 사무총장)

▶ 아리프 라흐만: 윤리와 종교를 창조경제 내지는 창의적인 사회에 어떻게 반영할 수 있을까.

▶ 김용: 인문학 교육이 중요하다고 생각한다. 다트머스대는 학부교육에서 해딩 부문 1위를 하기도 했다. 우리는 상당히 다양한 종교 경험을 강조하는 대학이다. 특정한 종교를 가르치는 것은 논란의 여지가 있을 수도 있지만 우리는 기독교, 유대교 등 다양한 종교과목을 개설했다. 이런 과목을 이수하는 것은 의무는 아니고 선택 사항이다. 하지만 이런 윤리와 종교 교육을 진행하는 것은 굉장히 중요하다. 다트머스 공대생도 철학과 윤리를 배운다. 모든 학생들은 이런 인성교육을 받아야 한다.

▶ 청중: 총재님은 멘토링을 잘 받은 사례다. 멘토링의 가치를 설명해달라.

▶ 김용: 굉장히 좋은 질문이다. 한국 젊은이들에게 꼭 하고픈 이야기가 바로 이 부분이다. 가장 중요한 과업 중 하나는 멘토를 찾고 멘토링을 받는 것이다. 나에게는 내 동료도 멘토다. 나는 멘토가 많았다. 내 멘토인 친구와는 서로 자녀의 대부 역할을 하기도 한다. 이런 멘토링은 미국 교육학자이자 철학자인 존 듀이의 핵심적인 교육철학이다. 미국에서는 존 듀이와 홀스만 간의 교육제도 논란이 있었다. 존 듀이는 멘토와 함께 실제로 공부를 하는 게 중요하다고 본 반면 홀스만은 교실에

서 배워야 한다고 했다. 홀스만의 이야기가 비용 면에서 훨씬 효율적이다. 하지만 그렇다고 해서 좋은 교육 방법이라고 말할 수는 없다. 나는 항상 멘토를 찾는다. 그런데 위치가 높아지면 높아질수록 멘토 찾기가 어렵다. 나는 여전히 리더십코 칭을 받는다. 유명 CEO를 만나 "이런 문제점이 있는데 어떻게 하면 좋을까요?" 하고 묻는다. 멘토링을 잘 받는 사람으로서의 겸손함이 중요하다.

 김용

1959년 서울에서 태어나 5세 때 미국으로 이민을 갔다. 브라운대학교 생물학과를 졸업한 뒤 치과의사인 아버지의 권유로 하버드 의대에 입학했다. 하고 싶던 공부를 포기할 수 없어 같은 대학에서 인류학 박사 학위도 받았다. 그는 편한 의사의 삶 대신 의료구호의 길을 걸었다. 1987년 의료구호단체인 '파트너스 인 헬스'를 설립해 아이티, 페루, 르완다 등에서 의료봉사를 했다. 2004년부터 3년간 WHO에서 후천성면역 결핍증(HIV/AIDS) 담당 국장을 맡아 300만 명의 에이즈 환자를 치료하는 성과를 내기도 했다. 이를 계기로 미국 〈유에스뉴스앤드월드리포트〉가 뽑은 '미국 최고의 지도자 25인'과 〈타임〉지 선정 '세계에서 가장 영향력 있는 100인'에 잇따라 이름을 올리며 글로벌 리더로 부상했다. 그의 도전은 의사에서 개발 전문가, 다시 대학 총장으로 이어졌다. 2009년 다트머스대학교 총장에 취임했으며 2년여 만에 세계은행 수장으로 부름을 받았다. 2012년 최초의 아시아계 개발 전문가 출신 세계은행 총재가 탄생했다.

02 세상을 바꾸는 신뢰의 과학

"신뢰는 한 사람의 자질이나 성격이 아니다. 상대와 함께 상호작용하면서 구축하는 것."

미국 워싱턴대 명예교수 존 가트맨은 포럼 기조강연에서 "신뢰를 강화하는 가장 좋은 방법은 공감(共感)"이라며 "자신의 이익을 극대화하려 한다면 최상의 결과를 이끌어낼 수 없다"고 강조했다.

'세상을 바꾸는 신뢰과학'이란 주제로 연설에 나선 가트맨 교수는 '내시균형(Nash Equilibrium)'을 통해 자신의 주장을 과학적으로 풀어갔다. 수학자 존 내시가 고안한 내시균형은 상대의 행동에 따라 자신의 이익이 최대가 되는 상태를 수학적으로 분석한 개념이다.

가트맨 교수는 실제로 젊은 부부 한 쌍에게 적용한 실험 결과를 청중에게 소개하기도 했다. 부부에게 '집안일을 누가 하는 게 좋을지' 묻고 선호하는 만큼 점수(가장 높은 만족도가 10점)를 매기라고 한 실험이다. 이때 상대방의 결정도 함께 조건으로 걸었다.

그 결과 아내는 남편이 청소를 안 한다고 했을 때 자신이 청소하는 상황에 2점을 줬다. 둘 다 청소를 안 하는 상태에는 0점을 줬다. 반면 남편이 청소한다고 했을 때 자신이 청소하는 경우에는 10점을 줬다. 반면 남편이 혼자 청소하는 상황에는 4점을 줬다. 논리적으로 남편만 청소하는 것이 아내의 이익에 부합하지만, 실제로는 함께 청소할 때 가장 높은 만족도를 보였다는 얘기다. 남편에게 물었을 때도 비슷한 결과가 나왔다.

가트맨 교수는 "자신의 이익뿐 아니라 상대의 이익도 최상으로 염두에 뒀을 때 최상의 선택을 한다는 걸 보여주는 실험"이라고 설명했다.

그는 개인적 관계뿐 아니라 사회적·국가적 관계도 마찬가지라고 조언했다. 가트맨 교수는 "이스라엘은 팔레스타인의 입장과 요구를 충분히 고려하고, 팔레스타인도 안보에 대한 이스라엘의 걱정에 공감한다면 내시균형이 이뤄질 것"이라며 "모든 사회적 관계에서 내시균형에 도달할 때 신뢰가 형성될 수 있다"고 말했다.

가트맨 교수는 신뢰구축에 필요한 '조율(attunement)'의 중요성을 강조하기도 했다. 그가 말하는 조율은 상대의 감정과 욕구를 알아차리고 상대를 향해 귀를 기울이고 관용으로 대하며 이해하고 적극적으로 반응하고 공감하는 것을 의미한다.

| 강연 |

조율을 통한 신뢰구축이 필요하다

존 가트맨(워싱턴대학교 명예교수)

나는 과학자로서 가족을 연구해왔다. 이를 바탕으로 신뢰의 의미에 대해 얘기해보고 싶다. 지난 20년 동안 나는 내 아내인 줄리 가트맨 박사와 함께 연구를 했다. 그녀는 내 아내이자 가장 친한 친구다. 아내는 인간에 대해 많은 통찰력을 제공했다. 한국에서 우리 두 사람은 조벽 동국대 석괴교수와 함께 연구했다.

인간관계를 잘하는 사람이 있고 그렇지 못한 사람이 있다. 간단한 과학적 도구로 20년간 커플과 가족을 연구했다. 교육에 있어서 꼭 필요한 것은 심장과 머리를 연결시키는 것이다. 관계를 이해하는 일반적 시각부터 보자. 폴 에크만 박사는 사람의 표정에 대해 연구했다. 가짜 미소를 봤을 때와 진짜 미소를 봤을 때 사람들의 반응이 다르다. 사람들은 살면서 일반적으로 사회적 관계와 관련된 생각을 하게 된다. 가령 '저 사람은 왜 저렇게 웃을까?' 하고 말이다. 그것은 정말 사랑을 나타내는 미소는 아니라고 생각할 수 있다. 사람이 교류하면서 정신적으로 긍정적이든 부정적이든 판단하게 된다는 것이다.

게임이론으로도 인간관계를 이해할 수 있다. 경제를 이해하기 위해 게임이론이 만들어졌지만 인간 행동 역시 이것으로 알 수 있다. 나와 내 아내가 하는 것은 커플이나 부부 상담이다. 1960년대에는 부부상담에 있어 협력을 위한 가장 좋은 방법은 논리적인 협상을 하

존 가트맨 "신뢰는 함께 만들어가며 쌓아가는 것이다."

는 것이라 여겨졌다. 하지만 나는 이 방법이 틀렸다는 것을 말하고
싶다. 특히 부부 상담에서 왜 이것이 실패할 수밖에 없었는지 설명하
고 싶다.

엘과 제니라는 젊은 부부가 가사 분담에 대해 논의한다고 가정해
보자. 이는 실제 존 켈리 박사에 의해 연구된 것이다. 가사 분담은 엘
이 다하거나, 제니가 다하거나, 또는 둘 다 하거나, 둘 다 안하는 등
의 네 가지 방식이 있을 수 있다.

두 사람에게 어떤 방식이 좋은지 0~10 사이의 점수를 매기라 했
다. 10이 만점이다. 제니와 엘 모두, 둘 다 같이하는 것을 최고로 생
각했다. 제니는 둘 다 안 하는 것에 0점을 줬다. 엘은 2점을 줬다. 논
리적으로 제니의 이익을 위해서는 엘만 청소하고, 엘의 이익을 위해
서는 제니만 청소해야 하는 것이 맞다. 이것은 게임이론 중에 폰 노

이만 균형이다. 이 균형은 최악의 선택 중 최선을 선택하는 상태를 말한다. 폰 노이만 균형은 손실을 줄이는 것이 최선이다.

연구 결과에서도 나왔듯이 함께 청소하는 것이 가장 좋다. 이것이 내시균형이다. 내시균형은 다른 사람의 행동을 고려해 더 나은 선택을 하는 것이다. 내시균형을 위해서는 이기적으로 행동하면 안 된다. 본인의 이익뿐만 아니라 상대방의 이익도 고려해야 최선의 선택을 하게 된다.

최고의 선택을 하기 위해선 공감이 필요하다는 얘기다. 협력을 하기 위한 가장 좋은 방법이 바로 공감이다. 연인, 가족 간에서는 특히 그렇다. 엘과 제니가 서로 각각의 입장을 고려한다면 최상의 내시균형을 이룰 수 있다. 앞서 말한 것처럼 1960년대 부부상담은 잘못된 것임을 수학적으로 증명할 수 있는 것이다. 공감이 필요하다.

신뢰는 상대방의 이익을 자신의 이익처럼 생각할 때 형성될 수 있다. 이스라엘과 팔레스타인은 서로의 요구를 충분히 이해해야 한다. 신뢰는 함께 만들어가며 쌓아가는 것이다.

여기 두 개의 원이 있다. 오른쪽 원은 중립적이거나 긍정적인 원이다. 왼쪽에는 분노, 실망 등 부정적인 원이다. 행복하지 못한 부부는 부정적인 감정에 계속 묶여 있을 가능성이 높다. 부정성에서 탈피해 긍정적으로 가기 힘들다. 체크인은 할 수 있지만 체크아웃을 하지 못한다. 바퀴벌레 약과 비슷하다. 점점 더 빨려들어간다. 상호 신뢰를 하지 않고 각각 자기 이익만 생각하기 때문이다. 이들 같은 사람은 상호 의사소통이 힘들다.

관계가 좋은 부부는 관계를 어떻게 고칠지 아는 사람들이다. 상호 신뢰를 위해 나뿐만 아니라 상대방도 생각하는 사람들이다. 상대방 문제를 해결하기 위해 책임감을 느낀다. 이는 관계를 복구하는 길이기도 하다. '당신 탓만 아니라 내 탓도 있습니다'라고 말하는 것이 신뢰를 위한 길이다.

우리가 미국 시애틀에서 연구했던 것 중에 가장 중요한 것은 '내가 힘들 때 내 옆에 있어줄 것인가'에 대한 답이었다. 이것은 사회적인 기술이고 조율을 통해 발전시키는 것이다. '당신이 힘들어 할 때는 내 다른 일은 멈추고 당신에게만 집중할게'라는 마음가짐이 중요하다. 이러한 관계가 신뢰에 가장 중요한 것이다. 미국뿐 아니라 한국에서도 마찬가지다. 동료나 친구들 사이에서도 중요하다. 만약 '내가 힘들 때, 내가 외로울 때 내 옆에 있어주겠습니까'에 대한 답이 가장 중요하다. '당신이 좀 아파도 나는 할 일이 많으니 당신 일은 당신이 알아서 하십시오'와 같은 생각은 폰 노이만 균형 상태를 만들 뿐이다.

'조율'이 필요하다. 우리는 끝내지 못한 일을 마음속에서 쉽게 지우지 못한다. 제대로 풀리지 않은 일이 꿈에서도 우리를 괴롭히고 이것은 신경질환의 원인이 되기도 한다. 신발 안의 돌 같은 불편함을 주지 않아야 한다. 그래야 배우자나 자녀와 관계를 잘 형성할 수 있다. 상대방의 입장에서 생각해야 한다. 조율을 통한 신뢰를 구축하면 최상의 결과에 도달할 수 있다.

존 가트맨

미국 워싱턴대학교 명예교수 존 가트맨은 페얼리딕킨슨대학교 수학과와 심리학과를 졸업했다. MIT에서 석사 학위를, 위스콘신대학교에서 임상심리학 박사 학위를 받았으며 아내인 줄리 가트맨과 가트맨연구소를 설립했다. 주요 저서로는 《행복한 부부, 이혼하는 부부》, 《내 아이를 위한 감정코칭》, 《관계 치유》, 《왜 결혼은 성공하기도 하고 실패하기도 하는가》 등이 있다.

 용어설명 |

내시균형

미국의 경제학자 존 포브스 내시가 정의한 것으로, 상생사의 전략에 대응해 최선의 선택을 하면 서로가 자신의 선택을 바꾸지 않는 일종의 균형상태를 보이게 되는데 이를 내시균형이라고 한다. 대표적인 게임이론인 이 내시균형은 게임에 참가하는 선수들은 주어진 상황에서 최선의 대응 전략을 택한다는 특성이 있다는 것을 전제로 한다. 경쟁 관계에 있는 개인, 기업, 또는 조직들이 동시에 결정을 내리려 하는 경우 이런 경향이 크다. 다시 말해, 참가자들 모두가 상대방이 내린 선택 하에서 자신의 선택이 최선이라고 여기는 결과에 이르면 이를 내시균형에 이르렀다고 말하는 것이다.

03 상처를 치유하는 관계회복의 마법

한국 사회에는 너무 많은 갈등과 불신이 있다. 부부 간의 갈등도 크다. 이혼율이 높은 편이다. 자녀와 부모 사이도 마찬가지다. 사제 갈등, 노사 갈등, 여야 갈등, 남북 갈등 등 많은 갈등과 분쟁, 불신이 한국 사회를 지배하고 있다.

존 가트맨 교수와 줄리 가트맨 소장은 서로 상호작용을 위한 노력이 필요하다고 강조한다. 상대에게 맞춰주고 정서적으로 애착을 가져야 갈등을 관리할 수 있다는 것이다. 이런 방향으로 간다면 인간관계뿐 아니라 사회적 관계도 훨씬 개선될 것이라는 게 이들 부부의 설명이다.

존 가트맨 교수는 "사회적 신뢰를 강화하기 위해서는 사람들이 상대방의 돈이나 권력에 관심을 기울이기보다는 서로에게 관심을 갖고 염려하는 분위기와 환경을 만드는 것이 필요하다"며 "가장 친밀한 인간관계를 형성할 수 있는 가정에서부터 신뢰감을 쌓는 것이 사회적 신뢰를 향상하는 데 도움이 된다"고 강조했다.

그리고 그의 아내이자 학문적 동반자인 줄리 가트맨 소장은 "대부분의 부모들이 자녀가 다른 사람을 신뢰할 수 있도록 이끄는 방법과 모든 사람이 신뢰를 받을 순 없다는 사실을 균형 있게 가르치는 방법을 모르고 있다"며 "신뢰구축 방법을 알면 가족과 지역 공동체 등에서 신뢰를 구축하고 세상에 기여할 수 있을 것"이라고 말했다.

| 강연 | ❶

신뢰를 구축하기 위한 감정코치
존 가트맨(워싱턴대학교 명예교수)

나는 어떻게 신뢰를 구축할 수 있는지, 감정코칭에 대해 얘기하려 한다. 이어 발표할 줄리 가트맨 소장은 부부 관계에 초점을 맞출 것이다. 한국뿐 아니라 다른 나라도 마찬가지다. 사회자본과 관련해 그동안 사회학에서는 연구가 진행돼왔다. 기본적으로 전화로 설문조사를 하는 식이다. 다른 사람들을 얼마나 신뢰할 수 있느냐 질문하는 것이다.

미국 같은 경우 신뢰가 높은 지역과, 아닌 곳이 확연히 구분된다. 남부 지역은 폭력으로 인한 사망자가 1,000명당 6.07명이다. 그리고 북부 지역은 4.02명이다. 신뢰가 높은 지역에서는 평등, 분배가 훨씬

존 가트맨 "다른 사람과 공감하려는 것이 중요하다."

더 잘 이뤄졌다. 폭력적인 범죄도 적었고, 교육도 더 잘 됐다. 물리적으로 신체적 상태도 더 좋다는 것을 알 수 있었다. 아플 때 얼마나 빠르게 회복할 수 있느냐, 이런 면 또한 신뢰가 훨씬 높은 지역이 좋았다. 신뢰가 높은 지역은 자살률도 낮고 사회 참여도도 훨씬 높았다. 기부 등 사회 참여 역시 훨씬 높았다. 이혼율과 정부 부패율도 낮았다. 투표율은 높았다. 정서적 우울감이 적고 개인의 행복과 희망을 갖는 비율은 높았다. 정부에 대한 신뢰도 높고 사회적으로 학력에 있어서도 좋은 평가를 받고 있었다.

1958년 이후 2010년까지 정부에 대한 신뢰도는 미국에서 하락을 하고 있다. 또 미국에서 지역사회라는 것이 크게 감소하고 있다. 사람들의 사회적 참여가 줄어들고 있다는 얘기다. 많은 가족들이 점점 고립되고 있다는 것을 알 수 있다. 가족들이 집 안에만 머물고 다른 사람과 저녁을 먹고 대화를 나누거나 정치적으로 또 사회적으로 활동을 안 하는 것이다.

빈부 격차를 나타내는 지니계수와도 관련이 있다. 미국에서 1965년부터 2005년까지 CEO들의 연봉과 일반 근로자 연봉을 비교해보니 24배 차이가 나다가 300배까지 그 차이가 벌어졌다. 지니계수가 증가하고 빈부 격차가 점점 더 벌어지고 있다는 것이다. 미국에서 돈으로도 살 수 없는 최고의 민주주의가 있다고 하는데, 이건 맞는 말이 아닐 수 있다. 부유한 사람들이 국가를 운영하고 자기 영향력을 발휘하고 있는 실정이다.

브라질이 그렇고, 아프리카도 빈부 격차가 심각한 지역이나. 시니계수는 선행적인 지표로도 작용하고 있다. 미래 경제발전에 대한 예측이 가능하다. 빈부 격차가 크고 지니계수가 높을수록 신뢰도가 낮다. 그것을 통해 어떤 나라의 경제가 좋지 않을 거라 예측할 수 있다. 노르웨이의 경우 65%가 다른 사람들을 신뢰한다고 응답했다. 브라질의 경우는 단지 2%만 신뢰한다고 답했다. 부패, 범죄, 폭력, 복지, 협력 면에서의 차이가 두 나라의 신뢰도를 통해 나타나고 있는 것이다.

신뢰도가 낮으면 굉장히 안 좋은 결과가 나타난다. 국민의 투표율과 사회적 참여가 적고, 수명도 짧고, 아이들의 학력 신장도 더디다. 학교를 개혁해서 창의력을 함양하고자 한다면 무엇보다 신뢰도가 높은 지역에서 이런 개혁을 실시해야 그 가능성이 높다. 반대로 신뢰도가 낮으면 이런 개혁은 실패할 가능성이 높다.

신뢰가 형성되려면 다른 사람의 복지와 안녕에 신경 써야 한다.

나만이 아닌, 다른 사람과 공감하려는 것이 중요하다. 우리가 밝혀 낸 연구 결과를 어떻게 일반화할 수 있을지 의문이 들기도 했다. 하지만 다른 나라 그리고 그 나라의 여러 지역으로 가도 비슷한 결과가 나왔다.

만약 아이의 감정을 부모가 알아주지 않는다면, 아이들 스스로도 자신의 감정을 인정하지 않게 된다. 자신의 분노와 슬픔에 대해 중요하게 여기지 않는다. 작은 감정들은 사람의 마음속에서 GPS 역할을 한다. 현재 내가 무엇을 느끼고 있는지 신호를 보내주며 또 방향을 제시한다. 그러한 부모가 꼭 냉정한 것만은 아니다. 얼마든지 따뜻한 부모가 될 수 있지만 아이가 분노나 슬픔을 느낄 때 그것을 나쁘다고 생각하는 것이 문제다. 감정을 마치 재킷을 선택하는 것처럼 선택할 수 있다고 생각한다. 긍정적인 감정을 입을 수 있다고 생각하면서 그런 감정을 입기를 바라는 것이다. 그러한 부모는 아이가 부정적인 감정을 느끼는 것에 대해 참을 수 없어 한다. 자신의 내부를 깊이 들여다보고 반추하는 것이 좋지 않다고 생각한다. 아이는 자신의 내부의 감정을 언어화해 표현하지 못한다. 자신의 감정에 대해 가면을 쓰고 내면을 감추게 되는 것이다.

감정코칭을 하는 부모들은 다르다. 스스로도 충분히 감정을 느끼고 아이의 감정도 인지를 한다. 이런 과정에서 친밀감을 느끼고 아이가 잘못해도 왜 그랬을까 고민하며 공감하려 노력한다. 아이가 스스로 느끼거나 어떤 행동을 하는 것을 수용할 수 있다. 단 나쁜 행동은 수용해줄 수 없다는 걸 설명해준다. 감정코칭을 하는 부모들은 정보를 충분히 제공하고 아이들이 실수하더라도 크게 문제 삼지 않고 기다려준다. 그리고 잘했을 때는 구체적으로 칭찬을 해준다. 반면 감정 코칭을 하지 않는, 감정을 무시하는 부모들은 처음부터 아이에게 너무 많은 정보를 준다. 잘못하면 여지없이 그 행동을 비난한다. 그렇게 되면 아이는 점점 더 자신의 능력을 발휘하지 못하고 스스로를 창피하다고 여기게 된다.

미국에 있는 한국인들을 대상으로 연구도 했다. 미국에 있는 한국 부모들은 6, 7세 자녀들을 야단하는 경향이 컸다. 그런 아이들은 자신감을 잃고 위축돼, 성적이 아무리 좋아도 자신들이 잘한다고 스스로 생각하지 못하는 경향이 두드러졌다.

감정은 부모와 연결되는 좋은 기회다. 훈육을 할 때 있어서노 효과적인 부모가 될 수 있다. 아이가 무조건 순종적인 건 좋은 것이 아니다. 부모에게는 편하다. 하지만 우리는 말 잘 듣는 아이가 아니라 창의적이고, 공감할 수 있으며, 의미가 있는 삶을 살고, 또 스스로 자신감을 느끼는 아이로 커가길 원한다. 그러기 위해선 아이를 존중하는 마음으로 대해야 한다. 어른들이 아이들을 존중하는 마음으로, 그들의 말을 들어주고 또 감정을 이해하려 노력하면 그 아이들은 책임감 있는 아이들로 자라날 수 있다.

감정코칭은 기본적으로 아이들 안에 있는 강하지 않은 감정들을 인지하는 것이다. 무섭거나 화가 나는 감정들을 마주하는 것이다. 이런 것을 통해 상호작용할 수 있는 기회로 삼는다. 아이로 하여금 '실수를 할 수 있구나, 완벽할 필요는 없구나, 잘못하면 고치면 되는구나'라고 생각하게 만들어야 한다. 아이가 자신의 감정을 말로 표현하고, 하면 안 되는 것에 대한 한계를 정하는 일이 중요하다.

무엇보다 부모가 아이를 이해하는 것이 중요하다. 그다음에 조언을 하고 문제를 해결해야 한다. 특히 아버지의 역할이 학습적이고 사회적인 면에서 굉장히 중요하다. 물리적으로 어딘가에 있어야 한다는 얘기가 아니다. 아버지가 감정적으로 양질의 관계를 형성하는 것이 중요하다. 모든 아이들은 부모에게 인정받기를 바라는데, 아버지가 아이와 함께하는 시간을 갖고 그것을 채워주는 것이 중요하다는 걸 우리는 알 수 있었다.

집에 방문한 손님이 와인을 따를 때 흘렸다면, 우리는 "괜찮아요, 다른 잔에 따르면 되죠"라고 말할 것이다. 하지만 아이들에게는 엄하게 주의를 줄 것이다. 속으로 '우리 아이가 조심성이 없는 아이가 되면 어떡하지'라고 걱정하기 때문이다.

저녁 식사 시간 부모들 중 75%가 야단을 친다고 한다. 먼저 부모가 시작해야 한다. 의도는 좋았다 하더라도 걱정이나 아이들에 대한 목적을 품기 때문이다. 아이들에게 조언을 하기 전에 뭔가를 이해하는 것이 중요하다.

네 살짜리만 하더라도 이 같은 감정코칭에 대해서 반응한다는 걸 알 수 있었다. IQ가 동일한 아이들을 대상으로 연구했다. 나중에 컸을 때 EQ가 좋고 감정코칭을 받은 아이들이 학업성적 등이 좋은 것으로 나타났다. 감정코칭을 받은 아이들은 슬픔을 느끼더라도 그 외 부정적인 감정은 피해갈 수 있다는 걸 알 수 있었다. 부모뿐 아니라 친구들과도 좋은 관계를 맺는다. 자신에 대한 이해도 높았다. 정신건강도 좋았고, 창의력도 좋았다. 감정코칭을 하는 부모들은 이혼율도 낮았다. 호주 멜버른에서도 감정코칭 연구가 있었다. 그곳에서도 감정코칭이 효과가 있다는 연구 결과가 나왔다. 조벽 교수도 비슷한 연구를 했다. 아이들을 가르치는 교사나 부모들 중 감정코칭을 하는 사람이 좋은 관계를 맺을 수 있었다.

 | 강연 | ❷

감정코칭은 우리를 공감으로 이끈다
줄리 가트맨(가트맨연구소 소장)

존 가트맨 교수는 부모와 아이의 관계에 대해서 말했다. 부부 관계가 어떤가에 따라 아이의 상태도 많이 바뀔 수 있다. 남편이 했던 연구, 그리고 나중에 나도 함께 참여한 연구에 대해 소개하려 한다. 이 연구는 1970년대 중반부터 시작됐다. 그때는 우리 부부가 만나기 전인데 당시 그는 연애를 못해서 이 연구를 시작했다고 한다. 바로 연애를 잘하는 사람들은 어떤 비법이 있을까 하는 질문을 가지고 시작한 연구였던 것이다.

그 이후로 존은 3,000명이 넘는 커플을 만났다. 신혼부부에서 50년 이상 함께 산 부부까지 실험실로 모았다. 그리고 그들에게 어떤 문제를 집에서 하는 것과 같은 방법으로 해결해달라 부탁했다. 함께 하루를 보내며 서로 평소처럼 지내라고 했다. 이 추적이 20년 동안 이어졌다.

어떻게 변화를 측정했을까. 일단 비디오로 커플들의 상호작용의

줄리 가트맨 "대화하는 법을 배워야 한다."

전 과정을 촬영했다. 그리고 1초를 100분의 1단위로 나눠 동영상을 분석했다. 아주 대단한 실험이었다. 얼굴의 표정도 코딩했고 대화의 내용도 분석했다. 그뿐 아니라 심장박동과 흐르는 땀 등 몸의 반응까지도 측정했다.

워싱턴대 캠퍼스에서 아파트를 구해 실험실로 만들었다. 그냥 보기에는 작은 주방과 소파 등이 있는 일반 숙박시설이었다. 여기서 24시간 동안 커플이 함께 있도록 했다. 어떤 것을 해도 상관없었다. 대신 거기에는 4개의 카메라가 설치돼 있었고, 소변 테스트를 했고, 혈액 채취를 해서 스트레스와 호르몬 등을 측정했다. 어쨌든 이 공간은 한쪽에서 관찰하고 있다는 것만 빼고는 호텔과 동일했다.

관찰을 통해 두 사람의 관계가 어떻게 변할 것인지, 계속 결혼을 이어갈지, 또는 이혼을 할지 등 변화를 예측할 수 있는 지표와 징표 등을 찾기를 원했다. 이 실험은 각 커플별로 1~3년에 한 번씩 최장 20년 동안 지속됐다.

이제 그 결과에 대해 말하겠다. 문제 해결을 위해 어떻게 상호작용을 하는지, 아파트에 함께 있으면서 서로의 욕구를 어떻게 맞춰주는지 등을 관찰했다. 이때 강한 징표를 찾아낼 수 있었다. 결혼을 유지하는 사람들의 경우 문제를 해결할 때 5대 1의 비율로 긍정적인 상호작용이 더 나타났다. 일반적인 대화를 할 때는 20대 1로 긍정적인 것이 더 많았다. 이혼하는 커플의 경우는 0.8대 1의 비율이 나타났는데, 긍정적인 대화가 적었다.

부정적인 사람들 사이에는 네 가지 예측 가능한 행동이 있었다. 먼저 서로를 비판했다. 비판을 하는 것이 둘 간의 문제를 더 악화시켰다. 자신의 감정이나 필요를 말하는 것이 아니라 상대방의 문제를 꼬집어서 비판하는 성향이 높았다. 비판하면 빙이티겨고 한다. 공격받기 싫어서 방어하는 것이다. 이것이 두 번째 문제행동이다. 세 번째는 순응 상태다. 비판이라고 하는 것은 그래도 상호작용인데 순응은 한쪽을 무시하거나 온전히 순종하는 상태다. 이런 것이 진행되면 관계가 악화될 수밖에 없다. 특히 순응 상태에서는 파트너로서 듣는 사람과 쏟아내는 사람이 생기는데 듣는 사람의 질병 발병률이 높았다. 한쪽으로 치우친 관계는 관계 악화뿐 아니라 건강도 악화시키는 것이다. 네 번째로 스톤월링(stone walling: 벽에 대고 말하기)이다. 이것은 누군가가 말할 때 듣고는 있지만 그냥 무시하고 아무런 대꾸도 하지 않는 상황을 말한다. 이럴 때의 신체적 지표를 평가했는데 듣지 않는 척하는 사람들의 심장박동 수가 매우 높았다. 평상시 맥박 수는 60~80인데 조깅할 때와 비슷한 수준까지 올라갔다. 우리가 알 수 있는 것은 서로를 무시하고 말을 들어주지 않는 경우에는 신체적으로 많은 압력을 받는다는 것이다. 감정적으로 너무 큰 공격을 받는다 생각해 어디 머나먼 행성으로 가버리고 싶은 감정을 느끼는 것이다. 파트너와 있는 것 자체가 너무 싫어질 수밖에 없다.

이외에 발견한 것은 커플 사이에 발생하는 문제의 69%는 사라지지 않고 남는다는 것이다. 그것은 사람의 성격, 라이프스타일의 문제로 발생하기 때문이다. 그 때문에 대화하는 법을 배워야 한다. 대화를 가볍게 할 수도 있고, 깊게 할 수도 있지만 문제들 때문에 상대방의 취향을 무시하는 것이 아니라 대화로 해결하는 것이다. 모든 부부 관계에 있어서 동일한 문제가 발생할 수 있다. 결혼하기로 했다는 것 자체는 그 성격과 특성을 평생 가져가겠다고 한 것이다. 누구랑 결혼을 하든 간에 문제는 있기 마련이다. 때문에 해결 방법이 더 중요하다.

또 하나 발견한 것은 부부가 서로 끈끈한 친구 관계로 느끼고 있다면 부부 관계에 긍정적이라는 점이다. 상대가 70살이 되도록 친구로 기댈 수 있는 우정을 쌓는 것이 중요하다. 이는 상대방의 필요를 더 맞춰줄 수 있고 남편과 아내가 서로의 꿈을 인정해줄 수 있다는 것을 말한다.

갈등을 해결하는 데 여러 요소가 있다. 먼저 문제를 어떻게 제기하는지가 중요하다. 상대를 헐뜯으면서 제기하면 효과가 없다. 부드러운 시작이 중요하다. 문제를 부드럽게 꺼내는 것이다. '나는 스트레스를 받았다. 차가 한쪽이 찌그러져서 화가 난다' 또는 '전기요금을 내지 않아서 화가 난다' 식으로 문제를 제기한다. 배우자에게 공과금을 내달라고 부탁할 수도 있다. 상대에 대한 느낌이 아니라 상황에 대한 감정을 말하고 어떻게 해달라 말하는 것이다. 또 부부가 상대방의 영향력을 받아들이는 것이다. 아내가 늘 남편의 의견을 받아들여야 하는 것이 아니다. 쌍방향으로 함께 이뤄져야 한다.

흥미로운 것은 일반적인 인간 본성이다. 나의 남편은 부모에 대해 말하면서 자녀를 이해해야 한다고 했다. 부부도 마찬가지다. 상대의 감정을 이해하고 그다음에 문제를 해결해야 한다. 먼저 이해해야 결혼 관계가 성공적으로 유지된다. 이렇게 이해하기 위해서는 상대의 꿈과 희망을 이해해야 한다. 상대의 입장을 이해해야 한다. 개인사에 대한 이해도 필요하다. 입장을 이해하는 데 도움이 된다. 부부싸움은 언제나 일어난다. 없을 수가 없다. 이때 관계의 거리에 따라 달라질 것이다. 갈등이 발생하는 상황에 대해 서로를 이해하시 못하면 관계가 멀어질 수밖에 없다. 갈등 해결을 어떻게 하는지에 따라 관계의 질이 달라진다.

상대방의 필요를 내 필요만큼 중요하게 생각하는 것이 바로 신뢰의 시작이다. 투명성이 있어야 신뢰가 구축된다. 투명성은 누군가가 나를 투명하게 보도록 하는 것이다. 겉이 아니라 생각, 마음까지. 예전에 어느 국가에서 워크숍을 진행한 적이 있다. 많은 부부들이 부부관계의 어려움을 겪고 있었는데 한 남자가 내가 방어하지 않으면 그녀가 나를 죽일 것이라 했다. 그에게 투명성은 두려운 것이었다. 나는 이렇게 말했다. 그렇게 방패를 들고 있으면 아내가 사랑할 수 있는 부분도 막을 수 있다고.

부부들이 워크숍에 오게 된 것은 방패도 내리고 공격도 그만두기 위한 것이다. 투명하지 않으면 사랑할 수 없다. 정확하게 이해할 수 없으면 관계가 발전할 수 없다. 감정을 투명하게 전달해야 한다. 감정이 투명하게 보이고 느껴져야 한다. 생각뿐 아니라 감정도 투명해야 한다. 감정의 공유가 있어야 한다. 이렇게 투명성이 높아지게 된다면 공감을 더 이끌어낼 수 있다. 한 부부가 너무 오래 싸우더라도 자신의 감정을 드러내기 시작하고, 과거의 여러 고통과 감정들을 내려놓고 보여주면 상대도 부드러워진다. 이제는 보살펴주고 싶어 한다. 서로 타협을 하는 것이 더 쉬워진다. 타협으로 나아가는 토대가 마련된다.

공감은 다른 사람의 감정을 느끼는 본성이다. 서로 연결되는 기본이 되는 것이다. 세상을 살아가면서 우리의 신체를 넘어 다른 사람의 감정을 느끼는 것이다. 나의 감정을 잘 살피고, 다른 사람의 감정을 느낄 줄 안다면 공감이 이뤄질 것이다.

감정코칭이 커플 사이에서도 효과적이다. 한쪽이 감정을 공유하면 다른 쪽은 기회로 보고 더 가까이 다가간다. 더 친밀감을 느끼게 된다. 감정코칭은 부모와 자녀 관계에서와 마찬가지로 부부 관계에도 효과가 있다. 상대방의 감정을 읽고 공감하는 것이다. 성공적인 커플의 현상이다. '슬프구나' 또는 '화가 났겠구나' 인정하고 '왜 그런지 알겠다' 라고 한다면 공감이 이뤄지고 이 감정을 해결할 수 있다. 감정을 무시하면 상대방의 감정이 이성적이지 않고 근거 없고 쓸데없는 것이라 말하는 것과 같다. 하지만 감정코칭은 이해한다고 말하는 것이다. 이렇게 하게 되면 스트레스가 줄어든다. 그리고 문제해결에 있어서 문제가 있더라도 스트레스를 줄일 수 있다. 내가 직장에서 스트레스를 받았을 때 내 문제를 해결해주는 것이 아니라 감정을 공유해줄 때 스트레스가 줄어든다.

부부 관계를 관찰하면서 알게 된 것인데, 후회되는 부부싸움을 했을 때 잊어버리려 한다면 신발 안의 돌을 꺼내지 않는 것과 같다. 걸을 때마다 아플 것이다. 건강한 부부 관계는 이 부분에 대해서 대화를 한다. 왜 이런 부부싸움이 그렇게까지 나쁘게 됐는지 대화를 하는 것이다. 마치 극장 2층 발코니에 앉아 두 사람의 연기를 보듯 말이다. 이처럼 안 좋았던 부부싸움에 대해 차근차근 얘기하면서 다음번에는 어떻게 잘 소통할지 얘기해야 한다. 서로 어떻게 느꼈는지, 왜 그렇게 격하게 됐는지. 서로 어렸을 때의 트라우마 때문에 상대에게 화를 낼 수도 있기 때문이다. 또 상대에게 문제가 있을 때 그의 입장을 먼저 듣는 것이 필요하다.

상대에게 신념이나 가치 체계, 개인사에 대한 것을 실문해야 한다. 이 문제를 해결할 수 있는 방안이 있는지 의견을 묻는 것이다. 상대가 원하는 것에 대해 질문하고 들어준다면 날카롭고 뾰족한 감정이 누그러진다. 그 이후 타협이 가능하다. 더 대화를 할 수 있다.

예컨대 자신은 아이에게 체벌하고 싶지 않다고 할 수 있다. 왜냐면 남편 자신이 어릴 때 많이 맞았기 때문이다. 이 때문에 폭력적인 체벌은 없어야 한다고 생각하는 것이다. 이렇게 말을 한다면 아내는 공감하며 이해를 할 것이다.

이런 부부들을 연구해보니 좋은 부부 관계의 경우 서로 질문과 답을 많이 한다. 소소한 것들까지도 많이 물어본다. 직장에서의 일이나 커리어에 대한 것이 아니다. 작은 소소한 일상에 대해서 많은 질문을 한다. 우정을 쌓기 위해서 생각, 느낌, 감정을 잘 알아야 한다. 지속적으로 이해하려고 노력한다. 작은 질문을 많이 해야 한다. 상대방이 뭔가 감정을 연결하고자 할 때 그런 기회를 포착해야 한다. 내가 슬퍼 보이면 남편은 알 것이다. 대화의 기회로 삼아야 한다. 이렇게 기회를 엿보고 관찰하고 인정하고 감정과 상태를 인식하면 긍정적인 상호작용이 가능해질 것이다.

건강한 부부는 서로 칭찬해준다. 긍정적인 생각은 해도 표현을 안하는 경우가 많다. 만지고 표현을 하는 것이 중요하다. 연구에서 보니 손길이 애정을 표현하는 중요한 방법이다. 또 말로 표현하고 고마워하고 인정하는 것이다. 관계가 안 좋으면 서로 얘기를 안 한다. 부부 관계가 좋으면 공통의 의미를 가지게 된다. 가치관에 대해 많이 얘기한다. 미래에 대해서도 얘기한다. 서로 인생의 목표를 달성할 수 있도록 지원한다. 그뿐 아니라 건강한 부부의 경우 큰 질문도 한다. '우리가 세상을 떠날 때 당신은 어떤 업적을 남기고 싶냐'와 같은 질문 말이다. 젊은 부부라도 그런 질문을 한다고 한다. 인생의 방향에 대해서 그리고 세상에 어떤 기여를 하고 싶은지에 대해서 젊은 부부끼리도 질문을 한다.

실제 커플을 연구한 결과다. 어떻게 해야 부부 관계가 건강해질 수 있는지 연구했다. 5만 커플을 대상으로 미국에서 성공적으로 감정코칭을 했다. 이런 내용을 커리큘럼과 프로그램으로 만들어서 가정폭력의 문제에 적용했다. 그 결과 관계가 향상된 것으로 나타났다.

내용을 종합해보자. 사람은 태어나면서부터 다른 사람들과의 관계 속에서 살아간다. 이는 결코 혼자 살 수 없다는 것을 의미한다. 아이가 태어나면 계속 보살펴야 한다. 아이들도 부모의 보살핌을 받는다는 걸 알고 있다. 아이들은 다 감정을 이해한다. 부모의 도움을 받기를 원한다. 아이들은 부모를 믿고 신뢰하고 세상을 사는 방법을 배우길 원한다. 아이들은 감정을 솔직히 말한다. 신뢰하기 때문이다. 아이들은 또 친구들을 원한다. 만약에 부모로부터 감정코칭을 잘 받아서 건강하게 성장하면 친구를 원하고 동료를 원하게 된다. 신뢰할 수 있는 사람과 아닌 사람을 구분하게 된다. 인류라는 종족이 생존할 수 있던 것은 우리가 계속 탐험하고 지적 능력을 높여왔기 때문이다. 마찬가지로 아이들이 성장해서 젊은이가 되면 이들이 세상의 주역이 될 것이다. 더 많은 이웃이 생길 것이다.

신뢰구축 방법을 알면 가족과 지역 공동체 등에서 신뢰를 구축하고 세상에 기여를 할 수 있을 것이다. 사랑받는다고 느끼기 때문에 자연스럽게 다른 사람늘에게도 노력하게 된다. 아이들은 공감 능력을 가지고 태어난다. 우리가 아이들에게 감정코칭을 해주고 아이들에게 다가가 감정을 공유하게 되면, 훗날 아이가 커서 결혼했을 때 그 부부 관계가 건실하고, 또 그 후의 자녀와도 건강한 관계를 맺게 될 것이다. 배려하고 신뢰하는 관계가 이어지는 것이다.

공감을 바탕으로 이러한 신뢰 관계를 형성하고 의미 있는 삶을 살기를 바란다. 우리는 아이들이 커서 다른 사람들의 고통을 이해하고 배려하고 살기를 바란다. 아동기부터 감정코칭을 통해 신뢰를 구축한다면 그 아이는 성인이 돼서도 건강한 관계를 맺을 수 있을 것이다. 이를 통해 결국은 신뢰가 가득한 사회를 이룰 수 있을 것이다.

 줄리 가트맨

가트맨 연구소 공동 설립자이다. 부부관계 권위자이자 임상심리치유 전문가이다.

| 토론자 |
조벽(동국대학교 석좌교수), 존 가트맨(워싱턴대학교 명예교수),
줄리 가트맨(가트맨연구소 소장)

▶ 조벽: 감정코칭, 감정적 정서 공유라고 하는 것에는 어떤 조건이 있는 것 같다. 다시 말하면 사람의 행동이 아니라 감정을 봐야 한다는 것이다. 이것이 전제일 것 같다. 가만히 보면 교사도, 부모도 행동주의에 영향을 많이 받는 것 같다. 행동을 보고 얘기하는 사람들이 많다. 행동주의를 내려놓고 감정에 집중할 수 있도록 다시 교육할 수 있을까?

▶ 줄리 가트맨: 교사가 자신의 감정을 먼저 인지할 수 있어야 한다. 교사는 아이들을 도와주고 싶어 한다. 아이들을 도와주는 데 적절한 행동을 하는 것도 요구된다. 교사가 자신의 감정을 인지하지 못하면 아이들이 가진 감정을 인지하기 어렵다. 교사가 자신의 감정을 인지한다면 그 행동이 나타날 때는 원인이 있다는 걸 알게 된다. 폭포를 보면 굉장히 강렬하고 장관이라 감탄할 것이다. 그러나 폭포의 원천이 무엇인가 생각해보면 눈에 보이는 것과는 굉장히 다르다. 아이가 어떤 행동을 했을 때 그 행동이 어디에서 나오는지 생각해보면 그 내부 감정과 교감을 쌓게 된다. 그렇게 하면 아이에게 긍정적인 영향을 주고, 행동도 좋은 방향으로 이끌 수 있을 것이다.

▶ 조벽: 한국의 경우 과거 환경과 경험이 좋지 않았던 것 같다. 어렸을 때부터 성인이 되기까지 적당한 격려나 사랑을 못 받고 자란 사람이 감정코칭을 받는다면, 그 사람의 삶이 바뀌게 될지 궁금하다.

▶ 존 가트맨: 감정코칭과 관련해 경청을 하려는 의지가 중요하다. 비판이나 질문이 아닌 어떤 감정이었냐고 질문하는 것이 중요하다. 경청을 하면 아이들이 부모의 협력자가 된다. 가장 중요한 것은 아이들의 이야기를 잘 들으려고 하는 것이다. 이 아이를 가르쳐주고 이끌겠다는 마음을 버리고 이해하는 사람이 되겠다고 마음을 먹는 것이다. 시간이 흐르면 조력자가 된다. 이 감정코칭의 과정이 아이와 함께 작업을 하는 것이기 때문에 효과가 좋다. 난 딸이 하나 있다. 나는 좋은 아빠가 되는 법을 배운 적이 없다. 나는 단지 계속 들으려 했고 그런 과정에서 배울 수 있었다. 어릴 적에 감정코칭을 경험하지 못했더라도 아이의 감정을 들으려 하고 이해하려 노력하면 자녀가 나의 조력자가 되어줄 것이다.

▶ 조벽: 나도 코칭을 하고 있다. 비즈니스 워크숍을 진행한 적이 있는데, 그곳에서 감정코칭을 했다. 많이 어렵다고 하더라. 상대방의 감정을 이해하기 쉽지 않은 것이다. 감정코칭의 핵심은 공감이다. 다른 사람의 감정을 어떻게 이해하고 공감을 불러일으킬 수 있을까.

▶ 줄리 가트맨: 공감은 매우 흥미롭다. 우리는 이미 공감을 할 수 있도록 설계돼 있다. 공감을 못하는 이유는 자신의 감정을 잘 모르기 때문이다. 누군가 공감에 어려움을 느끼고 있다면, 우선 자신의 감정을 이해하도록 해야 한다.
감정적인 이야기를 해줘라. 어떤 느낌인지, 몸의 어떤 부분이 긴장이 되는지를 물어봐라. 얼굴이나 배가 긴장될 수 있을 것이다. 몸이 감정적인 이야기에 반응하는지 물어봐라. 예를 들어 배에 통증이 있다면 배가 공격을 당한다고 느낄 수도 있다. 몸이 움츠러든다면 아마도 슬픔을 느끼는 것일 테고 어금니를 꽉 깨물게 된다면 아마도 화가 나는 감정일 거다.
몸에 어떤 느낌이 있는지 이야기하도록 해야 한다. 다른 이야기를 하면서 느낌을 잘 파악할 수 있도록 유도를 하고 본인의 감정을 느끼도록 해야 한다. 처음에는 몸이 반응하고 비로소 이것이 어떤 감정인지 알게 될 것이다. 자신의 감정을 읽을 수 있게 되면 그다음에는 듣기만 하면 된다. 그다음에는 다른 사람의 감정에 공감하게 된다. 경청을 해야 한다. 자신의 느낌과 몸의 변화를 파악하고 질문하는 것이다. 화가 납니까, 또는 슬픕니까 물어보면서 확인할 수 있게 된다. 경청을 하면 그것이 확실히 맞는 것인지 확인할 수 있게 된다.

▶ 존 가트맨: 내가 생각하기엔 교사나 부모나 마찬가진데, 아이의 말을 듣는 것이 쉽지 않다. 교사나 부모가 나름대로 아이에 대해 목적을 갖고 있기 때문이다. 부부 사이에도 마찬가지다. 내 옆에서 줄리가 울고 있다고 가정해보자. 내가 할 일은 그녀를 기분 좋게 만들어주는 것이 아니라 눈물의 의미를 이해하는 것이다. 상대의 감정에 대해 책임을 지는 것이 아니라 그 감정을 이해하려고 하는 것이다. 우리는 어렸을 때를 기억하는 건 쉽지 않다. 그렇기 때문에 지금의 시각으로 내 아이를 어떻게 가르쳐야 한다는 의도를 마음에 품게 된다. 이를테면 시간적인 면에서, 아이들은 이 여름이 오래갈 것이라는 느낌을 가지고 있는데 성인들은 여름이 금방 끝날 것이라 생각한다. 이렇게 느낌이나 인식의 차이가 난다. 그래서 아이의 느낌을 이해하려는 노력이 중요하다.

▶ 조벽: 감정코칭에 제한이 있는지 궁금하다. 첫 번째는 아이에 대한 것이었고, 두 번째는 부부 관계에 대한 얘기였다. 예컨대 친구나 상사와의 관계에 있어서도 적용할 수 있는지 궁금하다.

▶ 줄리 가트맨: 나는 제약이 없다고 생각한다. 거의 모든 관계에 도움이 된다고 생각한다. 예를 들어보자. 감정코칭은 이제 기업 내에서도 활용되고 있다. 관리자들과 부하 직원들이 감정코칭에 참여한다. 이를 통해 직원들 사이에서 감정이 오고가는지 파악할 수 있게 된다.
다른 예를 들어보자. 스티브 발머는 마이크로소프트의 CEO였다. 빌 게이츠와 그는 좋은 친구였다. 빌 게이츠는 15년 정도 지나고 나니까 스티브 발머가 그만두면 좋겠다 생각했다. 스티브 발머는 어떤 CEO보다 비판적인 사람이었다. 그는 모든 사람들이 서로를 비판하는 문화를 만들었다. 무서운 문화다. 마이크로소프트가 당시 잘 안 됐던 이유가 이 비판적 문화 때문에 창의성이 발휘되지 않는다고 생각했다. 빌 게이츠는 결국 비판자를 없애고 부드럽고 공감하는 CEO를 불러들였다.

감정코칭은 정치에서도 효과적이다. 미국 선거 때가 되면 서로 헐뜯는 모습을 볼 수 있다. 정부와 정책결정자들이 서로 협력하고 공감하고 이해하려 노력한다면 이 세상이 좀 더 다른 세상이 되지 않을까. 그렇기 때문에 감정코칭을 적용하는 데 분야의 제한은 없다고 생각한다.

04 함께 살아가기 위한 교육

사람이 공부를 하는 이유는 무엇일까. 유네스코는 교육과 학습의 목적을 네 가지로 제시했다. 그 네 가지란 바로 알기 위해, 존재하기 위해, 행동하기 위해, 함께 살아가기 위해서다.

지금은 세계가 하나로 통합된 글로벌 시대다. 개인의 선택과 행동이 영향을 미치는 범위는 개인의 삶 또는 자국을 초월해 세계로 확장됐다. 세계의 상황이 개개인의 삶에 미치는 영향 역시 커졌다. '함께 살아가기 위한 교육'의 중요성이 높아지는 이유가 여기에 있다. '상호이해와 협력을 위한 글로벌 시민교육'을 주제로 열린 〈글로벌 인재포럼 2014〉 발표자들은 세계 각국의 사회 구성원들이 서로 이해하고 협력하는 데 필요한 인성과 가치관을 함양하기 위해선 '글로벌 시민교육'이 필요하다고 입을 모았다.

아리프 라흐만 유네스코 인도네시아위원회 사무총장은 "세계 각국이 기후 변화·경제적인 불안정·일자리를 둘러싼 경쟁 등에 직면했다"며 "모두의 협력을 이끌어내고 국경을 초월해 나타나는 사회 문제를 해결할 수 있는 인재가 필요하다"고 강조했다. 또한 그는 "그런 인재를 키워내는 것이 교육의 사명"이라고 말했다. 라흐만 사무총장이 강조하는 글로벌 시민교육의 구체적 내용은 개인이 자신의 가치와 종교, 문화, 습관 등을 스스로 관찰하고 조절할 수 있는 '개인적 역량', 타인과 상호작용할 수 있도록 하는 '관계를 위한 역량', 국가 간 문화 차이를 인식하고 갈등을 조율할 수 있는 능력인 '문화 간 역량', 각국 모든 사람의 인권과 언어를 존중하고 서로에게 접근할 수 있는 '글로벌 역량' 등을 함양하는 것이다.

김민정 유엔 글로벌 교육 우선 구상(GEFI·Global Education First Initiative) 사무국 과장은 지난 2012년 반기문 유엔 사무총장이 주도한 '글로벌 교육 우선 구상' 역시 세계 시민의 자질을 길러주는 교육의 중요성에 착안해 시작한 것이라고 소개했다. 반기문 사무총장은 글로벌 교육 우선 구상을 통해 '세계 시민의식 증진'을 중점 어젠다로 주창했다.

김민정 과장은 "반기문 유엔 사무총장은 교육을 통해 세계 시민의식을 높이고 국가 간 그리고 자국 내 다양한 민족 또는 문화 간에 서로 이해하고 협력할 수 있도록 하자는 의미에서 글로벌 시민교육의 중요성을 강조하고 있다"고 말했다. 그는 "다문화 간의 이해, 지속가능한 발전, 세계화, 인권 등에 대한 포괄적 교육 등 세계 시민적 소양과 역량을 길러주는 교육에 대한 투자를 늘려야 한다"고 강조했다.

21세기 교육의 역할에 대하여

아리프 라흐만(유네스코 인도네시아위원회 사무총장)

왜 글로벌 시민교육이 필요할까. 세계는 상호 연결된 과제들에 직면해 있다. 읽고 쓰고 숫자를 세는 교육으로는 충분치 않다. 사람들의 생각과 행동을 변화시키고 공동의 가치관을 공유할 수 있는 교육이 필요하다. 21세기의 교육은 사람들이 더 평화롭고 포용적인 사회를 만들도록 하는 데 역할을 다해야 한다.

글로벌 시민교육의 목적은 모든 학습자가 인권과 사회적 정의, 다양성, 양성평등, 환경의 지속가능성 등을 모두 존중하는 지식을 갖춘 시민이 되도록 하는 것이다. 예컨대 인도네시아 인구는 2억 4,000만 명인데 총 783개의 부족들이 1만 7,000개의 섬에서 살고 있다. 조화롭게 살아가지 못할 경우엔 어떤 일이 벌어질까.

21세기는 많은 도전과제들을 안고 있다. 국제적인 것과 지역적인 것, 보편적인 것과 개인적인 것, 전통적인 것과 현대적인 것, 경쟁과 협력 사이의 긴장 등이다. 일자리를 둘러싼 경쟁, 그리고 전쟁도 심각하다.

교육의 역할은 이런 도전과제에 맞서는 것이다. 교육은 사람과 사회적 자원을 만들어내는 데 큰 역할을 한다. 국가 간 우호적 관계를 갖도록 하고, 국제사회가 평화와 국제 협력을 위한 의지 등을 갖게 하는 데 기여할 수도 있다.

이리프 리흐민 "교육은 사람과 사회적 지원을 만들어내는 데 큰 역할을 한다."

　반기문 유엔 사무총장은 지난 2012년 글로벌 교육 우선 구상을 주창했다. 그러면서 세 가지 우선순위를 정했다. 첫째는 모든 아이들이 학교에 다니도록 해야 한다는 것이다. 둘째는 교육의 질 향상, 셋째는 글로벌 시민의식 제고다. 단순히 알고 존재하고 행동하기 위한 교육이 아니라 함께 살기 위한 교육이 필요하다는 인식에서 글로벌 시민의식 제고에 강조점을 찍은 것이다.

　다문화 사회에서의 글로벌 시민의식 교육은 개인적 역량, 관계를 위한 역량, 문화 간 역량, 글로벌 역량 등 4가지 역량을 키우는 내용을 담고 있다.

　개인적 역량이란 개인이 자신의 가치와 사회문화적 토대 등을 인지하고 타인도 그 문화적 토대 위에서 결정된 관점을 갖고 있다는 것을 아는 능력을 뜻한다. 이를 토대로 자신의 행동을 모니터링하고 조절할 수 있는 능력도 포함한다.

관계를 위한 역량이란 자신의 장점과 단점을 인지하고, 이를 바탕으로 문화가 다른 타인과 관계를 맺을 수 있는 능력이다. 다른 사람의 언어적·비언어적 행동에 대한 민감성도 포함한다. 예컨대 특정 국가에서는 머리를 쓰다듬거나 엉덩이를 토닥거리는 행동이 격려의 의미가 아닐 수도 있다. "오케이(Okay)"라고 말하며 엄지와 검지를 붙여 알파벳 'O'를 만드는 것이 어떤 나라에서는 '당신을 원한다'는 의미로 통하기도 한다.

문화 간 역량이란 문화적 상대주의나 문화적 충격 등의 개념을 이해하고, 자국의 문화와 다른 국가의 문화에 차이가 있다는 것을 알고 함부로 평가하지 않는 것을 뜻한다. 속한 그 문화에 따라 사람의 가치관이나 기대, 라이프스타일 등이 달라 발생할 수 있는 갈등을 잘 조율할 수 있는 능력도 포함한다.

마지막으로 글로벌 역량이란 세계적 이슈들을 알고 그 이슈가 다양한 사회에 연관돼 영향을 미친다는 점을 인지할 수 있는 역량을 뜻한다.

 아리프 라흐만

2002년부터 유네스코 인도네시아위원회의 사무총장을 맡고 있다. 자카르타주립대학교 언어학 박사 학위를 받았고, 2014년 인도네시아 상공회의소로부터 진실상(Award for Integrity)을 수상했다.

양질의 교육은 지속가능한 발전의 동력

김민정(유엔 GEFI 사무국 과장)

이번 포럼은 인구의 일부만이 아닌 모든 사람이 함께 잘 살아가고 녹록치 않은 환경에서 잘 경쟁할 수 있는 환경이 주어져야 한다는 데 대한 주제의식을 갖고 있다. 이는 유엔과 유네스코가 주장하는 '모든 이를 위한 교육'과도 일맥상통한다. 교육이란 모든 사람의 인권이다. 치열한 경쟁사회에서 교육은 출발선의 평등을 이룰 수 있는 중요 요건이다.

우리가 필요로 하는 답은 학교에, 학생들의 머리와 상상력과 그들의 미래에, 또 그들을 교육할 선생님들에게 있다. 교육에 대한 투자는 최우선시돼야 한다. 그러나 교육을 위한 글로벌 지원이 정체되고 있다. 자금 지원도 최근 계속 줄어드는 상황이다. 5,800만 명이 교육에 대한 권리를 잃어버리고 있다. 2억 5,000만 아이들이 읽고 쓰고 셈하지 못한다. 시급한 대응이 절실하다.

글로벌 교육 우선 구상은 아이들과 청소년은 물론 성인을 위해 양질의 교육을 제공해야 한다는 목소리를 높이고 있다. 모든 교과과정을 21세기에 적합하게 편성하고, 관용과 평화 그리고 다양성 존중에도 노력을 기울여야 한다고 강조하고 있다.

반기문 유엔 사무총장이 전후 시대를 살아오며 겪었던 어려움이 글로벌 교육 우선 구상에 반영된 듯하다. 불평등과 빈곤을 퇴치하고 모든 사람들이 품위 있는 삶을 살기 위해서는 교육이 필요하다는 걸 절실히 알고 있다.

환경 관련 유엔 정상회의인 '리우+20도' 지속가능한 발전을 위한 목표를 세우고 경제성장과 사회 정의, 환경 보전 등 3가지 측면을 균형 있게 달성하기 위해 노력한다. 여기에서도 양질의 교육은 지속가능한 발전의 동력이라고 본다.

오늘날의 글로벌 트렌드는 국경을 초월한다. 경쟁과 상호의존, 연결 정도가 매우 빠르게 증가하고 있다. 이주와 이동성, 불평등, 기후변화와 불안정 등의 문제도 국경을 초월해 나타나고 있다. 상상했던 것보다 변화 속도가 매우 빠르다.

교육이나 보건 · 의료에 대한 접근성, 물과 식량, 에너지 등에 대한 접근성도 아직 모두에게 열려 있지 않다. 도시의 인구집중도 심각하다. 세계 인구는 2050년까지 90억 명에 도달할 전망인데 그중 70%는 도시에 거주할 것으로 추정된다. 이는 새로운 문제들을 발생시킬 것이다.

인구 증가 자체가 문제는 아니다. 그러나 지구의 자원이 한정돼 있어 문제가 발생할 수 있다. 현재도 8억 4,200만 명의 사람들이 만성 기아에 시달리고 있다. 세계에서 8명 중 1명은 항상 배고픔에 시달리고 있다는 것이다. 그런데 한편에서는 수백만의 사람들이 비만이나 과체중 등에 시달린다. 인구 증가는 이런 문제를 심화시킬 수 있다.

적절한 위생을 보장받지 못하는 사람들도 있다. 11월 19일은 세계 화장실의 날이다. 세계적으로 제대로 된 화장실을 못 가진 사람들이 25억 명에 달한다. 이들은 질병과 전염병 등에 취약하다. 깨끗하지 않은 물 때문에 사망하는 아이들도 상당수다. 기본적인 의식주에 대한 문제 해결이 얼마나 중요한지 알 수 있다.

2030년까지 음식은 50%, 에너지는 45%, 물은 30%가 현재보다 더 필요할 것으로 보인다. 탄자니아 남부를 가면 여성들이 조그만 움막에서 동물 배설물을 땔감으로 써서 요리한다. 거기서 연소돼 나오는 유독가스를 마시다 병이 난다. 지속가능한 발전이란 기술발전을 위해서만 이뤄지진 않는다. 기술발전만으로는 충분한 해결책이 못된다. 그렇다고 법적 제재 같은 것으로도 안 된다. 이미 법적인 수단은 많다.

세계에서 우리가 겪는 여러 문제들은 상호 연결돼 있다. 그래서 이 문제들을 해결하기 위해선 근본적인 사고방식을 전환해야 한다. 동료 인간들과 같이 소통하고 상호작용하는 능력이 사람들에게 필요하다. 반기문 사무총장은 "플랜A, 플랜 B 등 대안은 여러 가지가 있을 수 있지만 지구는 오직 하나밖에 없다"고 자주 강조한다. 글로벌 시민의식은 많은 사람들의 행동과 파트너십, 협조를 유도하기 위해 노력한다.

또 유네스코는 글로벌 시민교육이 단순히 어린이나 학생, 학교만을 위한 것이라 생각하지 않는다. 글로벌 시민교육은 평생 이뤄져야 한다. 성인도 매우 중요한 교육 대상이다. 글로벌 시민교육은 모든 방법과 수단을 통해 최대한 많은 사람들에 전달돼야 한다.

앞으로 이해 당사자들이나 정책 당국에 이 교육의 필요성에 대한 더 설득력 있는 근거를 제시할 수 있도록 많은 노력이 필요하다. 글로벌 시민교육을 미래 개발 어젠다로 삼고 젊은이들의 참여를 이끌어내고, 또 글로벌 시민교육의 성과 등을 측정할 수 있는 지표도 개발해야 한다. 교육자들을 개발하는 데도 힘써야 한다.

젊은이들은 매우 치열한 세계에서 살고 있다. 세상에서 단순한 생존을 넘어 자신의 잠재력을 극대화하고 인간으로서의 존엄과 품위를 지키며 살 수 있어야 한다. 우리는 모두 연결된 글로벌 시민이라는 걸 깨달아야 이 복잡한 세계에 잘 대처하며 살 수 있을 것이다.

오는 2015년 세계교육포럼이 한국에서 개최된다. 새천년개발계획을 마무리하는 것이기도 하고, 새로운 교육 어젠다를 설정하기 위한 자리이기도 하다. 이 자리에서도 생산성 있는 논의를 기대한다.

 김민정

유엔 글로벌 교육 우선 구상 (GEFI) 사무국의 과장이며, 서울대학교에서 영어영문학 학사, 그리고 연세대학교 국제대학원에서 정치과학 석사 학위를 받았다.

글로벌 시민교육은 어떤 방식으로 이뤄지는 게 좋을까

박순용(연세대학교 교육학과 교수)

강연자들은 글로벌 시민교육을 낙관적으로 내다보셨지만, 학자로서 조금은 냉정하게 평가해보겠다. 글로벌 시민교육이 이상주의적인 낙관주의나 상상 속에서만 존재하는 단결력에 국한되지 않도록 하는 노력이 필요해보인다. 글로벌 시민교육이 이상적 표어에 그치지 않기 위해서는 긍정적인 비전을 갖고 있는 것만으론 부족하다. 구상을 성공으로 이끌기 위해 실질적으로 무엇을 해야 할지를 생각해야 한다.

글로벌 시민교육의 개념을 정리할 필요가 있다. 이는 에볼라와 같은 초국경적 위기 때문에 생겨난 개념이다. 이 개념 자체가 도달하기 힘든 목표가 돼서는 안 된다. 달성 가능하고 실용적인 개념으로 만들어야 한다. 시민교육, 시민의식, 시민봉사 등의 개념을 글로벌한 차원으로 확대하는 것으로 생각해보는 것을 고려할 수 있겠다. '나' 보다는 '우리'를 우선순위에 놓고 이 생각을 행동으로 옮기는 것으로 정의하는 것이다. 이는 글로벌 시민 개념을 모호한 개념이 아니라 실용적 개념으로 만드는 데 도움이 될 것이다.

글로벌 시민교육의 방식도 생각해봐야 한다. 이는 굉장히 현실적인 문제다. 학교교육에 제한하기보다는 평생교육과 유사한 개념으로 설정하는 것이 더욱 현실적일 것이라 생각한다. 학생들이 교육 현장에서는 평화와 관용에 대해 배웠는데 실제 생활에서 부모들이 자기들이 배운 것과 다른 행동을 보인다면 혼란스러울 수 있다. 그런 면에서 평생교육으로 접근하는 것이 어떨까.

또 학교 현장에서는 교육계가 국제적인 이슈를 다뤄야 한다는 압력이 높아지고 있다. 창의적인 기술을 배양하면서 지구 공동의 문제를 해결하자는 취지는 모든 학교 과목에서 다뤄져야 한다. 그러나 별도의 과목을 만들어 글로벌 시민교육을 하자고 한다면 교사나 학생들에게 부담이 될 것이다. 별도의 과목을 만들려 하기보다는 글로벌 시민교육의 개념이 사회나 과학 등 모든 과목에 보편적으로 적용되도록 하자. 학생들이 모든 과목에서 자연스럽게 글로벌 네트워크, 글로벌 교육의 필요성에 대해 노출될 수 있도록 말이다.

글로벌 시민교육의 가치는 대부분의 과목에 적용할 수 있다. 과학 과목이라면 자연환경에 대한 이해가 글로벌 환경에 어떤 영향을 줄지를 고민할 수 있도록 하는 내용을 담을 수 있다. 우리가 세계 공동체 안에서 어떤 위치에 있는지도 생각해볼 수 있다. 기존 교과과정에도 포함시킬 수 있다. 지역사회 학습이 평생교육과 일맥상통한다. 학교교육과 연결해 평생교육이 이뤄지도록 하자.

| 토론 | ❷

글로벌 시민교육을 체계적으로 추진할 수 있도록

정우탁(유네스코 아시아태평양 국제이해교육원 원장)

글로벌 시민교육이라는 것이 21세기 맥락에 매우 시의적절하다. 세계가 글로벌해졌다. 교육의 목표가 바뀌어야 한다. 글로벌 시민을 배양하고 정의롭고 관용 있고 포용적인 시민을 키워야 한다. 한국은 매우 독특한 상황이다. 과거엔 인구 동질성이 높은 국가였지만 점점 다양해지고 있다. 또 완전한 강대국도 아니고 작은 나라도 아닌 중간 정도에 있다. 빈곤에서 번영으로 빠른 전환을 경험하기도 했다.

한국의 경험을 통해 글로벌 시민교육을 주도할 수 있다고 생각한다. 내년 5월 유네스코가 주최하는 세계교육회의가 한국에서 열린다. 한국 교육에 상당히 기여할 수 있을 것이다. 동시에 한국 정부는 글로벌 시민교육에 앞장서는 모습을 보여줄 필요가 있다. 글로벌 시민교육이 모든 이를 위한 교육사업(EFA)의 포스트 의제로 정식 채택된다면 2030년까지 15년 동안 계속 추진될 것이다.

한국 정부에 두 가지를 제안한다. 한국 정부가 유네스코와 함께 글로벌 시민교육 관련 별도 기금을 마련하자. 또 글로벌 시민교육을 체계적으로 추진할 수 있도록 글로벌 센터를 지정하자. 이 센터를 중심으로 전문가, 학계, 학생, 교사들이 의사소통을 하고 의견을 조율할 수 있도록 하자. 이해 당사자들의 정보공유도 가능할 것이다.

05 21세기 인재가 꼭 갖춰야 할 직업윤리

로저 힐 교수는 "컴퓨터와 로봇이 많은 직업을 대체하는 미래에 직업윤리는 반드시 갖춰야 할 필수 요건"이라고 말했다. 일의 숙련도나 민첩성에선 로봇이 인간을 능가하겠지만, 인간의 모든 노동을 대체할 수는 없을 것이다. 로봇이 대체하고 남아 있는 노동시장에서는 노련함보다는 '신뢰감과 진취적인 사고'가 요구된다는 것이다. 이런 자질을 갖추려면 무엇보다 성실성과 조직에의 헌신 등 직업윤리를 먼저 갖는 것이 중요하다고 힐 교수는 강조했다.

그러나 이영면 교수는 오늘날 한국 사회가 이 같은 직업윤리를 갖추기 힘든 환경을 조성하고 있다고 꼬집었다. 가장 큰 원인은 취업난이다. 역사상 가장 교육 수준이 높지만 취업 자체가 워낙 힘든 탓에, 조직에 들어가서도 공동체를 생각하기보다는 '경쟁에서 살아남아야 한다'는 강박관념에 사로잡히게 된다.

이찬 교수는 이 같은 문제점을 해결하기 위한 방안 가운데 하나로 기업들이 '역멘토링(reverse mentoring)'을 도입할 것을 제안했다. 직급을 초월해 상호 간에 직업윤리에 대한 피드백을 주고받는 분위기가 형성돼야 한다는 것이다.

배상훈 교수는 직업윤리를 갖추기 위해 학생들이 어렸을 때부터 자신의 진로 등을 스스로 선택하고, 그에 대한 책임을 지는 법을 배워야 한다고 강조했다. 책임감이 직업윤리를 구성하는 중요한 덕목이라 보기 때문이다.

 | 강연 | ❶

미래 노동시장을 위해선 직업윤리는 반드시 갖춰야

로저 힐(조지아대학교 직업교육학부 교수)

인간이 하던 일들을 지능형 기계가 대신 하는 시대다. 공상과학소설에나 나올 법한 이야기라 생각해왔다. 예전에 '컴퓨터가 미래에 하지 못할 것들'을 목록으로 뽑아본 적이 있다. 로봇이 자동차를 만드는 등 기계적인 작업은 하겠지만, 자동차 운전은 하지 못할 것이라 생각했다. 그게 2004년도의 일이다. 복잡한 의사소통도 못할 것으로 봤다. 농담이나 속담을 해석하는 작업을 사람은 해도 로봇이 할 수 있을 거라 예상하지 못했다.

하지만 2010년 구글은 이미 무인 자동차를 만들어냈다. 이런 차들

로저 힐 "성실성과 조직에의 헌신 등 직업윤리를 먼저 갖는 것이 중요하다."

이 한두 번 사고를 내긴 했다. 그러나 그것은 사람이 운전하는 차가 이 차를 들이받았기 때문에 발생한 것이었다. 6년 전 컴퓨터가 하지 못할 것이라 여겼던 것들을 컴퓨터가 해내고 있는 것이다. 실시간 통역도 마찬가지다.

이런 현상이 직업윤리나 노동시장엔 어떤 시사점을 줄까. 지금 노동시장의 3분의 1은 앞으로 사라질 전망이다. 로봇이 어떤 면에선 인간을 능가하겠지만, 그러나 인간의 모든 노동을 대체할 수는 없다. 로봇이 대체하고 남아 있는 노동시장에서는 노련함보다는 '신뢰감과 진취적인 사고'가 요구될 것이다. 이런 자질을 갖추려면 무엇보다 성실성과 조직에의 헌신 등 직업윤리를 먼저 갖는 것이 중요하다. 직업윤리는 21세기 노동시장을 준비하기 위한 중요한 요소다. 미래 노동시장을 위해선 직업윤리는 반드시 갖춰야 한다.

로저 힐

노스캐롤라이나주립대학교에서 과학 학사 학위를, 그리고 테네시대학교에서 박사 학위를 받고 1993년부터 조지아대학교에서 교수로 재직했다. 2009년 미국 기술교사위원회로부터 올해의 교육자로 선정되는 등 직업교육 분야 전문가로 활동해왔다.

 | 강연 | ❷

우리의 가치는 너무 외형적이고 물질적이다

이영면(동국대학교 경영대학장)

성실성, 유쾌함, 헌신 등을 마음에 잘 새기고 일터로 가야 한다는 게 로저 힐 교수의 생각이다. 난 조금 다른 각도로 보고 싶다.

많은 사람들이 어렸을 때 도덕 시험에서 높은 점수를 받았을 것이다. 그러나 그것과 현실은 다르다. 현실에서 우리는 부도덕한 행동을 많이 저지르며 살고 있는 것이다. 비윤리적인 일들이 빈번히 계속 발생하는 이유는 무엇일까. 무엇을, 어떻게 해야 이런 부분을 줄일 수 있을까. 현상을 먼저 보자.

기업들이 매년 발행하는 지속가능 보고서란 게 있다. 200여 개 기업이 매년 발간하고 있다. 과거엔 재무적인 성과, 즉 우리가 얼마만큼 팔았느냐만 중요했지만, 지금은 '환경을 이만큼 덜 파괴했다' 또는 '우리 종업원들을 보호하고 관리하고 인권을 잘 챙기고 있다' 같은 내용을 자세히 보고한다. 10년 전엔 이런 보고서를 발행하는 기업이 몇 곳에 불과했다. 그러나 모두 영어로 작성하고 있다는 사실이 흥미롭다. 이유는 한국 사람들은 이에 관심이 없기 때문이다. 반면 외국인들은 지속가능 보고서가 없으면 투자를 못하게 돼 있다.

요즘 젊은 사람들은 공부는 많이 했음에도 취업이 너무 힘들다. 들어가도 50대엔 퇴직한다. 돈이 필요할 시기에 나가는 것이다.

요즘 공무원 시험의 경쟁률이 100대 1이다. 그렇기 때문에 취업을 해도 공동체를 먼저 생각하기 어렵다. 지독한 경쟁에서 살아남으려는 생각밖에 하지 못한다. 지금 우리의 가치는 너무 외형적이고 물질적이다. 좋은 대학교와 전망 있는 학과를 가야 자신과 부모가 모두 행복해지는 세상이다.

 이영면

연세대학교 경영학과 졸업 후 미국 미네소타대학교에서 산업관계학 박사 학위를 받았다. 노사정위원회 공익위원과 고용노동부 각종 위원회 위원을 지내는 등 고용관계와 인재개발 분야 전문가로 활동해왔다. 동국대 기획처장과 한국경영학회 부회장을 역임했다.

세대와 직급을 초월해 서로 피드백을 주고받는 분위기가 형성돼야

이찬(서울대학교 산업인력개발학과 교수)

인재가 갖고 있는 역량의 세 가지 요소는 지식, 기술, 태도다. 질문을 하나 해보겠다. 결혼한 사람은 배우자를 생각하고, 아니면 이성친구를 생각해보라. 왜 그 사람과 결혼했고 또는 지금 만나고 있는가. 사귀다 보닌 내기 그렇게 좋아서 만났는데 고치고 싶은 부분이 생길 때가 있다. 그럼 어떡해야 하나. 참아야 한다. 고치고 싶은 부분을 들어 고치려 하다 보면 관계가 틀어지기 쉽기 때문이다.

직업윤리라는 것은 인재의 세 가지 요소 중 태도에 가깝다. 그러나 태도는 그만큼 바꾸기 힘들다. 중요한 요소임에도 역량의 요소 중 바꾸기가 가장 어렵다. 그래서 논의해야 하는 필요성과 당위성이 있는 것이다.

직업윤리와 관련된 사건과 사고가 많다. 직업윤리가 작동을 안 해서 문제가 생긴 사례를 자주 접한다. 직업윤리를 안 갖춘 사람들을 보면 사원에서부터 CEO에 이르기까지 다양하다. 그 사람이 갖고 있는 직급과 관계가 없다는 것이다. 해방 이후에 이렇게 고성장을 이룩할 수 있었던 데는 '희생'된 것들이 있었기 때문이다. 그중 하나가 바로 직업윤리다. '뭐를 해도 성과만 내면 된다'는 분위기가 암암리 묵인돼왔고, 그렇게 성공한 사람들이 지금의 CEO 자리까지 오르기도 했다.

왜 직업윤리를 실천하지 않을까. 인사나 임원들이 직업윤리를 현안으로 가져가 우선시하기엔 그보다 상위에 있는 다른 것들이 많다. 캠페인에 가깝게 시행되지 않으면 CEO 단독으론 하기가 쉽지 않다. '역멘토링'이란 것이 있다. 부하직원이 상사를 멘토링할 수 있는 제도다. 직업윤리에 관해서는 기성세대가 모범을 보여줄 수 있는 상황이 아니라고 본다. 경영진이 그에 대한 모범사례를 보여주지 못했기 때문에 세대와 직급을 초월해 상호간 피드백을 주고받는 분위기가 형성돼야 할 것이다.

| 토론 | ❷

생활 속에서 윤리를 실천해야
배상훈(성균관대학교 교육학과 교수)

박근혜 대통령이 과거 취임사에서 '소셜 캐피털'이란 말을 했다. 굉장히 제대로 본 것 같다는 생각을 했다. 6·25전쟁 직후 우리나라 명목 국민총소득(GNI)이 87달러였다. 1995년에 2만 달러가 됐다. 그 후 7~8년을 2만 달러에 갇혀 있었다. 일만 열심히 한다고 선진국이 되는 것이 아니라는 방증 아닌가. 안타까운 것은 요새 다시 성장이 무엇보다 중요한 화제가 됐다는 것이다.

왜 우리나라는 직업윤리가 없을까. '한 줄 세우기' 같은 경쟁 때문이다. 직업윤리를 갖추기 위한 첫 번째 해결책은 한 줄 대신 여러 줄을 세워야 한다는 것이다.

영화 〈스파이더맨〉을 보면 스파이더맨의 삼촌이 죽으면서 이런 말을 한다. "진정한 힘은 책임감으로부터 나온다"고. 나는 책임감이 직업윤리와 밀접한 관련이 있다고 생각한다. 하지만 우리나라는 책임을 지기 이전에 선택할 자유부터가 없다. 학교에서 수업시간에 다른 데를 쳐다보면 선생님에게 분필부터 맞는다.

긍정 심리학자들은 행복도 습관이라고 말한다. 윤리적이 되는 것도 습관이다. 생활 속에서 윤리를 실천해야 직장에서도 윤리를 가질 수 있다. 그리고 일에 대해 책임지는 훈련을 하면 어느새 자기도 모르게 윤리적으로 바뀔 것이다.

제2부

교육의 새로운 패러다임

01 미래의 대학을 위한 새로운 패러다임

인터넷의 발달로 온라인에서 많은 것을 해결할 수 있는 시대다. 대학 교육 역시 온라인의 역할이 강조되면서 미래에는 '물리적인 형태를 지닌 대학은 사라질 것'이라는 예상이 나오기도 한다. 이번 〈글로벌 인재포럼 2014〉에서 '미래의 대학을 위한 새로운 패러다임'이라는 주제로 모인 전 세계 유수 대학 총장들은 여러 의견을 내놨다. 이들은 "미래에는 연구 중심 대학의 역할이 더욱 커질 것"이라며 "교육기관의 존재 자체가 그 도시와 국가 창의력의 핵심"이라고 입을 모았다.

미래 대학의 가장 큰 역할은 연구다. 대학 연구가 지역과 국가 경제를 움직이기 때문이다. 로버트 브라운 보스턴대 총장은 '연구 중심 대학'을 미국의 최대 자산으로 꼽았다. 1901년 노벨상 수상이 처음 시작된 이후 1950년까지는 수상자의 70%가 유럽인, 18%가 미국인이었다. 하지만 연구 중심 대학 제도를 펼친 뒤 2003년까지 수상자를 살펴보면 유럽인이 30%, 미국인은 58%라는 것이다.

연구 중심 대학의 세 가지 필수조건은 정부의 안정적이고 예측가능한 연구 지원, 젊은 교수진의 자율성, 우수한 인재 확보다. 브라운 총장은 "연구 중심 대학이 있는 지역은 주요 경제허브로 거듭나고 이를 통해 경제적 번영과 혁신을 이룬다"면서, "대학이 있는 도시에 벤처캐피털과 벤처회사가 몰려서 새로운 산업생태계를 이룬다"고 설명했다.

따라서 지역과 대학의 관계는 앞으로 더욱 밀접해질 것이다. 미국 미네소타대는 주 정부와 파트너십을 맺고 식품생산·안전, 로봇산업, 수자원 개발, 뇌·신경과학의 4가지 주요 연구를 진행한다. 미네소타주 경제의 20%는 식품업계에 의존하고 있고, 1만 2,000여 개의 호수가 있는 지리적 특성상 수자원을 활용하는 것이 중요해서다. 뇌·신경과학과 로봇연구소와 기관도 이곳에 모여 있다.

에릭 케일러 미네소타대 총장은 "대학의 연구 결과를 지역 경제와 시장에 적용하기 위해 많은 업계 및 기업과 파트너십을 맺고 있다"며 "이런 역할이 강조된다면 실물대학의 존재는 사라지지 않을 것"이라고 내다봤다.

미래 대학의 패러다임 가운데 '세계화' 역시 중요한 개념이다. 세이케 아쓰시 게이오대 총장은 "경제의 국제 상호의존성이 깊어지는 상황에서 국제적으로 해결해야 할 문제도 늘었다"며 "대학은 다양한 문화와 언어를 이해할 능력을 가진 인재를 배출해야 한다"고 말했다. 게이오대는 연세대와 10년간 협력 및 교류 관계를 맺고 있다. 최근에는 홍콩대까지 가세해 각 학교 학생들이 3개국 학교에서 1년씩 공부하는 프로그램을 운영 중이다.

기업가정신 교육의 필요성도 커진다. 에든버러대에선 매년 40여 개의 새로운 회사가 탄생한다. 무엇보다 대학의 자율성이 중요하다 는 지적이다. 티머시 오시어 에든버러대 총장은 "대학에 많은 자율을 주고 공정한 기반에서 경쟁하게 하는 것이 바로 기업가정신이다"라 고 설명했다.

 | 강연 | ❶

21세기 연구 중심 대학의 중요성과 그 역할
로버트 브라운(보스턴대학교 총장)

나는 지금부터 21세기 연구 중심 대학의 중요성과 그 역할에 대해 말 하고자 한다. 물리적인 교육기관은 존재하는 것이 중요할 뿐 아니라 그곳이 속해 있는 도시와 국가의 창의력의 핵심이 될 수 있다.

인적 자원의 측면에서 봤을 때 연구 중심의 대학이야말로 가장 창 의적이고 탁월한 인재들을 유치한다. 현대적인 연구 중심 대학의 개 념은 제2차 세계대전 이후 미국에서 생겼다. 기술과 엔지니어링의 발전을 통해 원자력폭탄 등이 탄생하게 되었다. 대학 학자들이 이런 발전에 기여했기 때문에 루스벨트 대통령은 "과학은 무한한 프런티 어"라고 말하기도 했다. 기초연구를 위한 대학 교수들과 석 · 박사생 들의 연구가 인적 자원과 연구개발을 이룩해 미국 경제를 움직이고

로버트 브라운 "연구 중심 대학이야말로 미국 경제의 혁신을 주도하고 있다."

있다. 미국의 연구 중심 대학들은 주립이든 사립이든 이런 기초를 토대로 한다.

　미국의 교육제도에는 물론 여러 가지 문제점이 있다. 하지만 연구 중심 대학이야말로 미국 최대의 자산으로 전 세계가 부러워한다. 유럽인과 미국인들이 받은 노벨상을 비교해보자. 1901년 노벨상 시상이 처음 시작된 이후 1950년까지 노벨상의 70%는 유럽인, 18%는 미국인이 가져갔다. 그런데 연구 중심 대학 개념이 잡힌 뒤부터 2003년까지는 미국인이 58%, 유럽인은 30% 정도의 비율을 보인다. 오늘날 연방정부는 대학 연구를 지원한다. 이는 미국의 경제에 굉장히 중요한 부분이다. 2008년 지원된 68조 달러의 연구투자 가운데 43%가 연구 중심 대학에 투자됐다. 미국은 어떻게 이를 성공적으로 진행할 수 있었을까. 여기에는 세 가지 특성이 있다.

첫째는 경쟁적인 펀딩제도다. 연구 중심 대학이야말로 미국 경제의 혁신을 주도하고 있다. 대학이 위치한 도시에는 언제나 벤처 캐피털과 벤처회사들이 몰린다. 경제개발과 연구 중심 대학은 어떻게 연계될 수 있을까? 일각에서는 응용연구에 대해 상당히 부정적이다. 정부는 순수 연구에만 투자해야 한다는 주장을 한다. 이는 기술 전환의 선형적인 모델을 기초로 한다. 기초연구가 응용연구로 이어지고, 그것이 다시 개발과 상업화로 이어지는 구조가 바로 선형적인 구조다.

이런 상황에서 기초연구는 시장경제와는 거리가 멀다. 지적재산권과 관련한 부분은 학교에서 별 관심이 없다. 결국 이런 선형적인 모델은 충분하지 않았다. 대학이 뭔가 발견하고, 이를 특허로 만들어 민간에 제공하면 누군가 관심을 가져주겠지라고 생각하는 모델은 더 이상 합당하지 않은 것이다. 대학의 지적재산권이 강화된 이후엔 상당히 다른 양상을 보이게 됐다. 영향력을 끼치기 위한 연구가 오늘날 팽배해지고 있다. 경쟁적으로 연방정부의 지원금을 받아 그것을 연구하려 한다. 응용을 염두에 둔 기초연구가 이뤄졌고 이에 대한 지원 인센티브를 줬기 때문이다.

연구 중심 대학에서 가장 중요한 두 번째는 바로 동기가 부여된 능력 있는 학생이다. 이 졸업생들은 각각 대학에서 졸업하고 취업하면서도 계속 대학과 관계를 갖는다. 뿐만 아니라 졸업생과 교수들이 스타트 업(start-up) 회사를 세운다. 스타트 업은 빠르게 움직이는 민첩함과 혁신이 있다. 이들은 인큐베이터 제도를 통해 여러 가지 지원을 받는다. 이를 통해 성공적인 방향성을 잡는 것이다. 스타트 업은 이런 도움을 거쳐 기업공개(IPO)를 하거나 인수·합병(M&A)을 겪는다. 이런 출구를 통해 다국적 기업들의 참여도 가능하다. 다국적 기업은 이 생태계에서 졸업생들을 채용할 뿐 아니라 스타트 업 M&A에도 참여한다.

연구 중심 대학과 관련한 혁신 생태계는 미국에 국한되지 않는다. 주요 연구 중심 대학이 있는 지역은 경제허브가 된다. 경제적 번영과 혁신이 이뤄지고 있다. 2014~2015년 〈타임스〉의 고등교육 순위를 살펴보면 세계 최고 대학 75위 안에 상당수의 미국 대학들이 올라 있다. 특히나 상위 25위 안은 거의 대부분이다. 이런 성과를 낼 수 있었던 배경이 바로 연구 중심 대학인 것이다.

우리와 유사한 생태계가 전 세계적으로 형성되고 있다. 영국 런던의 케임브리지, 에든버러, 싱가포르와 서울에 이르기까지 광범위하다. 연구 중심 대학을 위해서는 정부의 안정적이고 예측가능한 지원, 젊은 교수진들의 자율성, 그리고 우수한 인재가 필요하다. 그래야만 인재 생태계가 형성된다. 도시는 연구 중심 대학을 환영한다. 이를 통해 도시 생태계가 혁신적으로 성장하기 때문이다.

🌐 **로버트 브라운**

로버트 브라운은 미국 텍사스대학교에서 화학공학 석사 학위를, 그리고 미네소타대학교에서 화학공학 박사 학위를 받았다. MIT 화학공학과 종신교수 및 슈퍼컴퓨팅센터 공동센터장, 그리고 MIT 공과대학장에 이어 보스턴대학교 총장을 맡고 있다.

인문학적인 다양한 사고를 가진 인재가 필요하다

에릭 케일러(미국 미네소타대학교 총장)

먼저 우리 미네소타대에 대해 설명하고자 한다. 우리는 6만 명의 학생이 5개 캠퍼스에서 공부를 하고 있다. 의료 · 수의학 · 공학 · 법학 · 농업 관련 대학이 모두 같은 캠퍼스에 있는 유일한 대학이다. 전략적인 위치와 비전을 기반으로 세계를 이끌 연구 중심 대학이 돼 세계 도전과제를 해결하려 한다.

이 도전과제란 빈곤퇴치, 사회적 불평등, 질환, 식품 안전성, 수질 안전, 평화의 도모 등을 말한다. 우리는 학생들이 갖고 있는 여러 궁금증을 다각적인 방법으로 충족시키려 한다. 그래서 과학과 기술발전 관련 연구를 많이 진행하고 있다. 그렇다 하더라도 인문학의 중요성 역시 간과할 수 없다. 언어와 비판적인 사고, 커뮤니케이션과 역사 지식도 중요하다. 이를 바탕으로 우리가 과거 역사를 이해하고 사회의 여러 가지 다양한 현상을 이해할 수 있는 것이다. 미래 대학의 패러다임은 하나의 단편적인 사고를 하는 것이 아닌, 다양한 사고를 하는 인재를 개발하는 것이다. 현재 상황에 의문을 제기하고 보다 발전할 수 있는 인재가 필요하다. 앞으로 우리 엔지니어들이 많은 로봇을 만들 것이다. 하지만 사람을 로봇에 가깝게 교육시킬 필요는 없다. 어떤 사회가 됐든 그 사회의 근간은 인간의 상상력이어야 한다. 그 상상력을 최대한 날카롭게 다듬고 궁금증이라는 창의적인 작업의

에릭 케일러 "우리는 항상 공공의 이익을 추구하면서 연구한다."

동인이 새로운 발전을 뒷받침할 수 있도록 해야 한다.

그렇다면 궁금증을 계속 촉발시키기 위해 어떻게 해야 할까. 우리는 항상 공공의 이익을 추구하면서 연구한다. 미네소타주립대만큼 주의 발전에 기여해야 한다. 우리는 주 정부로부터 4가지 연구 분야에 대한 지원을 받는다. 연구 지원은 아이디어의 우수성을 기반으로 결정한다. 인맥이나 연공서열이 결코 고려되지 않는다. 최근 우리가 주 정부와 파트너십을 맺고 있는 분야는 식품 안전, 로봇, 수자원, 뇌·신경과학이다. 미네소타주 경제의 20%는 식품 관련 업계에 의존하고 있다. 또 뇌과학과 신경과학, 로봇 연구에 관한 연구소와 기관·기업이 자리하고 있다. 1만 2,000개의 호수가 있는 지리적 특성상 수자원 역시 중요한 연구 대상이다.

연구과학과 응용과학 등은 모두 학제적인 접근과 심도 있는 이해가 요구된다. 고등교육기관과 업계의 협력은 그래서 중요하다. 이미 이런 파트너십은 많이 체결돼 있고, 앞으로도 점차 늘리고자 한다. 연구를 사람들에게 유용한 상품으로 바꾸는 데 기업들이 중요한 역할을 하기 때문이다. 많은 기업들과 지적재산권과 관련된 계약 조건을 협상하는데 절차를 간소화해야 한다. 미래의 재정 책임과 의무에 대해 불확실성을 줄여야 한다. 지적재산권 협상을 진행하는 것은 매우 지난한 과정이다. 실제로 어떤 성과를 내고 또 무엇이 상품화될지는 불확실하다. 특정 아이디어에 대해서 과도하게 오랫동안 협상을 한 경험이 있다. 이같이 긴 협상 때문에 대학은 결국 아무것도 얻지 못하는 경우도 있다. 기업이 이내 손 털고 떠날 수도 있다.

우리는 학생을 대상으로 과거와는 좀 다른 비전통적인 학습 방법을 도입했다. 궁금증을 점점 더 장려한다. 능동적인 학습을 위한 시설도 만든다. 교수들은 단지 선생님이 아니다. 학생들이 이런 역할을 할 수 있도록 이끌어준다. 지금까지 데이터를 놓고 봤을 때 온라인 공개강좌인 무크(MOOC)의 경우 학생들이 성공적으로 수료를 하지 못하는 사례가 많았다. 그래서 실제 실물대학의 역할이 앞으로도 이어지리라.

미국의 경우 18세의 젊은이들이 집을 떠나서 자신들의 삶의 다음 장을 직접 그려나간다. 이는 학생들과 대학 모두에게 도움이 된다. 실물대학에 다니면서 캠퍼스의 낭만을 직접 느낄 수 있다. 우리는 미국 16위의 캠퍼스 규모를 자랑한다. 이를 직접 경험할 수 있다는 것은 온라인 교육을 통해서는 얻을 수 없는 장점이다. 따라서 실물대학이 제공할 수 있는 장점을 고려하고 전통적인 대학 세팅을 잘 살리는 것이 필요하다.

에릭 케일러

에릭 케일러는 1978년 캘리포니아 기술연구소 학사 그리고 1982~1987년 미네소타대학교 화학공학과 부교수를 지냈으며, 2007년 뉴욕주립대학교 스토니브룩 부총장에 이어 2011년부터 미네소타대학교 총장을 맡고 있다. 2014년 미국 학술원상을 수상(화학공학 및 대학행정)했으며 미국 공학한림원 회원, 미 국토안보부 학술자문위원을 역임했다.

 | 강연 | ③
세계화는 앞으로 대학 간의 경쟁이 더욱 치열해진다는 의미
세이케 아쓰시(일본 게이오대학교 총장)

대학은 앞으로 더 많은 인재를 배출할 의무를 갖는다. 대학은 반드시 사회에 폭 넓고 깊게 기여해야 한다. 특히 오늘날 같은 세계화 시대에 대학의 사회기여는 글로벌하게 이뤄져야 한다.

연구와 관련해서는 역할이 잘 분리돼 있다. 대학은 기초연구를 제공하고 산업은 응용연구를 제공하고 정부는 산업과 대학을 지원한다. 오늘날의 응용연구는 어제의 기초연구를 토대로 한다. 영국 왕립연구원에서는 이런 주장을 한다. 세상에는 응용이 된 연구와 아직 안된 연구가 있다는 것이다. 따라서 연구와 관련한 대학의 역할을 기초와 응용을 연결하고 이를 상업화할 수 있는 회사와 연결하는 것이다. 그래서 대학의 교수진과 학생들은 자신들의 관심사를 연구로 추진해야 한다. 이때 돈 걱정이 없어야 하기 때문에 기업과 정부의 지원을

세이케 아쓰시 "세계화 시대에 대학의 사회기여는 글로벌하게 이뤄져야 한다."

기다린다. 동창회 등의 네트워크도 한 축이 된다.

 업계에서 필요로 하는 인력은 기술과 시장 상황에 따라 다르다. 그래서 기술과 시장의 구조가 바뀌면 필요로 하는 인력 역량도 재정립해야 한다. 급변하는 세상에선 반드시 스스로 새로운 상황을 이해하고, 스스로의 이해를 바탕으로 이해하는 능력을 구축하는 것이 중요하다. 스스로 생각하는 능력이 바로 체계적으로 이해하는 능력이다. 당연하지만 이는 바로 학문적 사고방식으로서 문제를 파악하고 가설을 만들어 문제의 근본 원인을 찾고, 그 가설을 실험해 결론을 내리는 학문적 방법이다. 이런 방법은 점점 더 중요해질 것이다. 따라서 학생들은 다양한 학문을 접하고 이미 입증된 연구를 진행하며 스스로 생각하는 능력을 키워야 한다. 기업은 자신들의 직원이 스스로 생각할 수 있는 능력을 배양할 수 있도록 훈련을 진행해야 하고, 최선의 작업능력을 구축할 수 있도록 해야 한다.

일본 기업들이 제공하는 현장 교육은 일본이 OECD 국가 중 성인들의 역량이 상당히 좋다고 평가받는 이유 중 하나라고 본다. 게이오대의 사례를 말하겠다. 게이오대는 정부와 산업, 그리고 학계가 협력한 츠루오카시연구소를 갖고 있다. 이 연구소는 일본 북부에 위치해 있다. 연구소는 매년 7억 엔을 현 정부와 시 정부로부터 받는다. 이 연구소의 연구는 이러한 지원이 있었기에 가능했다. 그리고 이 연구로 두 개의 벤처회사가 탄생했다. 첫 회사는 '스파이더'라는 거미로봇을 이용해 견사를 만드는 곳으로 작은 도시에서 최초로 상장됐다. 스파이더는 자동차 회사가 투자를 하기로 했을 뿐 아니라 제조 · 마케팅 관련 노하우도 전수해준다. 지방정부의 재정지원, 대학의 새로운 발견, 그리고 업계 노하우와 투자가 새로운 벤처로 이어진 사례다.

세계화는 앞으로 대학 간의 경쟁이 더욱 치열해진다는 의미다. 훌륭한 교수진과 학생을 유치하기 위한 경쟁이 더욱 치열해질 것이다. 이는 국제 대학 간의 협업이 중요해지는 이유다. 이런 세계화 속에서 사람들은 여러 언어와 여러 문화적 배경을 가진 이들과 더불어 살아야 한다. 대학이 이들을 배양해야 한다. 게이오대 학생들은 국제화 시대에 맞는 인재가 되기 위해 노력하고 있다. 해외 유학생 숫자를 늘리고 우리 학교로 오는 유학생 수도 늘려야 한다.

이를 위해 전 세계 여러 좋은 대학과 파트너십을 맺고 있다. 게이오대와 연세대는 지난 10년간 협력 관계를 구축해왔다. 와세대대와 고려대도 마찬가지다. 일본과 한국 최고의 사립대학이 연간 '밀레니

엄 포럼'이라는 이름으로 회의를 연다. 총장과 교수 그리고 학생들이 의미 있는 상호작용을 할 수 있는 기회다. 올해부터는 롯데그룹이 후원을 아끼지 않고 있다. 이런 쌍방적인 관계는 다자간으로도 확대되고 있다. 게이오대와 연세대, 홍콩대가 성공적인 교류 프로그램을 계획했다. 3개 대학 학생이 각 캠퍼스에서 1년씩 공부할 수 있는 프로그램이다.

마지막으로 게이오대의 창립자인 후쿠자와 유치키의 말을 인용하겠다. 거위를 아는가. 거위 무리의 경우, 한 마리의 거위가 무리를 대표해 망을 본다고 한다. 과학자는 미래를 위해 뭘 해야 하는지 잘 알고 있어야 한다. 우리의 근본 역할은 기초연구를 진행하고 이것이 미래에 도움이 되길 기대하는 것이다. 스스로 생각하고 미래 세계에 기여할 수 있는 젊은이를 배출하고자 한다. 이를 위해 우리는 세계 파트너들과 함께하겠다.

 세이케 아쓰시

1978년 게이오대학교 경제학부를 졸업했으며 1983년 동 대학교 대학원에서 경제학 박사 학위를 받았다. 1987년 일본 노동경제학회 연구상을 수상했고, 1995년 일본 내각부 주택·인구정책 전문위원, 1997년 일본 내각부 경제심의회의 특별위원, 2008년 일본경제학회 이사에 이어 2009년 게이오대학교 총장에 올랐다. 주요 저서로 《고령자의 노동경제학》, 《인사조직론》, 《보육정책론》, 《초단카이세대》, 《정년 파괴》가 있다.

미래 교육은 다양한 파트너십과 유비쿼터스가 중요하다

티머시 오시어(영국 에든버러대학교 총장)

에든버러대는 430년 역사를 자랑한다. 당시 커리큘럼은 파리대학을 벤치마킹했다. 이후 네덜란드의 라이덴대 의과대학 모델을 응용했다. 그리하여 18세기에 유명한 의대를 갖게 됐다. 그때도 상당히 국제화를 이룬 셈이다. 250년 전만 해도 에든버러대 학생 10%는 미국에서 유학을 온, 대부분이 의대생이었다. 에든버러를 자주 방문하는 위인 가운데 미국의 벤자민 프랭클린, 프랑스의 볼테르 등이 있었다.

이 국제화 성공의 가장 큰 요소는 학술적 자율성이다. 치열한 경쟁도 한 요인이다. 리그테이블에 에든버러대는 상당히 많이 포함돼 있다. 상위 50위에 포함되지 않은 표가 없을 정도다. 데이터 사용도 17위를 기록했다. 현재 전 세계 4만여 개의 대학 가운데 2만여 개 대학이 박사 학위 과정을 갖고 있다. 그리고 2만여 개 박사 학위 과정을 가진 대학들이 보통 세계 100대, 200대 대학이 되겠다는 포부를 가지고 있다. 2만 개 대학이 상위 200위를 목표로 하니 대학 간 경쟁이 심할 수밖에 없다.

우리가 직면한 고령화, 환경, 전쟁과 평화 등의 다양한 문제들을 해결하려면 여러 파트너십이 필요하다. 연구의 거대화가 이뤄지기 때문이다. 유럽연합(EU)의 다른 대학과 다양한 협력을 통해 고령화

티머시 오시어 "국제화는 더 활발히 이뤄질 것이고 대학 간의 경쟁도 점점 치열해지고 있다."

문제를 연구하는데, 8년간 5개 파트너와 진행하는 연구 부문에 대한 제안서를 제출하는 비용이 3억 유로가 들 것이라는 예상이다. 이 정도면 대규모다. 의학과 사회과학의 다양한 전문가가 참여한다. 다학제적이고 상당히 많은 자원을 필요로 하지만 의미 있는 연구일 것이다. 독일, 일본, 프랑스, 영국, 중국 등 다양한 국가에서 아주 전략적인 연구 체계가 출범하고 있다.

유비쿼터스도 빼놓을 수 없다. 지금 이 강연을 듣고 있는 여러분도 몰래 메시지를 보고 페이스북도 확인할 것이다. 한 사람이 여러 개의 기계를 갖고 있을 수도 있다. 온라인 참여자가 다양해지는 것이다. 우리도 60여 개의 석사 학위 프로그램을 진행한다. 무료 공개 강의도 있고 언젠가 박사 학위 과정도 만들어질 것이다. 하이브리드 코스도 있다. 가장 성공적인 것은 온라인 석사 프로그램이다. 스코틀랜드 여

왕이자 영국 여왕인 엘리자베스 2세 여왕을 알현한 적이 있다. 여왕과 세계적으로 최첨단 수술을 배우는 과정에 대해 논의했다.

에든버러대가 의학에서는 앞섰지만, 정말 온라인으로 외과 수술을 가르칠 수 있을까 하고 걱정하는 사람이 있을 것이다. 이 과정을 진행하려면 반드시 외과 전문의여야 한다. 이미 어떤 수술을 집도한 면허를 받은 상태여야 한다. 병원에서 일해야 수강할 수 있다. 사실 요즘 어떻게 수술을 하든 간에 컴퓨터를 이용한다. 가상 수술로 연습하는 것이 새롭지 않다. 우리 프로그램 진행을 위해서 에든버러 외과 의위원회와 함께해야 하고 2주간 수련해야 한다. 완전한 온-오프 과정이 아니라 하이브리드 형태다. 미국 로스앤젤레스나 중국 상하이에서 하는 교과를 수강하고, 다시 에든버러에서 2주 정도 직접 수련하고 수술을 집도한 것을 입증해야 수료증을 받게 된다. 2주를 제외한 나머지 과정은 온라인 과정이며 교과 제공이 복잡해보이지만 충분히 가능하다.

에든버러대엔 130개 국가에서 3만 3,000명이 와서 공부를 하고 있다. 학생들 숫자가 다른 과정에 비해 적지만 수강 완료율이 높다. 다들 진지하게 이 과정을 원하는 사람들이다. 축구에 대한 이해 과정도 있다. 스코틀랜드 축구에 대한 이해를 높여보자는 마음도 있을 것이고 말이다. 한국에서도 이런 부분에 대한 관심이 높을 것이다. 우리 대학은 소규모 그룹이나 훨씬 간소화한 교육을 다양한 유형의 학습공간을 통해 제공한다. 과거보다 피드백도 빨리 제공한다. 자기평가도 가능하고, 포트폴리오도 학생이 구성하도록 도와준다.

글로벌화의 장점을 최대한 살려나가야 한다. 국제화가 중요하다는 이야기다. 20세기엔 우리 대학의 정원 19% 정도가 유학생이었는데 지난 12년 사이 이 비율은 41%까지 늘었다. 국제화는 더 활발히 이뤄질 것이고 대학 간의 경쟁도 점점 치열해지고 있다. 여러 파트너와 힘을 합쳐야 한다.

🌐 티머시 오시어

영국 액세스대학교 수학·실험심리학과를 졸업했으며 영국 리즈대학교에서 컴퓨터이용학습(CBL) 박사 학위를 받았다. 미국 텍사스대학교 컴퓨터과학과 연구원, 1997년 런던대학교 부총장보를 거쳐 2002년 에든버러대학교 총장에 올랐다. 2006년 스코틀랜드리더십재단 공공 부문 리더상, 2009년 유럽교육진흥위원회 리더십상을 수상했으며, 2009년 영국 정보시스템합동위원회(JISC) 위원장, 2009년 스코틀랜드 대학연합 부의장, 에든버러프린지페스티벌 위원장, 기업을 위한 스코틀랜드연구소 의장을 역임했다.

02 누구에게나 열린 평등한 교육을 위하여

양질의 대학교육을 누구나, 언제, 어디서든지, 무료 또는 저렴한 비용으로 받도록 하자는 취지에서 2011년 미국 스탠포드대 교수들에 의해 시도된 온라인 공개수업 MOOC는 전 세계적으로 폭발적인 반향을 일으켰다. 전 세계 수백만 명이 접속해 학습을 진행하자 〈뉴욕타임즈〉는 2013년을 'MOOC의 해'로 명명할 정도였다. MOOC의 성장을 보면서 각국에서는 자국의 MOOC 플랫폼을 개발하고 있다.

미국에서는 하버드대와 MIT가 주도한 에드엑스(edX)와 스탠포드대가 주도하고 80여 개 대학이 참여하는 코세라(Coursera)가 대표적이며, 영국에서는 영국방송통신대가 주도하는 퓨처런(FutureLearn)을 출범시켰다. 프랑스와 중국은 파트너십을 통해 미국의 에드엑스 플랫폼을 사용하기로 했다. 한국도 평생교육을 강화하기 위해 한국형 MOOC 플랫폼을 2015년 하반기에 출범시킬 계획이다. 대학들이 참여해 20여 개 강좌를 우선 공개할 예정이다.

이번 인재포럼에서는 '한국형 MOOC를 어떻게 육성할까'에 대한 논의가 이뤄졌다. 임진혁 울산과학기술대 교수학습지원센터장은 "언어적 장벽으로 한국인이 에드엑스 등 해외 MOOC 플랫폼을 활용하기 어려우므로 한국형 MOOC를 개발해야 한다"며 "초등교육부터 대학교육까지 전 과정을 제공할 수 있어야 한다"고 지적했다. 요하네스 하인라인 에드엑스 전략파트너십 부사장은 "미래 교육은 온라인으로 이뤄질 것"이라며 "학습자 등의 데이터를 분석해 효과적인 학습법을 꾸준히 개발하고 기업, 학교, 정부 등의 협업으로 콘텐츠를 풍부히 해야 한다"고 소언했다.

| 강연 | ❶

IT가 접목되면 교육 자체가 성장동력이 될 수 있다

임진혁(울산과학기술대학교 교수학습지원센터장)

우리 사회는 빠르게 변화했다. 산업사회에서 지식기반 사회로의 이행속도가 빠르다. 예전에는 대량생산과 효율이 중요했다면 이제는 개별화, 개인화된 것이 더 중요해졌다. 교육도 마찬가지다. 어떻게 이 새로운 지식사회에 적응시킬 수 있을지 중요한 전환기다. 단순 암기를 하고 시험을 준비하는 것은 진정한 교육이 아니고 새로운 경제상황에 맞지 않다는 것은 이제 모두가 안다.

MIT 총장이 한 말이 기사화됐다. 전 세계적으로 등록금이 너무 비싸 부담이 된다는 내용이다. 지금의 방식으로는 대학도 더 이상 유지될 수 없다고 말했다. 미국 대학 총장들을 대상으로 한 설문조사를 보면 대학교육을 바꿔야 한다고 한 목소리를 내고 있다. 많은 총장들이 절대적이고 파괴적인 혁신이 있어야 한다고 말하고 있다. 전 세계 많은 대학들이 교육실험에 나서고 있다. 어떻게 학생들을 창의적인 인재로 키우면서 비용을 낮출 수 있을까. 그 두 가지 대안이 바로 MOOC와 '거꾸로 교육' 이다.

펜실베이니아대가 연구를 한 결과 대부분의 MOOC 수강자들이 이미 대학 이상의 학위를 가지고 있었다. 그리고 수강을 대부분 완료하지 못했다. MOOC를 듣자고 수강신청을 하지만 끝까지 듣지 않는다는 의미다. 그래서 이 대학은 MOOC가 발전가능성이 없다고 판단했다. 하지만 MIT는 다른 관점을 가지고 있다. MOOC 과목에 수십만 명이 신청했는데 4%만이 수강완료가 됐다. 그런데 4%도 적지 않다는 시각이다. 그리고 수강자들은 전통적인 방식처럼 수업을 처음부터 끝까지 다 듣는 것이 아니라 여기저기 다니면서 한 강좌 안에서도 취사선택해 듣는다. MIT는 학생들이 원하는 방식대로 하도록 내버려둬야 한다고 주장했다. 그리고 67% 수강자들이 이미 학위를 가지고 있지만, 그럼에도 불구하고 다른 MOOC 강의를 듣고 대학으로 돌아갈 수 있다. 현재 대학이 하고 있는 중계자로서의 기능이 사라지는 것이다.

하버드에 입학하지 않아도 하버드 수업을 들을 수 있게 된다. 15년 이내에 절반의 미국 대학이 사라질 것이란 예상도 있다.

역진행 강의도 새로운 대안이다. 이는 주입식 교육에서 벗어나 학생들의 창의력에 기반을 둔 학생별 맞춤 수업 방식이다. '거꾸로 교실'이라고도 부른다. 미국의 대학 교수들 중에 절반이 이 거꾸로 교실을 진행했다. MOOC와 거꾸로 교실은 연관성이 크다. 산호세대에서는 MOOC를 거꾸로 교실에 활용하는 실험을 했다. 그 결과 거꾸로 교실의 교육 질이 2배 증가했다. MOOC를 이용하면 교육의 질을 향상시킬 수 있다는 좋은 사례다.

한국은 많은 학생들을 유학 보낸다. MOOC 강의를 듣는 사람을 보면 한국 학생은 거의 찾아보기 힘들다. 언어의 장벽 탓이 크다. 이것이 바로 우리가 한국형 MOOC를 너무욱 개말해야 하는 이유다. 개방형 교육과 폐쇄형 교육이 있다. 폐쇄형 교육은 특정한 대학에 입학한 사람만 그 대학에서 제공하는 교육을 받는 것을 말한다. MIT에서는 2002년에 OCW(Open Course Ware)를 시작했다. 교육콘텐츠에 누구나 접근할 수 있도록 허용한 것이다. 이를 통해 좀 더 공개된 개방형 교육으로 옮겨가긴 했지만 그 속도가 빠르지는 않았다. 그다음으로 MOOC가 나오게 됐다. OCW는 콘텐츠만을 의미하지만 강좌 관련 환경을 제공하는 플랫폼이 바로 MOOC다. 그리고 거꾸로 교실은 폐쇄형 교육방식이다.

MOOC는 개방형과 폐쇄형에 동시에 적용할 수 있을 것이다. 이 모든 것을 가져가는 것이 한국형 MOOC 플랫폼이다. 한국 정부에서 결정했고, 국가평생교육진흥원에서 진행하고 있다. 정부가 주도함에 따라 모든 교육 분야가 커버될 수 있을 것이란 기대가 있다. 대학교육뿐만 아니라 초·중·고등교육 및 평생교육에도 적용될 수 있다는 의미다. 한국형에 MOOC 플랫폼이 표준화되면 초등학교부터 대학에 이르기까지 그리고 기업의 직원교육까지도 이런 방식으로 제공될 수 있을 것이다. 표준화된 플랫폼이 한국형 MOOC의 핵심이다.

이렇게 되면 전체 교육 시스템이 바뀐다. 이를 바탕으로 해서 어떻게 하면 지금 현재의 교육비용을 낮출 수 있을지 답을 찾을 수 있을 것이다. 또한 더 창의적인 인재들이 자라날 수 있을 것이다. 이 프로젝트가 흥미롭고 한국 정부의 방향은 고무적이다. IT 강국이니 빠르게 진행할 수 있을 것이라 생각한다. 특히 IT가 접목되면 교육 자체가 성장동력이 될 수 있을 것이다. 산업 부분과 연계돼 국가의 성장을 주도할 수도 있다. 다른 나라와도 경험을 공유하는 것도 가능하다. 한국형 MOOC 플랫폼의 개발 잠재력은 매우 크다. 이를 활용해 우리의 교육 체계 자체를 바꾸고 시스템을 더 발전된 방향으로 개선시킬 수 있을 것이다.

 임진혁

서울대학교 경영학과를 졸업하고 미국 네브라스카주립대학교에서 경영학 박사 학위를 받았다. 뉴올리언스대학교 교수와 서울시립대학교 초빙교수를 지내다 2007년 개교한 울산과학기술대학교에 합류했다. 동 대학교 학술정보처장으로 근무하면서 국내 대학 가운데 처음으로 최첨단 모바일 캠퍼스를 구축하는 등 대학 혁신을 이끌었다.

미래 교육은 곧 온라인이고 블렌디드
요하네스 하인라인(edX 전략파트너십 부사장)

왜 하버드대나 MIT가 에드엑스 사업에 나섰는지 설명하고자 한다. 왜 우리가 열정을 갖고 하는지, 교육에서 MOOC가 어떤 변화를 일으키고 있는지를. 그 기반엔 무엇보다 지식이 21세기에 중요한 자원이라는 인식이 깔려 있다.

1308년의 수업시간을 그림처럼 떠올려보자. 그림 한쪽을 보면 이 옛날에도 서로 떠들고 있고 자는 사람도 있다. 오늘날 MIT에서도 볼 수 있는 흔한 강의실 풍경을 보자. 교수가 서서 뭔가 얘기하는데 칠판만 있다. 이것만으로는 충분한 변화라고 보기 어렵다. 그러나 학생들은 어떠한가. 컴퓨터나 스마트폰으로 페이스북을 보고 있다. 교육 자체가 많이 바뀐 것 같진 않은데 전달하는 기술이 바뀐 것을 알 수 있다. 우리 일상생활에 기술이 많은 영향을 줬는데 교육은 아직 기술의 영향을 덜 받았다. 정보는 기기를 통해 언제나 접속할 수 있게 됐다. 실제뿐만 아니라 가상에서도 커뮤니티를 만들 수 있게 됐다. 온라인에서 의사소통이 많이 이뤄진다. 이런 것 때문에 미래의 교실이 바뀌게 될 것은 분명하다.

MOOC 기술과 에드엑스에 대해 말하겠다. 에드엑스는 몇 년 전에 하버드대와 MIT가 만들었다. 우선 가장 큰 부분은 양질의 교육을 모든 사람들에게 이상적으로 무료로 제공하겠다는 것이다. 에드엑스의

요하네스 하인라인 "무엇보다 지식이 21세기에 중요한 자원."

취지를 보면 모든 이들에게 교육을 제공하는 것뿐만 아니라 학내 교육도 개선하려 한다. 교수법에 대한 연구에도 정진하고 있다. 에드엑스의 영향으로 196개국 이상에서 플랫폼을 활용하고 600만 명 이상이 코스에 등록했다.

MOOC는 대학이 아닌 매킨지, 존슨앤존슨 등에서도 활용되고 있다. MOOC 기반 플랫폼을 활용해 직원이나 관계자들에게 여러 가지 학습들을 장려하고 있는 것이다. 이런 개방형 플랫폼을 통해 에드엑스는 프랑스, 멕시코, 사우디, 요르단 등 여러 정부 기관과 협업하고 있다. 온라인 기술을 활용해 학습자들의 클릭 수와 또 그들이 어떻게 영상을 보면서 배우는지 등의 데이터를 전부 모을 수 있다. 이를 분석해 교수자들이 활동하는 걸 보완하면서 학습 결과가 좋아지도록 유도하고 있다.

블렌디드 러닝(blended learning: 혼합형 교육)이란 것이 있다. 기관이 다른 기관의 콘텐츠를 활용해 새로운 노력을 더해 학습을 이끄는 것이다. 칭화대는 버클리대 콘텐츠로 블렌디드 환경에서 플랫폼 러닝을 하고 있다. 어떻게 보면 적절한 비유인지 몰라도 교과서를 강화하고 보완하는 방식으로 생각할 수도 있다.

미래는 어떤 모습일까. 중요한 질문 중 첫째는 만약 우리가 블렌디드 러닝을 도입해 집에서 학습을 한다면 2년 또는 4년제 학위 과정을 완전히 대체할 수 있을 것인가다. 그리고 모듈 구성을 할 때 어떻게 하는 것이 좋을까. 각각 학습자에 맞추는 것이 좋을 수 있다. 또 중요한 질문은 과연 누가 이 데이터를 소유하고 관리할 것인가. 누가 학습의 진로를 결정해줄 것인가다. 그리고 정부가 할 것인가, 아니면 개별 기관이 할 것인가. 그것도 아니면 협업을 통해 다양한 기관이 참여할 것인가. 이런 질문들을 직접 던져봐야만 교육의 미래를 떠올려보는 것에 대한 답을 찾을 수 있을 것이다. 미래 교육은 곧 온라인이고 블렌디드일 것이다.

또한 학습 결과를 높이는 데 도움이 되는 것을 연구하는 게 중요한데, 데이터만 모으지 말고 전체 학습 경험에 비춰 무엇이 도움이 되고 또 긍정적 결과를 이끌어내는지 연구하는 것이 중요하다. 데이터를 수집 분석하고 다른 기관과 협업하는 것. 이를 통해 부가가치를 창출하는 것이 중요하다. 다음으로는 유연성, 로컬라이제이션(현지화)이 중요하다. 단일 기관이 단일 강의를 제공하는 것만큼 나쁜 것이 없다. 로컬라이제이션과 유연성을 추구해야 하는데 기업, 지역 학교들이 자신들이 어떤 학습 경로를 갖추고 있는지 정의할 필요가 있다.

에드엑스는 기술공용표준을 적용하면 분할을 막을 수 있다고 본다. 철도의 예를 들어보자면 철로 모양이 다양하다면 골치가 아파질 것이다. 정부가 큰 영향을 끼치겠지만 중앙 기관이 있어도 다 같이 협력을 하는 것이 중요하다.

이제 학습은 평생학습이다. 고교교육뿐 아니라 직업교육도 중요하다. 유치원부터 죽을 때까지 평생 배움이라 여겨야 한다. 마지막으론 재정적 지속가능성이 중요하다. 이런 활동에 정부의 재정 지원이 필요하지만 더불어 기관에서도 비용이 들어가기 때문에 재정안정성을 확보하는 것이 아주 중요하다.

> 🌐 **요하네스 하인라인**
>
> 경영 전략 전문가로 나이키, 다임러, 딜로이트 등 민간기업과 뉴질랜드 정부, 유럽연합 등에서 장기발전 전략을 짜는 일을 해왔다. 하버드대학교에 합류해 대학의 장기발전 전략 관련 업무를 하다가 하버드대학교와 MIT가 함께 만든 MOOC 플랫폼인 에드엑스로 옮겨 다른 기관들과 전략적 제휴를 맺는 활동에 집중하고 있다.

MOOC가 지속가능한 모델로 안착하려면

이태억(카이스트 교수학습센터장)

MOOC는 공급자 측면, 학습자 측면, 운영하는 플랫폼 측면 등 세 가지가 다 엮여져 지속가능한 모델이 돼야 한다.

우선 공급자 측면에서 보자면 대학과 교수들이 참여를 이끌어내야 한다. 교수들에게 자기 강의를 잘 만들어 MOOC에 올려놓는 것의 장점에 대해서 잘 설명해야 한다. 강의는 MOOC를 통해서 하고 수업시간을 토론, 팀학습 등에 할애할 수 있다. 카이스트에서는 MOOC와 관계없이 수업시간에 강의를 없애는 프로그램을 진행 중이다.

두 번째, 학습자 측면을 보자. MOOC의 제일 큰 사용층은 아무래도 산업체에 있는 전문가들이다. 업무를 하면서 자기계발이 필요해서 스스로 공부하는 것이다. 티벳 산골에 있는 학생들이 MOOC를 통해서 공부하는 경우는 드물다. 학사 이상의 사람들이 실제로는 대부분이다. MOOC도 이런 학습자의 니즈를 반영한 과목을 개설할 필요가 있다.

마지막으로 플랫폼 문제가 있다. 미국은 MIT, 스탠포드, 하버드대가 주도하다 보니까 자연스럽게 다른 대학들이 참여하지 않을 수 없었다. 한국형 MOOC라 하면 대학들이 돈을 투자하고 리더십을 가질 수 있겠는가. 그래서 정부가 인센티브를 주더라도 처음에는 대학들을 끌어들이는 것이 중요하다. 수입 창출보다는 대학 혁신에 방점을 찍고 참여하는 대학들은 MOOC를 통해 성공할 수 있도록 해야 한다.

MOOC는 교육에서 평등을 실현하기 위한 것

티머시 오시어(에든버러대학교 총장)

에든버러대는 MOOC에 있어 선도적 대학이다. 수의학 분야에서 이러닝(e-learning) 학위도 제공하고 있다. 50개 종류의 기술적 혁신에 관련한 펀딩도 이뤄지고 있다.

MOOC가 줬던 영향을 보자면 온라인 수업에 대한 신뢰도를 상승시켰다는 것이다. 처음 6개로 시작했는데 철학 개론이 인기가 많았다. 1만 6,000명이 수업을 들었고 놀라운 점은 고교생이 많이 들었다는 점이다. 또한 많은 학생들이 수강을 시작하면 끝까지 코스를 마치는 비율이 높았다. 일상적 교육에 있어 뭔가 뺏거나 없애는 게 아니라 대학교육을 풍부하게 하는 자원이 되고 있다. 교수들이 MOOC에 관심이 없지 않을까 우려했는데 내 생각과 달랐다.

21세기에 지식과 기술 그리고 오픈 액세스가 중요하다는 것에 동감한다. 만약 한국형 MOOC를 진행한다면 특히나 공용 기술 활용이 필수라고 생각한다. 에든버러대는 온라인 석사과정을 운영하고 있다. 수술 전공 외과의사가 되려면 병원에서 수련해야 하지만 요즘에는 많은 외과가 수술에 컴퓨터를 활용하고 있다. 온라인 과정을 통해서 여러 첨단 수술 기술에 대한 공부를 진행하고 마지막 2주 정도는 대학에 와서 다 같이 모여 세미나를 진행한다. MOOC는 아주 소중하고 중요한 도구로서 교육에서 평등을 실현하기 위한 것이라 생각한다.

03 다양성을 품은 영국의 대학들

"말레이시아 뉴캐슬의대는 의료서비스 인프라를 확충하려는 말레이시아 정부의 열정과 뉴캐슬대의 세계화 전략이 만나 탄생했다. 대학 세계화는 해당 지역과 학문이 어떻게 조화롭게 발전할 것인지 고민해야 성공할 수 있다."

영국 대학들의 세계화 전략을 주제로 한 인재포럼의 발표자로 나선 크리스 브링크 뉴캐슬대 총장은 말레이시아 조호르에 의과대학을 설립한 경험을 소개하며 이같이 말했다. 뉴캐슬대 의학과는 당뇨병, 알츠하이머, 그리고 노화와 관련된 질병 분야에서 세계 최고 수준의 연구 성과를 거두고 있다.

이 대학은 특히 지역사회와 연계해 세계화에 성공한 대표적인 사례로 꼽힌다. 뉴캐슬대는 의료서비스 질 향상을 국가 정책 과제로 선정한 말레이시아 정부와 2004년부터 대학 설립에 대한 협의를 시작해 2011년 뉴캐슬의대를 개교했다. 브링크 총장은 "뉴캐슬의대는 말레이시아 의료서비스 질을 향상시킬 뿐 아니라 뉴캐슬대의 학문 발전에도 큰 기여를 하고 있다"며 "이는 뉴캐슬의대가 본교와 동등한 수준의 교육의 질을 유지할 수 있도록 노력해온 결과"라고 설명했다. 뉴캐슬의대 졸업생들은 뉴캐슬대 졸업생과 마찬가지로 영국의사위원회(GMC)에 정식 등록된다.

이날 포럼에서는 영국의 명문대학들의 다양한 세계화 전략이 소개돼 눈길을 끌었다. 세스 쿠닌 애버딘대 대외부총장은 초국가적 연구 네트워크의 중요성을 강조했다. 그는 "초국가적 교육은 양 국가 연구 발전의 가교 역할을 한다"며 "문화적 다양성이 모여 시너지 효과를 창출하는 초국가 연구 네트워크에 주목해야 한다"고 말했다.

빈센트 에머리 서리대 부총장은 차세대 이동통신 기술인 '5G'를 위한 혁신센터를 세워 전 세계 기업들과 협력하고 있는 사례를 소개했다. 그는 "서리대 5G혁신센터(5GIC)는 국가를 초월한 연계 연구를 통해 5G 연구를 선도해나갈 것"이라고 말했다.

 | 강연 | ❶

'초국가적 교육'을 위해선 연구교육 네트워크를 형성해야
세스 쿠닌(애버딘대학교 대외부총장)

초국가적 교육을 뜻하는 'TNE(Transnation education)'에 대해서 설명

110

세스 쿠닌 "초국가적 교육에 있어서 가상 중요한 섬은 협업이다."

하려고 한다. 전 세계 곳곳의 캠퍼스를 개방하고 교육을 국제적 맥락에서 진행하는 것이 바로 초국가적 교육이다. 이번 인재포럼이 애버딘대에겐 그 의미가 크다. 초국가적 교육을 하면서 관심을 갖게 된 한국의 교육을 살펴볼 수 있는 기회이기 때문이다. 앞으로 애버딘대는 한국에 캠퍼스를 여는 첫 번째 영국 대학이 될 가능성도 있다.

대학이 초국가적 교육을 하기 위해서는 어떤 종류의 초국가적 교육을 할지 결정하는 것이 선행돼야 한다. 그중 첫 번째는 대학이 추구하는 방향과 초국가적 교육의 목표가 연관돼야 한다는 점이다. 단지 돈을 벌기 위해서나 인지도를 높이기 위한 국제화는 실패할 수밖에 없다. 또 대학이 초국가적 교육을 통해 연관을 맺는 기관이나 국가에 무엇을 제공할 수 있는지를 고민해야 한다. 그 대학이 가진 강점을 파악하고, 그것이 해당 사회에 어떤 도움이 되는지를 따져봐야 한다는 의미다. 시장 상황에 대한 꼼꼼한 점검도 필수적이다. 교육에 있어서 무엇보다 중요한 것은 사람이다. 만약 우리가 한국에서 초국가적 교육을 진행한다 해도 마찬가지다. 그 지역사회와 학생 그리고 직원들이 가장 중요하다. 그리고 그들의 수요를 충족시킬 수 있어야 한다. 다른 문화의 학생들은 영국 학생과 분명히 다르고, 애버딘대에서 하는 교육 방식에서 벗어나 그 나라만의 특성에 맞는 교육 서비스를 제공해야 한다. 과거의 대학은 학생 중심이 아니었다. 대학 교수들은 자신들이 관심 있는 연구에 집중하고 학생을 등한시하는 경향이 있었다. 최근 몇 년 동안은 연구자가 아니라 학생이 중요하다는 인식이 확산됐다. 초국가적 교육에도 이 부분이 반영돼야 한다.

그렇다면 애버딘대의 강점은 무엇인가. 식량안보 분야에서 탁월한 연구 업적을 올리고 있다. 이를 바탕으로 아프리카에서도 많은 일을 하고 있다. 의학과 에너지 분야 연구도 우리 대학의 강점이다. 초국가적 교육 프로젝트를 진행할 때도 이 같은 대학의 역량이 밑바탕이 돼야 한다. 이를 통해 차별화를 하는 것이다. 예를 들어 우리 대학은 의학 중에서도 산모관리, 노인학, 치매 등의 분야가 전문이다. 이 전문 분야를 통해 해당 지역의 삶을 어떻게 개선할 수 있을지 고민해야 초국가 프로젝트들이 생겨나는 것이다.

애버딘은 영국 내 석유의 허브다. 북해 쪽에서 석유를 수입해온다. 공학, 지질학 등이 강한 이유다. 애버딘이 석유에 특화돼 있기 때문에 애버딘대도 에너지나 대체에너지 분야에 관심을 많이 기울였고, 이는 애버딘대만의 특화된 영역이 됐다. 한국에서는 에너지 분야에서 초국가 프로젝트를 진행하고 있다. 연구소를 설립하고 학자들을 모았다. 연구소에서는 석유, 첨단지질학, 석유 관련법과 제도를 연구한다. 초국가적 교육에서도 이 같은 점들이 반영될 것이다. 한국에는 훌륭한 인재 인프라가 있기 때문에 석유 연구에 있어서도 손을 잡을 수 있다. 세계적인 인재를 배출할 수 있다는 자신감이 있다. 한국의 관계 기관과 초국가적 교육 문제를 논의하면서도 이 점을 강조했다.

초국가적 교육에 있어서 가장 중요한 점은 협업이다. 연구교육 네트워크를 형성해야 한다는 의미다. 모든 국제화의 기본이 어느 한 국가가 아니라 국가들의 다양성을 통해 시너지를 내는 것이다. 한 국가에 그대로 머물러 있었다면 만나지 못했을 사람들과의 접촉을 통해서 새로운 시너지를 낼 수 있다는 점이 바로 초국가적 교육의 가장 큰 장점일 것이다.

 | 강연 | ❷

뉴캐슬대의 세계화 전략
크리스 브링크(뉴캐슬대학교 총장)

말레이시아에 뉴캐슬의대를 설립했던 경험을 소개하고자 한다. 우선 뉴캐슬대는 세계적 수준의 시립대학교다. 1834년에 뉴캐슬에 있는 의사들이 의과대학을 설립하기로 한 것이 시초다. 연구 중심의 영국 대학교 모임인 러셀그룹 멤버이기도 하다. 뉴캐슬대 예산은 1년에 5억 파운드로, 수입의 약 25%를 연구활동 분야에 투자하고 있다. 학

크리스 브링크 "우리 대학이 무엇을 잘하고 우리의 대표 학문이 무엇인지를 알아야 한다."

생 10명 중 9명이 교육에 만족한다고 답하고 있다. 작년엔 졸업생 93.7%가 채용되거나 석사과정에 진학했다. 특히 알츠하이머, 암, 류머티스 분야에서 강점을 가지고 있다. 한국과 같이 빠른 속도로 고령화되는 사회에 반드시 필요한 학문이다. 고령화 시대에 발맞춘 비즈니스도 강점이다.

뉴캐슬대의 정체성은 두 가지 질문에 기반한다. 그것은 우리가 무엇을 잘하고, 또 무엇을 위해 이 능력을 사용할 것인가다. 직원이든 학생이든 교수든 다 마찬가지다. 우리 대학이 무엇을 잘하고 우리의 대표 학문이 무엇인지를 알아야 한다. 이 두 가지 질문에 대한 답을 찾을 때 진정한 세계 수준의 대학이 된다. 이를 파악해야 우리가 어떠한 역할을 수행할 수 있는지를 명확히 알 수 있기 때문이다.

뉴캐슬의대를 여는 데까지 10년이 걸렸다. 이는 말레이시아 정부에 캠퍼스 설립 허가를 받고, 협의 과정을 거쳐 캠퍼스를 구축하는 데까지 걸린 시간이다. 올해 6월엔 최초 졸업생을 배출했는데 여기까지 오는 데 많은 노력을 사전에 진행해왔다. 말레이시아는 인종도 많고 문화도 다양하다. 뉴캐슬대가 이 사회에 기여할 수 있다고 판단했다. 마침 말레이시아 정부가 우리를 초청했다. 의사 수를 늘려 의료서비스 질을 개선하고자 했던 말레이시아 정부 입장에서도 의대의 좋은 교육이 필요했기 때문이다. 덕분에 우리는 우호적인 조건으로 말레이시아에 들어갈 수 있었다. 뉴캐슬의대에는 매년 120명씩 입학하고 있다. 의학, 생명과학 학위가 수여되는데 이는 영국 캠퍼스와 동일한 학위과정이다. 이 뉴캐슬의대에서 가장 핵심적인 것은 바로 학생들이 영국 캠퍼스와 동일한 학위를 받는다는 것이고, 이 학위는 영국의사협회에서 정식으로 인정된다.

뉴캐슬대와 동일한 질의 교육을 제공하기 위해 같은 건물, 같은 도서관을 제공하고 IT시스템도 공유하고 있다. 그리고 뉴캐슬의대 학생은 원할 경우 영국에서도 공부할 수 있도록 했다. 우리는 돈을 벌기 위해서가 아니라 뉴캐슬대의 명성을 높이기 위해서 뉴캐슬의대 프로젝트를 진행했기 때문이다. 지금 적자를 내고 있고 수익을 내기 위해선 15년 이상의 시간이 걸릴 것으로 보고 있다. 하지만 양질의 교육을 제공하면서 파트너로서 국제 관계를 도모하고자 한 것이다.

뉴캐슬의대와 같은 프로젝트는 결코 쉬운 일이 아니다. 여러 가지 도전과제들에 직면해 있다. 우리가 참여할 때 말레이시아 정부로부터 제공받은 부지엔 정글 말고는 아무것도 없었다. 도시를 세우겠다고 했을 때 믿을 수 없어서 용기가 필요했다. 캠퍼스 국제화를 진행하는 데 있어서 치밀한 사전 준비 등 큰 노력이 필요하다는 점은 명심해야 한다.

| 강연 | ③

국제적 네트워크를 통해 글로벌 문제에 대처하자
빈센트 에머리(서리대 부총장)

서리대는 사회과학·공학 등을 모두 포괄하는 종합대학으로 1966년에 설립됐다. 이때는 마지막으로 영국이 월드컵을 우승한 해다. 1만 3,500명의 학생이 재학 중이다. 서리대는 산학협력 프로그램을 운영하고 있는데 졸업하기 위해서는 반드시 산업 현장에서 경험을 쌓아야 한다.

서리대의 가장 큰 장점은 글로벌 연구 네트워크를 구축하고 있다는 점이다. 국제적 연구 협력을 통한 공동저자를 통해서 논문을 내고 있다. 우주와 위성, 사진 분야와 관련해서도 많은 연구를 진행 중이다. 상도 수상했고 연매출이 2억 파운드를 넘어가고 있다. 경제적 부가가치도 14억 파운드에 달한다. 글로벌 파트너십 네트워크를 통해 중국에서도 1,000여 명의 학생과 함께 일하고 있다. 미국 노스캐롤라이나대, 브라질 상파울루대와 협력 관계에 있기도 하다. 상호 협력을 통해서 글로벌 문제에 대처하자는 게 바로 국제적 네트워크의 기본취지다.

빈센트 에머리 "서리대의 가장 큰 장점은 글로벌 연구 네트워크를 구축하고 있다는 점이다."

　이 상호 네트워크의 비전을 이루기 위한 파트너십에 어떠한 이점이 있는지 설명하려 한다. 우리 대학의 네트워크는 대외 부총장 세명이 관리를 하고 있다. 그리고 한 명의 대외 파트너가 있다. 6주에한 차례 화상회의를 진행하면서 미리 설정했던 주요 성과 지표의 이행 여부를 점검한다.

　연구소들이 18만 파운드에 달하는 기금을 탈 수 있도록 연구제안서를 내고 펀드도 운영 중이다. 매해 한 번의 제안서를 제출받고 있으며, 각 대학이 6만 달러씩 내서 총 18만 달러의 기금을 모아 운영한다. 경쟁적으로 논문을 제출하면서 연 14~24건의 신청을 받고 있다. 학술적 기여도, 연구방법론, 프로젝트의 중장기적 효과 등을 고려해 선정한다.

　우리는 초국가적 네트워크를 통해 각 대학의 연구활동을 지원하고 연구진의 이동을 장려하고 있다. 180명의 브라질 학생들이 서리대 캠퍼스로 오기도 했다. 우리는 초국가적 네트워크에 새로운 파트너들이 추가되기를 바라고 있다. 3년 정도 지나면서 조금씩 네트워크 확대가 가시화되고 있다. 호주의 대학 등 상호 협력할 수 있는 잠재적 파트너를 계속 모색 중이다.

5G혁신센터에 대해서도 얘기하고자 한다. 커뮤니케이션은 정말 중요하고 우리의 삶에 많은 영향을 미친다. 각종 산업에도 막대한 영향을 미친다. 주택, 도로 등 기존의 인프라를 다시 업데이트하는 데 있어서도 커뮤니케이션 기술이 중요하다. 핵심적 인프라인 수자원, 식품, 에너지, 정부 서비스 모두 포함된다.

정보통신 기술이 그중에서도 핵심이다. 정보통신 기술과 연계시킴으로써 지능형 도시 국가를 만들 수 있다. 인터넷은 지난 몇 년 동안 급속히 발전했다. 하지만 아직 사물의 99%가 인터넷과 연결돼 있지 않다. 앞으로 정보통신 기술 분야의 잠재력이 무궁무진하다는 것을 의미한다. 무선통신 기술의 경우 1G부터 진화를 거듭해 4G까지 상용화됐다. 우리는 5세대 표준을 만들려고 한다. 2020년에 상용화될 것으로 전망한다. 5G혁신센터에서는 차세대 이동통신 기술을 연구하고 있다. 이 프로젝트가 완료되면 대학교에 펀딩이 많이 투입될 것이다. 지금도 산업계 파트너들이 펀딩을 제공해주고 있다. 삼성도 참여를 했다. 우리가 이 프로젝트를 통해 많은 산업 파트너들이 참여하도록 한 점은 매우 중요하다.

5G혁신센터의 사명은 학계와 산업계 그리고 지역사회의 협업 모델을 만드는 것이다. 가치 창출과 혁신 솔루션을 제공하는 것 또한

목표다. 이는 표준을 만드는 것으로 달성될 것이다. 5G혁신센터에 투자한 회원들은 이 센터에 소속된 세계 수준급의 학계 연구진들의 정보를 이용할 수 있다. 투자금에 따라 로열티 없이 사용할 수 있도록 했다. 다만 5G혁신센터와 연계된 많은 산업계 파트너들이 시장에서는 서로 경쟁을 하는 관계이기도 하다. 이 같은 경쟁 문제로 조심스러운 부분도 있다. 아직까지는 큰 문제없이 협업 관계가 잘 이뤄지고 있다. 산업계는 5GIC에 참여해 첨단기술의 이론과 실제적인 활용에 대한 논문 연구 등의 협업 도구를 활용해 자신의 지적재산권을 만들고 보호할 수 있게 될 것이라 기대한다.

04 안전하고 건강한 교육

세월호 참사, 판교 추락사고 등 안타까운 사건을 통해 한국 사회가 얼마나 안전에 무방비 상태인지, 한국인들이 얼마나 안전에 무관심한지 알게 됐다. 이번 포럼은 안전과 교육을 주제로 여러 가지 논의를 벌인 만큼 시의적절하고 필요한 시간이었다. 한국 의과대학 교수와 교육학과 교수, 캐나다의 임상심리 전공 교수 등 다양한 분야의 전문가들이 토론을 벌여 안전교육에 대해 다각도로 접근하고자 했다. 이종구 센터장은 질병을 중심으로, 정혜선 교수는 학교에서의 안전교육을 중심으로, 데브라 페플러 요크대 교수와 오인수 교수는 학교에서의 집단따돌림 문제를 중심으로 각자의 의견을 밝혔다. 다양한 의미의 청소년 안전에 대해 다양한 각도에서 살펴보는 시간이었다.

이종구 센터장은 "평생 동안의 보건 습관이 어린 시절에 결정된다"며 학교 보건교육의 필요성을 강조했다. 특히 세계적으로는 교통사고가 가장 큰 사망 원인인 데 비해 한국은 자살이 1위인 점을 들어, 신체 안전과 정신 안전을 골고루 가르칠 수 있는 토양이 필요하다고 역설했다.

페플러 교수는 캐나다에서 집단따돌림 문제를 수십 년간 연구해 온 학자다. 그는 가해자든 피해자든 집단따돌림 문제에 연관된 사람들은 평생 그 여파가 이어진다고 했다. 가해자는 데이트폭력이나 가정폭력 등을 일으키기 쉽고 피해자는 평생 스트레스와 우울증을 갖고 살기 쉽다는 것이다. 페플러 교수는 "청소년의 집단따돌림 문제에는 반드시 어른들이 개입해야 한다"며 "아이들이 선상한 관계를 맺고 있는지 어른들이 잘 관찰하고 나아가 사회가 문제 해결을 위해 적극적 역할을 해야 한다"고 강조했다.

오인수 교수 또한 집단따돌림 문제에 대한 견해를 명쾌히 밝혔다. 오 교수는 "집단따돌림 문제는 단순히 개인의 태도가 아니라 관계 안에서의 힘의 불균형에서 비롯된다"며 "힘의 균형을 이루지 못하면 문제를 해결할 수 없다"고 지적했다. 그는 "가해자와 피해자 사이의 수많은 방관자들을 어떻게 방어자로 바꿀 수 있는가를 연구해야 한다"고 해결책을 제시했다.

정혜선 교수는 한국 안전교육의 실질적 문제를 지적했다. 정 교수는 안전교육을 담당할 전문교사 육성과 교육과정 신설, 교과서 등의 내용 연구, 체험 공간 확보 등이 필요하다고 강조했다.

건강 증진을 위한 학교 보건의 중요성

이종구(서울대학교 의과대학 이종욱글로벌의학센터장)

학교 보건이 왜 중요할까. 평생 동안의 보건 습관은 어린 시절에 결정되고 이것이 또 학교에서 만들어지기 때문이다. 올해 WHO가 발표한 월드 리포트를 보면 세계 질병의 35%가 젊은층에 의한 것이다. 에이즈로 인한 사망은 2000년보다 3배 늘었고 알코올로 인한 15~29세 사망은 5%에 달한다. 흡연으로 인한 것도 많다. 이런 질병과 사망에 대한 예방은 어릴 때 할 수 있다. 후진국은 감염병이 그 원인일 것이란 통념과 달리 선진국과 후진국 모두 만성질환으로 인한 사망자가 많다. 만성질환 예방엔 학교교육이 가장 효과적이다. 이유는 모여 있을 때 효과적으로 할 수 있고 비용도 절감할 수 있기 때문이다.

WHO에선 1997년 헬스 프로모팅 스쿨, 1994년엔 헬스 프로모팅 유니버시티를 만들어 학생들에게 보건교육을 강화하고 있다. 1986년 오타와 선언도 중요하다. 개인적 행위에 의한 것부터 사회적, 정치적, 환경적 요인을 고려해 질병 예방을 관리해야겠다는 내용이 오타와 선언이다. 이를 위해선 건강 서비스와 정책 개발, 다른 분야로부터의 지원을 받아야 한다.

세계 청소년들의 10대 사망 원인을 보니 교통사고, 에이즈, 자살, 감염, 폭력, 심장마비, 익사 등의 순이었다. 그렇다면 한국은 어떨까.

한국 청소년은 1위가 자살, 2위가 교통사고, 3위가 암이다. 이 문제에 대해 대책을 세워야 한다. 신체 건강뿐 아니라 정신 건강도 중요하다는 얘기다.

건강 증진을 위한 학교를 끌고 가기 위해선 국가 차원에서의 정책도 만들어져야 한다. 학교에서도 조직이 있어야 하고, 좋은 프로그램도 있어야 하고, 가이드라인과 평가 체계가 있어야 한다. 학업 달성 중심이 아닌 건강한 사람을 키워내는, 다시 말해 홍익인간이 되는 사람을 키워내는 것이 목표가 돼야 한다. 이런 걸 달성하기 위한 전인적 교육에는 지역사회도 동참해야 한다. 학교뿐만 아니라 교육자, 지역 보건소, 지역사회, 부모들이 모두 참여하는 건강 증진 조직이 있어야 한다. 한 가지 좋은 사례를 만들어 근거를 찾아 좋은 프로그램으로 키워야 한다. 미국엔 이를 평가하는 지표가 있다. 이것을 벤치마킹해야 한다.

 | 강연 | ❷

건강한 관계를 맺을 수 있는 구조물을 만들어가야
데브라 페플러(요크대학교 심리학과 교수)

캐나다에선 건강한 '관계'를 중시한다. 내가 했던 한 연구에 참가한 학생이 "학교교육을 통해 '인간'이 되고 싶습니다"라고 말했다. 아동과 청소년들이 체계적으로 인간적으로 살 수 있는 방법을 학교에서 가르쳐야 한다는 걸 알리고 싶다.

나는 집단따돌림을 방지하기 위한 연구를 하고 있다. 현재는 시각이 많이 달라졌다. 과거엔 이를 태도와 교정의 문제라 생각했다. 그런데 이젠 이를 발달적 측면에서 보고 있다. 과거엔 문제 행동을 한 아이들을 훈계하는 데 초점을 맞췄다면, 이제는 이들을 어떻게 교육하느냐에 초점을 맞춘다. 10~18세까지 지속적으로 모니터링하며 연구 중이다. 집단따돌림에 관련돼 있는 학생들은 이 문제를 평생 안고 산다. 집단따돌림 가해자는 데이트 상대와 아내에게 폭력을 가할 가능성이 높다. 가정폭력을 방지하기 위해선 집단따돌림부터 막아야 한다. 폭력을 행사하는 사람들은 아동기에 집단따돌림을 가했던 사람들로, 성인이 된 뒤 알코올 남용, 흡연, 약물남용, 비행을 보이기도 한다.

그런 아이들에게 가장 부족한 건 감정과 행동 조절이다. 이를 가정에서 배우지 못하면 학교에서도 못하고, 그때는 중재를 해야 한다. 뇌가 문제 해결을 하는 능력, 공감 능력 등도 발달하지 못하는 능력이다. 집단따돌림 가해 아동은 특히 공감 능력이 떨어진다.

집단따돌림 가해 학생들은 공격성으로 뭔가를 달성할 수 있다는 걸 배운다. 피해 학생들은 관계 형성을 아예 안 하는 게 낫다 생각해서 계속 피해자로 남는다. 이 때문에 둘 다 큰 피해를 입는다. 관계야말로 건강한 발달의 열쇠가 된다. 관계 자체가 아이의 발달에 가장 큰 영향을 준다.

그렇다면 어떻게 문제를 해결할 수 있을까? 아동 혼자 해결할 수 있는 문제가 아니다. 집단따돌림 문제 해결엔 쌍안경이 필요하다. 한쪽에선 아이들 개인의 장점을 봐야 한다. 또 한쪽에선 아동과 청소년의 관계, 부모와 교사와의 관계 등을 함께 봐야 한다. 어른들의 자각이 필요하다. 아이들의 행동 의미를 정확히 파악하고 아이들이 건강한 관계를 맺고 있는지 개입해 파악해봐야 한다. 그리고 사회적인 '구조물'을 만드는 것이 필요하다. 어른들과 아이들, 지역사회 등이 함께 아이들이 건강한 관

네브라 베를러 "관계맺음로 건강한 발달의 열쇠가 된다."

계를 맺을 수 있는 구조물을 만들어가야 한다. 건강한 인간관계는 건강한 인간 발달에 달려 있다. 집단따돌림은 학교 문제가 아니라 사회의 문제다.

| 토론 | ❶
안전교육을 어떻게 활성화할 것인가
정혜선(가톨릭대학교 의과대학 교수)

나는 작년까지 학교보건학회 회장을 4년 역임했다. 이와 관련한 안전 문제에 대해 말하고자 한다. 세월호 참사가 생기면서 전 국민들의

안전 의식과 불신이 높아졌다. 어릴 때부터 안전에 대해 중요성을 인식하고 안전교육을 중시해야 한다고 본다.

학생들은 성장과정에 있기 때문에 신체 기능이 활발하고 많은 호기심을 갖고 있어 사고 위험도 높다. 이때 안전교육을 하면 성인까지 안전 의식이 이어진다. 학교에서 어떤 방식으로 안전교육을 활성화시킬 수 있겠느냐가 과제다. 그동안은 학교에서 일어나는 안전사고와 원인이 무엇인지 체계적으로 정리되지 못했다. 그렇기 때문에 무엇보다도 현재 학교 안전 현황을 파악하는 것이 중요한데 지금까진 그게 잘되지 못한 것이 현실이다. 현황 파악이 첫 번째다.

학교안전공제회는 학교에서 사고가 생기면 보상해주는 곳인데 주로 여기서 나온 자료가 학교 사고 관련 자료로 쓰인다. 그런데 보상을 주로 하는 곳이라 어느 정도의 연간 사고가 발생했는지 통계만 있지, 그 원인과 예방책에 대해선 나와 있지 않다. 그러다 보니 현황 파악이 충분히 안 되고 있는 것이다. 자료에 따르면 2010년도 학교 사고가 7만 7,000건이었는데 2013년엔 10만 5,000건으로 꽤 증가했다. 주로 발생하는 사고(28.4%)는 체육시간에 발생한다. 그다음은 점심시간에 많이 생겼고, 휴식시간, 청소시간 등에 많이 발생했다. 이런 것들을 예방하기 위해선 원인이 무엇인지, 개선책이 무엇인지 제대로 분석해봐야 한다.

두 번째로는 체계적인 안전교육이다. 안전교육이 정식 교과목이 아니기 때문에 진행이 쉽지 않았다. 안전을 여러 과정에서 교육할 수 있도록 하는 방안을 만들고 있는데 그렇게 하려면 교사가 있어야 한다. 그러나 현재 전문 교사가 없는 상황이다. 초등학교에선 과목이

따로 마련돼 있는 게 아니라서 담임교사가 해야 하는데, 담임교사가 안전 전문가가 아니기 때문에 교육을 제대로 할 수 있을지 의문이다. 안전 전문 교사부터 육성해야 한다.

안전에 대한 학생용 교과서, 워크북도 필요한데 아직 없는 실정이다. 안전교육을 몇 학년 때, 어떤 내용으로, 어떻게 가르쳐야 하는지 내용 체계가 마련돼 있지 않다. 교육부가 교육개발원에 용역을 줘서 초등학교부터 고등학교에 이르는 내용 체계를 연구하고 있다. 교사와 학생이 어떻게 수업해야 하는지에 대한 것이다. 학생용 워크북과 교사용 지도서를 만드는 것이 내년 2월까지 예정된 과제다. 교원 연수 과정과 수업시간 수 확보 등이 해결돼야 한다. 그것이 유치원에서부터 고등학교에 이르기까지 전 학년에 걸친 과정이 돼야 한다. 또 현재 학교에서 이뤄지는 교육은 강의 식 수업이다. 안전에 대한 교육은 이러한 강의만으로는 충분히 채우기 어렵다. 체험 식 교육이 중요하다. 그런데 체험 교육장이 마련돼 있지 않은 것이 문제다. 앞으로 체험 교육장 마련이 매우 중요한 부분이라 할 수 있다.

세 번째로는 학교 내에서 안전을 위한 문화를 조성하는 것이다. 현재 입시 중심으로 교과목이 편성돼 있기 때문에 안전이나 보건 분야에 대해 학생들도 배우려는 의지가 높지 않고, 교사들도 곤란을 겪고 있다. 문화 조성을 위해선 학교의 정식 교과과정 그리고 방과 후 수업에 결합된 학교 내 프로그램 마련이 필요하다.

2009년부터 건강증진학교란 것을 만들어 진행하면서 안전과 보건에 대한 문화를 형성하고 교육과정과 결합되는 걸 봤는데 성과가 아주 좋았다. 16개를 지정하고 그 이후 2010~2011년 31개로 늘렸다.

교장 선생님부터 모든 선생님이 관심을 갖고 교직원과 학생, 학부모까지 관심을 갖는 모델로 갔기 때문이다. 2012년엔 전국 100개 학교를 지정했고 2014년엔 87개 학교다. 3년 동안 1년에 3,000만원씩 예산 지원을 했다. 원래는 이 사업을 더 확대해 매년 100개씩 추가 지정하기로 돼 있었는데 아쉽게도 더 진행되지 못했고 2014년 종료를 앞두고 있다. 2014년 해온 것들을 평가해서 내년부터 건강증진학교 인증제를 만들려 하고 있다. 인증제가 확정된 건 아니지만 이게 도입된다면 체계적인 안전 및 보건교육에 도움이 될 것이라 생각된다.

| 토론 | ②

정신 건강 상담에 눈을 떠야
오인수(이화여자대학교 교육학과 교수)

나는 전공이 상담이고 상담과 심리의 관점에서 폭력을 연구하고 있는데, 그와 관련해 몇 가지 얘기하려 한다. 한국 학생들은 현재 '관계의 위기'를 겪고 있다. 우리를 성장시키는 존재는 부모와 선생님, 또래 동료들이다. 이 세 주체 사이의 관계가 어떤지 본다면 학생들은 적잖은 위기에 처해 있다고 볼 수 있다. 우선 가족들 사이에서 위기가 크다. 이혼율이 높다. 교사와 학생의 관계도 마찬가지다. '교사는 있는데 스승이 없고, 학생은 있는데 제자가 없다'는 말이 실감난다. 또래 관계도 마찬가지다. 가장 많은 시간을 함께 보내는 이 관계에서 상처를 받고 있다. 큰 문제다.

한국에서는 왕따가 사회 문제인데 자살 사건으로 또다시 문제가 되고 있다. 학교 폭력이 진화하고 있다고 본다. 다른 나라와 달리 한국은 학교 폭력 실태와 관련해 전수조사를 한다. 이런 나라는 없다. 최근 조사에 따르면 학교 폭력 가해와 피해의 비율이 급격히 줄어들었다. 그러나 실제로 통계를 들여다보면 눈에 보이는 폭력은 줄었지만 언어적, 사이버 폭력 등 비물리적 폭력은 많이 늘었다. 외적인 조치에 대응해 폭력이 보이지 않는 형태로 가고 있는 것이다. 여전히 가해와 피해라는 양자 구도에서 보고 있다는 것도 문제다.

집단따돌림이란 건 힘의 역학에 의해 발생한다. 이 힘의 불균형이 깨지지 않는 이상 절대 해결되지 않는다. 이걸 극복하기 위해선 주변의 학생들이 열쇠를 쥐고 있다고 본다. 옆에 있는 학생들이 1차적인 열쇠를 갖고 있다고 본다. 그 학생들의 수가 힘의 방향을 결정한다. 주동적인 아이가 있고, 그걸 돕는 아이가 있고, 방관자, 방어자가 있다. 앞으로 방관자와 동조자를 어떻게 방어자로 만들 것인지가 학교 폭력을 막는 열쇠다.

두 번째는 정신 건강에 관한 얘기를 하고 싶다. 한국 학생들은 공부는 진짜 잘한다. 그런데 OECD 국가 중 행복지수는 최하위를 달리고 있다. 만일 한 반에 각 나라 대표 학생들을 모두 모아놓으면 그 안의 한국 학생은 어떤 모습일까. 1~2등 하는 학생인데 그 아이는 자신을 불행하다 여기는 아이일 것이다. 그동안 교육에서 학생들이 처한 정신적 문제를 많이 간과하지 않았나 싶다. 여전히 교육에서 가르치는 '교'에 너무 많이 투자하고, 기르는 '육'에는 투자가 부족하다.

교와 육의 불균형이 문제를 일으키고 있다. 학생들의 정신 건강 상담에 눈을 떠야 한다.

집단따돌림과 정신 건강의 해결책을 찾아내기 위해선 '관계'라는 키워드로 풀어야 한다. 관계로부터 상처를 받는다면 또다시 관계로부터 회복될 수 있다. 한국 사람들은 매우 관계 지향적이고 집단주의적인 민족이다. 자신의 존재 가치를 관계 속에서 규정하는 특징을 갖고 있다. 인기 있는 TV 프로그램 중에 〈비정상회담〉이라는 프로그램이 있다. 거기에서 한국인의 '눈치'라는 걸 얘기하는 걸 본 적이 있다. 눈치를 본다는 것은 다른 사람들의 판단을 내 행동 기준으로 삼는 것이다. 이런 점은 상처를 줄 수도 있지만, 이 유대감을 상처의 회복에도 쓸 수 있다고 본다.

05 어제의 방식으로 가르치면 창의력을 기를 수 없다

"100년 전 방식으로 현재의 학생을 가르치는 것이 교육의 가장 큰 문제입니다."

헤츠키 아리엘리 회장은 우리 시대 교육의 문제로 창의성 결여를 꼽았다. 교사가 일방적으로 지식을 전달하는 방식의 교육으로는 창의성을 기르기 어렵다는 것이다.

아리엘리 회장은 미래에 나타나게 될 다양한 직업에 대응하는 인재를 양성하려면 보다 창의적인 방법의 교육이 이뤄져야 한다고 강조했다. 이를 위해 그는 유대인들의 독특한 교육방법인 '하브루타'를 제안했다. 하브루타는 일종의 토론식 교육법으로 어떤 문제에 직면했을 때 토론 참여자들이 서로 질문과 답을 하며 해답을 찾아가는 방법을 말한다. 아리엘리 회장은 "하브루타 방식으로 교육을 하게 되면 어떠한 상황에서도 답을 찾을 수 있는 유연성이 길러진다"고 강조했다.

아리엘리 회장은 이 같은 교육이 직장이나 사회에서도 가능하다고 강조했다. 그는 "직장에서도 경영진이 가장 좋은 답을 알고 있는 것이 아니기 때문에 모든 구성원들이 상상력을 이용해 답을 찾는 것이 창의성을 기르는 방법"이라며 "다른 사람과 함께 생각을 공유하면 더 좋은 결과가 나올 수 있다"고 강조했다.

'글로벌 MBA의 새로운 트렌드' 강연에 나선 산기트 초우플라 회장은 "MBA는 21세기 고등교육에서 최고의 혁신이라 생각한다"고 강조했다. 경영대학원입학위원회(GMAC)는 전 세계 2,100여 개 경영대의 모임으로, MBA 입학시험인 'GMAT'를 운영하면서 전 세계의 MBA 관련 동향 등도 컨설팅하고 있다.

초우플라 회장은 "미국에서 고안된 GMAT는 과거엔 미국 학생들이 주로 응시했지만 지금은 아시아·태평양 지역 응시자가 35%까지 높아지는 등 글로벌화됐다"고 말했다. 그는 "MBA 학위를 취득하면 급여가 확 뛰는 샐러리 범프(salary bump) 현상이 확고한 만큼 향후에도 진학생은 더욱 늘어날 것"이라며 "세계적으로 MBA 출신들의 급여는 학위 취득 이전보다 평균 80% 높아진다는 통계가 있다"고 소개했다.

초우플라 회장은 "경기 침체일수록 새로운 기회를 찾기 위해 MBA에 도전하는 GMAT 응시자가 늘어나는 모습을 볼 수 있다"며 "지난 반세기 통계를 분석해보면 GMAT의 응시자 수는 미국의 고용지표와 밀접하게 연동돼 있다"고 전했다.

그는 MBA의 높은 학비를 둘러싼 비판에 대해서도 솔직한 입장을 밝혔다. 그는 "세계 MBA 학생의 60%가 빚을 지고 있을 만큼 교육 비용이 높은 점은 문제"라면서도 "굉장히 비싼 공부이긴 하지만 학생과 고용주의 만족도는 높다"고 말했다. MBA 졸업생의 94%가 만족을 표했고 고용주들도 MBA 출신에 대한 채용 의지가 높다는 설명이다.

초우플라 회장은 "응시자들이 반드시 하버드나 스탠퍼드대만 고집할 필요는 없다"고 했다. 그는 "다양한 국가의 많은 학교에서 수준 높은 MBA 프로그램이 운영되고 있다"며 "중국에도 최고 MBA로 선정된 과정이 10개에 달한다"고 말했다.

 | 강연 | ❶

창의교육 : 질문하는 법을 가르쳐라
헤츠키 아리엘리(글로벌 엑설런스 회장)

지금부터 내가 생각하는 가장 중요하고 가장 큰 문제에 대해 이야기하려 한다. 우리는 아주 흥미로운 시대에 살고 있다. 우리는 지금 새로운 도전과제가 있고, 새롭고 빠르게 변화하는 세상에서 살고 있어서 운이 아주 좋다. 흥미로운 세상이다. 나는 이 시대를 '아이스 에이지'라고 부른다. 예전 빙하기를 말하는 것이 아니다. 새로운 세상을 말하는 것이다. 아이스는 세 가지로 구성된다.

혁신, 창의력, 엑설런스 이 세 가지로 세상이 변하고 있는 것이다.

헤츠키 아리엘리 "미래에는 학교가 세상 밖으로 나가거나 세상이 학교 안으로 들어올 것이다."

우리 앞에는 이 세상이 지속가능하도록 하는 과제가 있다. 문제는 바로 지금까지의 개발 속도를 계속 이어갈 수 있는가다. 전 세계가 진보하고 있지만 뒤처지고 있는 분야가 있는데 그것은 바로 교육이다. 교육과 현실 사이엔 엄청나게 많은 격차가 존재한다. 현실은 꽤 진보했음에도 공공교육이라고 하는 것은 60년 전이나 지금이나 달라진게 없다. 교육과 현실의 격차는 더 커질 것이다. 이 갭을 어떻게 메워야 할까.

우리는 이 격차를 메우지 못하면 위험하게 된다. 이건 전략적인 문제고 전 세계적인 문제다. 오늘날 바이러스 얘기를 많이 한다. 바이러스는 물론 문제다. 하지만 매우 전략적이고 근본적인 문제를 어떻게 해결하느냐가 정말 더 중요한 문제다. 세계는 빠르게 변하는데 왜 학교는 바뀌지 않을까. 교사들은 과거 100년간의 교습 방식을 되풀

이하고 있다. 그저 정보를 전달하고 지식을 전달하고 있다. 다양한 원천에서 모은 정보와 지식을 일방적으로 전달하는 방식은 중세부터 그대로 이어지고 있다. 왜 그럴까.

구글 이전 시대와 구글 이후 시대를 생각해보라. 교육이 단지 지식을 전달하는 것이라면 구글이 더 적격하다고 할 수 있다. 하지만 교사는 새로운 시대에 무엇보다 더 중요한 역할을 하게 된다. 계속해서 바뀌게 될 세상에 대해 학생들을 어떻게 준비시켜야 할까.

은행에서 일하거나 과학자가 되거나, 이런 직업들은 모두들 알고 있다. 첨단기술이나 IT기술자에 대해서도 이미 알고 있다. 하지만 미래에 나타나게 될 직업에 대해 어떻게 대비시키고 창의력을 길러줄 수 있을까. 어떤 사람들은 창의력은 타고난다고 하지만 창의력은 기를 수 있는 것이다. 문제를 한 줄로 요약하면 '내일의 주역인 아이들을 어제의 방식으로 가르치고 있다'라는 것이다.

미래를 생각해보자. 교육의 미래는 다음과 같다. 오늘 우리가 변화를 시도해서 이런 미래 교육이 현실화되도록 해야 한다. 앞으로 교육은 꽉 막힌 교실에서 이뤄지지 않을 것이다. 사각형 교실은 전 세계 교실의 99%다. 이런 교실은 아이들이 현실 세계와 고립되고 단절된 공간이다. 이 공간에서 학습하지만 실제 세계와는 전혀 연결돼 있지 않다. 수업 내용은 실제 세계와 전혀 연관이 없다. 하지만 미래 교육은 꽉 막힌 교실에서 이뤄지지 않을 것이다.

미래에는 학교가 세상 밖으로 나가거나 세상이 학교 안으로 들어올 것이다. 통합 중 가장 중요한 통합은 시스템 간의 통합이다. 교육 시스템, 산업 시스템의 통합이 특히 중요하다. 지금은 양 시스템 간의 대화가 전혀 없이 단절된 상태다. 교육이나 산업이 스스로의 의제에 갇혀 있다. 교육 시스템은 아이들을 교육시키기만 할 뿐 교육이 끝나면 전혀 연관이 없는 교류가 없던 다른 시스템으로 아이들을 보내고 있다. 세상에 나가는 방법에 대한 도움을 주지 못하고 있다.

미래의 교육은 스킬과 습관, 도구에 집중하게 될 것이다. 지금의 교육에서 중시하는 정보나 데이터는 중요하지 않게 된다. 교육은 스포츠와 비슷해질 것이다. 교사는 코치의 역할을 하게 된다. 스포츠야말로 빠르게 발전하고 있다. 세상의 변화 속도와 맞먹을 정도다. 스포츠는 이렇게 발전하는데 교육은 뒤처져 있다. 바꿀 때가 됐다고 생각한다.

하지만 딜레마가 있다. 이런 변화가 정부 주도의 하향식 변화가 될 것인가, 아니면 학교 현장에서 이뤄지는 상향식 변화가 될 것인가? 나는 낙관적인 사람이지만 지금은 시간이 부족하다. 지금은 하향식 변화를 기다릴 수 없는 상황이다. 너무 오랫동안 기다렸다. 이제는 상향식 변화가 시작돼야 할 시점이다. 하향식 변화가 이뤄지면 정부도 따라오고 지원을 하게 된다.

한 가지 이야기를 들려주고 싶다. 이스라엘 얘기다. 이스라엘은 66년 전에 건국된 역사가 짧은 나라다. 이스라엘과 한국은 공통점이 많다. 우리 양국은 비슷한 문제와 비슷한 이슈를 갖고 있다. 천연자원 부족, 정치·안보적 어려움 등등 유사한 점이 많다.

이스라엘을 건국하면서 건국자들은 젖과 꿀이 흐를 것으로 희망하며 나라를 세웠다. 하지만 와 보니 사막에 불과했고 주변에는 적대국들뿐이었다. 석유도 없고 척박한 땅이 우리에게 주어진 땅이었다.

하느님이 거짓말할 리 없으니 우리는 그것을 찾기 위해 굉장히 열심히 일을 했다.

우리의 두뇌가 우리가 가진 유일한 자원이었다. 그것을 이용해 우리는 전 세계적으로 이스라엘을 창업의 나라라고 불릴 수 있도록 만들었다. 이제는 이스라엘에 젖과 꿀이 흐른다. 하느님은 중요한 선물을 줬다. 우리는 아무것도 없었지만 의지가 있었기 때문에 무에서 유를 창조할 수 있었고 그 모든 것을 가능하게 했다. 하지만 우리가 천연자원이 많았다면 게을러졌을 것이다. 머리를 안 썼을 것이다.

이스라엘 교육의 원칙은 가정교육, 학교교육 등으로 구성된다. 일단 아이가 중심이다. 많은 다른 교육 상황에서 보면 개별 아동은 선호도를 가지고 있고 취향과 능력이 다르다. 탈무드에 따르면 아이 한 사람은 온 우주를 상징한다. 그래서 아이를 교육의 중심부에 두고 모든 아동은 다르다고 먼저 인정하는 것이다.

이에 따라 개별 아동에 맞는 교육을 제공하려고 한다. 교육 전에 반드시 이해해야 하는 것은 아이의 행복이다. 행복은 동기부여의 원천이다. 아이의 학습 역량보다 아이가 행복한가를 먼저 생각해야 한다. 동기가 부여돼 있는가, 또는 배우고 싶어 하는가를 고려해야 한다. 이스라엘에서는 긍정적 교육 방식을 사용한다.

예컨대 아이가 우유 잔을 들고 있다가 떨어뜨려 잔이 깨지고 우유가 쏟아지면 자연스러운 반응은 뭘까. "대체 뭐야? 왜 그랬어. 방에 들어가"라고 하는 것이 바로 부정적인 교육이다. 대부분 이런 방식으로 교육을 한다.

하지만 동일한 상황에서 엄마가 이렇게 얘기하면 어떨까. "무슨 일이지? 컵을 제대로 들 수 없었구나. 그럼 내가 가르쳐줄게. 여기 손 잡이가 있으니 여길 잡고 다른 손으로 받치면 똑바로 들 수 있는 거야'라고 말해준다. 그리고 어떻게 이 상황을 처리해야 하는지 아이에게 물어본다.

아이는 물론 바닥의 우유를 핥아먹는다고 할 수도 있다. 아이는 숟가락으로 우유를 뜨겠다고 할 수도 있다. 여기서 과학실험 같은 상황이 이어지는 것이다. 결국은 행주를 갖다가 닦는 결론이 날 것이다. 하지만 이 아이는 긍정적인 교육을 받은 것이다. 이런 아이가 방 안에 들어간 아이보다 과학자가 될 확률이 높아지지 않겠는가?

아이에게 답을 주지 말라. 현재 교육에서 교사는 아이들에게 질문을 던지고 결국 본인이 답을 한다. 통계적으로 교사들이 3초를 기다린다고 한다. 시간이 없기 때문이다. 겉으로는 질문하는 것이지만 결국 답을 던지는 것이다.

이스라엘의 하브루타 방식은 답을 주지 않고 토론을 통해 뇌를 자극하는 방법이다. 답을 주면 생각을 닫아버리게 된다. 여지를 두면 계속 토론이 이뤄질 것인데 말이다.

우리는 탈무드 경전을 바탕으로 해서 교육시켰던 아이들이 같은 방식으로 그들의 아이들을 가르치길 바란다. 이러한 하브루타 방식으로 교육을 하기 때문에 과거의 지식과 경험을 지금의 상상력과 융합해 새로운 방식을 만들어낼 수 있다. 이것이 바로 가장 창의적인 방식이다. 이것이 바로 유대의 교육 방식이다.

방법은 바로 이것이다. 교사는 코치가 되는 것이다. 하지만 현실은 그렇지 않다. 앞에서 교사가 가르치고 수동적인 학생들이 있는 교실은 지루하다. 시험 위주의 교육이 이뤄진다. 전 세계적으로 대부분 그렇다.

한국이 여러 국제적인 시험에서 우수한 성적을 내는 것은 축하할 일이다. 하지만 경계해야 할 일이 있다. 이런 점수가 높다는 것이 오히려 위험하다. 싱가포르, 한국 등이 상위권인데 이것은 시험 위주의 교육 성과일 뿐이다. 결국 한국의 창의력은 걱정되는 수준이 될 수 있다. 이런 방식으로는 시험이 끝나면 학생들은 배우고 공부했던 것들을 다 잊어버린다. 시험이 끝나면 필요 없게 되니까.

코칭을 하는 방식을 생각해보라. 학생들은 선수가 되고 교사는 코치가 된다. 학생들은 상호작용을 통해 성과를 내기 위해 노력할 것이다. 각각의 포지션이 있듯이 자신의 역할을 수행하는 데 노력을 하고 창조가 이뤄질 것이다.

어떻게 창의적인 교실을 만들 수 있는가. 엑설런스로 아이가 갈 수 있는 방법이 있다. 엑설런스란 '잠재력을 실현할 수 있는 의지와 그 의지를 실현시킬 수 있는 능력'이라고 할 수 있다. 엑설런스의 10가지 요소는 '동기부여', '끈기', '민감성', '호기심', '창의성', '열린 마음', '긍정적 마음', '능숙함', '전문성', '겸손', '정직'이다. 이 순서대로 선순환하는 것이 바로 엑설런스다.

우리의 미래와 교육의 미래에 가장 중요하게 생각해야 하는 것은 바로 아이가 호기심을 갖도록 하는 것이다. 아이들이 교실에서 질문을 할 수 있도록 하는 것이다. 아이들이 하는 질문은 다 귀한 것이다. 한 가지 예를 들면 1959년 이스라엘의 와인스만과학연구소는 5만 달러를 들여 조수 간만의 차이가 없는 전 세계 바다의 중심부를 찾겠다고 했다. 왜 그런 지점을 찾느냐는 물음에 연구소는 "우리는 과학자고 그냥 궁금해서"라고 답을 했다.

그런데 그런 단순한 호기심에도 연구소 경영진은 5만 달러를 투입했고 결국 연구 결과를 냈다. 또 그 연구를 위해 이스라엘 최초의 컴퓨터도 개발됐다. 이런 문화가 바로 이스라엘에 창업이 많은 이유다.

질문의 가치를 안다면 학생들에게 기회를 더 많이 줄 수 있다. 질문은 바로 자동차로 따지면 엔진이다. 엔진에 시동이 걸리면 계속 달릴 수 있다. 나는 학생들에게 하루에 1가지 질문을 하고 10가지 답을 찾아보라고 말한다.

질문을 하면 답을 주지 말고 거기에 대한 질문을 또 하라. 탁구 하듯이 질문을 주고받는 것이다. 예컨대 2+3은 5이지만 5라고 답하지 말고 왜 5라고 생각하는지를 아이들에게 물어봐라.

아주 간단한 문제라 하더라도 답을 찾도록 하는 습관을 들여야 한다. 하지만 한국에서는 이런 것들이 잘 안 되는 걸로 알고 있다. 교사들도 학생들의 질문에 답을 못할까봐 걱정하는 경우도 있을 것이다. 하지만 교사는 모든 답을 다 알 필요는 없다. 교사는 코치로서 학생들이 답을 내도록 도와주는 것이다.

직장에서도 마찬가지다. 경영진이 가장 좋은 답을 알고 있는 것이 아니다. 모든 구성원들이 상상력을 이용해 혼자만의 답을 갖게 되는 것이 바로 창의성이다. 상상력과 호기심을 갖고 생각하다 보면 창의력이 생기게 된다. 실수를 두려워하지 말고 생각을 넓고 자유롭게 가져야 한다. 여기에 다른 사람과 함께 생각을 하면 더 좋은 결과가 나온다. 혼자서보다는 함께하는 하브루타 방식이 더 좋은 결과를 낸다.

스스로에 갇혀 있지 말고 벗어나야 한다. 이를 위해서는 하브루타가 필요하다. 서로 질문하고 서로 도전하면 더 창의적인 생각이 나온다. 아인슈타인도 "창의력은 전염성이 있으니 더 퍼뜨려라"라고 말했다. 미켈란젤로는 "우리가 목표를 너무 잡는 것이 문제가 아니라 목표가 너무 낮아 곧 도달하는 것이 문제다"라고 했다. 목표를 높게 잡자.

헤츠키 아리엘리

글로벌 엑설런스 회장 헤츠키 아리엘리는 전 세계 영재센터 국제네트워크를 설립했으며, 이스라엘 예술과학 아카데미 이사장, 이스라엘 영재교육센터 이사장, 이스라엘 갈릴리 국제경영원 영재연구부장을 역임했다.

| 강연 | ❷

글로벌 MBA의 새로운 트렌드
산기트 초우플라(GMAC 회장)

내가 몸담고 있는 기관에 대해 소개하겠다. GMAC는 60년 전 미국 9개 학교가 모여 만든 기구였다. 현재는 전 세계 2,100개 비즈니스스쿨을 대표하고 있다. 6,000개 이상의 경영대학원 프로그램에 대해 관리를 제공하고 있다. 스탠퍼드, 하버드, 연세대 등 여러 학교가 참여하고 있다.

신기트 초우플라 "우리가 하고자 하는 것은 기본적으로 기회와 인재와 꿈을 연결시키는 것."

우리가 하고자 하는 것은 기본적으로 기회와 인재와 꿈을 연결시키는 것이다. 인재라는 것은 여러 학생이 있고, 꿈이란 학생들이 하고 싶은 일을 이해하고, 기회라 하는 것은 비즈니스 관련 직업을 갖고 사회를 바꾸는 것을 얘기한다. 교육에 대한 인지도를 높이고 정보를 공유하고 잠재적인 응시자 수를 늘리기 위해 노력한다.

GMAT라 하는 경영대학원 입학시험을 관장하고 있고 다양한 여러 활동을 하고 있다. GMAT는 벌써 60년이 됐다. 초창기엔 이름이 좀 달랐지만 지금까지 1,000만 명에 달하는 학생들이 GMAT를 통해 미래를 추구해나갔다. 경영교육이 이 과정에서 글로벌한 교육이 됐다.

기회와 인재와 꿈을 연결하는 것은 데이트 상대를 찾아주는 것과 같다. 그런데 학교에 아무 학생이나 데려다주는 것이 아니라 학교가 요구하는 학생상을 모집한다. 왜냐면 사례연구라는 방법론이 개발된 이후 매니지먼트스쿨은 교수로부터 배우는 것도 중요하지만 학생 간에 배우는 것이 중요한 장소가 됐다.

집단을 통해 배우고 서로 가르치는 활동이 일어나는 것이다. 그렇기 때문에 강의실이 그냥 학생으로 가득 차는 것이 중요한 게 아니라 비슷한 종류의 능력과 관심사를 가진 학생으로 채우는 것이 중요하다.

잠재적인 학생들에게는 가장 적합한 프로그램을 찾아준다. 지역적 선호도 있을 수 있고, 지적 능력에 따라 적합한 프로그램도 있고, 선호하는 프로그램과 원하는 직종에 따라 적합한 프로그램을 제공한다. 업계에 대해서는 트렌드를 이해하고 경영 관련 연구를 많이 하기 때문에 돌아가는 것을 잘 이해하고 있다.

여러 가지 회의도 하고 정보도 제공하고 성공사례도 공유하고 있다. 이런 여러 가지를 한꺼번에 하기 때문에 인재와 꿈과 기회를 연결하겠다는 미션을 수행할 수 있는 것이다.

원래 GMAT라는 시험은 미국에서 고안됐다. MBA라 하는 것은 21세기 가장 혁신적인 교육의 변화였다고 얘기하고 있다. MBA가 월스트리트 증권가와 금융인들을 다 만들어내서 오히려 금융계와 우리 경제에 나쁜 영향을 끼쳤다는 비판도 있다. 하지만 궁극적으로는 사회발전과 경제발전에 있어 역량 있는 경영자를 키워내는 건 매우 중요하다.

이제는 경영대학원의 교육이 많은 지역에서 또 많은 학교에서 이뤄지고 있다. 다시 말하면 우리에겐 기회가 글로벌하게 존재한다는 것이다.

과거엔 미국 학생이 응시를 많이 했다. 2014년에는 40% 정도가 미국인이고 아·태지역 응시자가 35% 정도 해당된다. 10여 년 사이에 응시자들의 구성이 크게 바뀌었다.

과거엔 MBA를 꼭 해야 되느냐고 얘기했다. 하지만 지금은 굉장히 다양한 프로그램이 제공되고 있고 GMAT 점수가 많이 이용되고 있다. 다양한 전공 분야에 대해 대학원 교육이 이뤄지고 있고 여기서도 GMAT 점수가 활용되고 있다.

결국 이제 과거와 달리 굉장히 다양한 선택의 기회가 주어졌다. 지리적으로도 선택의 폭이 넓어졌고 프로그램 종류도 그 선택 폭이 넓어졌다. 거대해지고 글로벌해졌으며 다양해졌다라고 하는 것을 수치로 알 수 있다.

GMAT 응시자 수의 추이를 보면 1970년대에 많이 증가했고 약간 안정화되다가 증가와 감소를 반복하는 것을 볼 수 있다. 구글에서 MBA를 검색해보면 검색 결과에 '이제 MBA는 죽었다'는 얘기가 제일 먼저 나온다. 왜냐면 여기엔 나름의 주기가 있기 때문이다.

사람들은 이 주기마다 각각 다른 반응을 보일 수밖에 없다. 쇠퇴기에는 '이제 GMAT는 사람들 관심이 없겠구나, MBA는 전망이 없겠구나'라고 생각할 수밖에 없다.

언제나 그래왔다. GMAT 응시자 수는 변화가 있었는데 흥미로운 건 경제주기와 GMAT 응시자 수가 연동이 돼 있다는 것이다. 다시 말하면 미국 고용의 변화가 있었을 때 GMAT 응시자 수도 변화가 있었다.

GMAT는 그래서 응시자 수는 주기성을 갖고 있다. 침체기 때 MBA를 공부하는 사람이 더 많다. 다니던 직장을 그만두고 공부하는 리스크 자체가 낮기 때문이다. MBA를 늘 원했지만 못하고 있다가 침체기에는 과감하게 할 수 있다는 것이다. 반대로 경제가 좋아지게 되면 더 많은 직업을 가지고 고용이 쉽기 때문에 MBA에 과감히 가지 않는 사례가 있다.

GMAT의 현재 상황은 학생 연령층이 낮아지고 있다는 것이다. 특히 석사과정에서 그렇다. MBA가 과거에는 4~5년 현업 경력이 있는 사람이 많았지만 요즘에는 그렇지 않고 바로 진학하는 경우가 많다. 글로벌 차원에서 25세 미만 응시자 수가 2010년 42%였는데 올해 48%로 늘었다. 한국은 좀 다르다. 9%만이 25세 미만이다. 군대 때문으로 추정되긴 하지만, 왜 한국 응시자들은 경영대학원에 올 때까지 더 많은 시간을 보내게 되는가. 생각해볼 필요가 있다.

또 다른 트렌드는 여성의 증가다. 40%에서 42%까지 증가했다. 하지만 2004년만 해도 31%였기 때문에 여성이 많이 진출하는 데 성과가 있었다고 볼 수 있다. 그런데 이 부분도 한국은 좀 다르다. 한국은 여성 응시자가 30%밖에 안 된다. 왜 그럴까.

효과적인 팀을 만들려고 최대한 똑똑하고 열심히 일하는 사람들을 모으면 성과가 좋을 것이라 생각하기 쉬운데 연구를 해보니 팀의 성과에 영향을 끼치는 가장 큰 요인은 그게 아니었다. 바로 다양성이었다. 남성으로만 구성된 팀에 여성이 참여하면 훨씬 다양한 결과가 나올 수 있다. 단순히 성평등이나 사회적 차원이 아니라 실리적 차원에서 여성 경영진이 필요한 것이 맞다.

아시아는 이런 부분에서 특이하다. 응시자 49%가 여성이다. 중국과 베트남은 여성이 50~60%대로 다른 아태지역보다 훨씬 많이 응시한다. 안타깝지만 인도와 한국은 20~30%대로 3분의 1 이하다.

경영교육에 있어 중요한 부분 중 하나가 국제적인 감각을 가져야 한다는 것이다. 약 55% 정도의 응시자가 자기 국가가 아닌 다른 나라에 가서 공부할 생각을 한다. 어떤 시스템을 봐도 교육 분야에서 이렇게 유학이 많은 경우는 많지 않다. 그만큼 이동성이 큰 분야다. 미국은 예외다. 응시자 3%만이 미국 외 지역에 진학할 의지가 있었다. 하지만 전체적으로 봤을 땐 이동성이 크다.

그러면 이 경영대학원 졸업생이나 재학생이나 고용주 등은 어떤 반응을 보이고 있을까. 2만 1,000명의 졸업생이 이미 배출됐다. 94%가 만족을 표시했다. 95%가 추천한다고 얘기했다. 굉장히 비싼 공부이긴 하지만 만족스럽다는 의미다. 기업에서도 MBA 졸업자에 대해 채용 의지가 높았고 급여 수준도 높다는 걸 알 수 있다. 전 세계 평균보다 훨씬 높은 급여 수준을 보이고 있다.

문제가 하나 있다면 교육의 비용이다. 경영대학원 학생의 60%가 어느 정도의 빚을 지게 되는데 한국이나 미국뿐 아니라 전 세계적으로 마찬가지라 볼 수 있다. 학생이 감당해야 할 빚이 적지는 않다.

학위를 취득해서 기대하는 바가 무엇일까. MBA 과정에 들어간다고 했을 땐 결국 자신의 커리어를 탄탄하게 하고, 좋은 급여를 받기 위해서 등등 여러 목적이 있을 것이다. 2009년 경기가 안 좋았을 때는 50% 정도 기업에서 MBA 출신을 고용하고 싶다고 했었다. 그런데 재미난 것은 뒤로 갈수록 낮아지고 있다. 침체기에 훨씬 높다는 것이다.

다른 하나는 어려움을 극복하고자 하는 사람들을 보면, 다시 말하면 문제를 해결하려는 기업과 성장을 추진하려는 기업을 비교해보면, 성장 추진 기업이 MBA에 더 관심을 가지고 있다는 것이다. 한국을 비롯한 아시아 국가가 더욱 그러할 것이다. 이럴 때 훨씬 많은 수의 MBA 소지자가 있다는 것이다. 문제 해결 중심적인 기업은 MBA 채용에 음의 상관관계를 갖고 있는 반면, 성장 중심적인 기업은 MBA 채용에 양의 상관관계를 갖고 있다.

기업에서 더 많은 MBA 출신을 고용하고 있고, 많은 학생들이 MBA를 하려고 한다. 수요와 공급의 차이가 있기 때문에 급여 차원에서 변동이 발생하지 않을까 생각을 할 수 있다.

학위 취득 전 받았던 급여와 MBA 진학으로 받지 못하게 된 급여를 고려해보자. 그리고 MBA 졸업 후 받게 될 급여를 생각해보자. 단순히 돈만 아니라 사회적 가치까지 얘기하는 것이다. 과거에는 인상폭이 70%였다. 최근 5년 동안 계속해서 증가하고 있다. 전 세계 평균으로 봤을 때 MBA 과정 전 급여보다 80%의 급여 인상이 있었다는 것을 알 수 있다. 응시자 수가 늘어날 수밖에 없지 않을까 생각한다.

내가 오늘 이 자리에서 말하고 싶은 것은 경영대학원 교육, 경영교육은 이런 변동을 겪으며 잘 이뤄지고 있다는 것이다. 학생들은 과거 어느 때보다 지역적으로 등등 다양성을 보이고 있고 프로그램도 다양해지고 있다. 경영대학원 출신 고용이 증가하고 있고 급여도 증가하고 있다. 그만큼 경영대학원 진학하기에 좋은 시기라고 생각한다.

 산기트 초우플라

GMAC 회장인 산기트 초우플라는 타임라인 벤처스 경영지원본부장, HP 잉크젯미디어 부문 부회장, HP 아시아지역본부 마케팅본부장을 역임했다.

06 창조인재를 위하여

"창업교육은 '하면 좋은 것'이 아니라 꼭 해야 한다."

페리둔 함둘라푸르 워털루대 총장은 글로벌 인재포럼 분과회의 '창조인재를 위한 한국형 창업교육'에서 창업교육의 중요성을 이같이 강조했다. 함둘라푸르 총장은 "성공적인 창업을 위해서는 창의력을 갖춘 인재와 그에 대한 창업교육이 필요하다"며 "특히 창의력은 나중에 책으로 배울 수 있는 게 아니라서 다양한 경험을 할 수 있는 환경에서 창의적 사고를 키워주는 것이 중요하다"고 말했다.

그는 성공적인 창업교육 사례로 워털루대의 교육 방식을 소개했다. 워털루대 학생들은 한 학기는 학교에서 수업을 듣고 다음 학기는 기업에서 실무를 배우는 방식으로 학부 생활을 한다. 학생들이 수업에서 배운 것을 어떻게 실무에 적용하는지 경험할 수 있는 환경을 제공하는 것이다. 그는 "이런 교육 시스템 덕분에 전체 학생의 43%는

148

자신이 창업할 수 있을 것이라 믿는다"고 덧붙였다.

두 번째 발표자로 나선 조지프 완 난양기술대 비즈니스스쿨 교수도 "기업가정신을 강조하고 졸업 후 벤처회사를 설립할 수 있을 정도의 역량을 키워주고 있다"며 난양기술대 비즈니스스쿨의 교육과정을 예로 들었다. 이곳에선 어떤 전공이든 기업가정신 과목을 5시간 이수하는 것이 필수인데, 이 방침이 생긴 뒤로 학생들 사이에 창업에 대한 관심이 늘었다고 했다. 완 교수는 "싱가포르에선 세계화를 위해 혁신적인 기업가정신을 갖춘 세대를 키워야 한다며 대학들에 상당한 기금을 투자하고 있다"고 말했다.

김일호 성균관대 창업교육센터장은 이들의 발표를 들은 뒤 "워털루대와 난양기술대는 환경을 잘 만들어주면 학생들이 열심히 잘해서 성과를 낼 것이라는 믿음을 깔고 교육하는 분위기로 보인다"며 "하지만 우리나라는 일정 기간에 몇 명이 창업했느냐, 창업 관련 과목 수가 얼마나 되느냐에 관심이 쏠려 있는 게 문제"라고 지적했다. 김 센터장은 "취업이 안 되니까 창업하라는 관점에서 접근하는 것도 안 된다"며 "취업도 좋지만 창업 기회도 있다고 권해야 한다"고 말했다.

이에 함둘라푸르 총장은 "한국 학생들은 창업했을 때 성공할 것이라는 자신감이 부족하다"며 "산학협력을 통해 경험할 기회를 주는 방식의 교육이 중요하다"고 조언했다.

창의력을 키울 수 있는 환경을 조성하라

페리둔 함둘라푸르(워털루대학교 총장)

미래에 대한 논의를 할 때 창업을 빼놓을 수는 없다. 창업은 하면 좋은 것이 아니라 꼭 해야 하는 일이다. 세상은 빠르게 변하고 있고 오늘날 존재하는 것들이 5년, 10년 후에는 존재하지 않을 수 있다. 회사에 취업하는 것이 능사가 아니라는 얘기다.

성공적인 창업을 위해서는 창조적 인재 그리고 이를 위한 창업교육이 굉장히 중요하다. 창업이나 기업가정신은 나중으로 미뤄서는 안 되는, 지금부터 해야 하는 것이다. 창업에 도움이 될 만한 환경을 만드는 것이 중요하다. 워털루대가 어떤 방식으로 학생들의 꿈을 키우고 창업을 할 수 있도록 돕고 있는지 소개하려 한다.

워털루대나 워털루 지역은 창업에 있어서 매우 활발한 곳이다. 이지역의 많은 대학들이 산학협력을 기반으로 한다. 한 학기는 학교에서 수업을 받고 기업에 갔다가 다시 교육을 받고 하는 방식이다. 배우는 것이 더 체감이 되고 내가 배운 것을 어떻게 실무에 적용시킬지, 우리는 다섯 번을 해본다. 그러다 보니 워털루대의 입학 경쟁이 상당히 치열하다.

창업자들은 대학에서 배우는 지식을 기반으로 커나가게 된다. 매우 똑똑한 학생들이 워털루대를 찾아오고 공부를 한다. 대부분 '이곳은 내 창업을 위한 기업가정신을 키워주는 곳이다' 라고 생각하고 온

페리둔 함둘라푸르 "창업에 도움이 될 만한 환경을 만드는 것이 중요하다."

다. 워털루대 재학생 7,300명 학생 중 43%는 내가 창업을 할 수 있을 것이라 믿는다.

창업 유전자, 즉 '내가 회사를 만들어 성공해보겠다' 라는 기업가 정신을 갖추려면 창업하기 좋은 환경에서 교육받는 것이 필요하다. 다른 여러 가지와 연결을 해야 한다. 워털루대는 수천여 개의 대학, 기업들과 네트워크를 형성해 학생들을 5,000여 개에 달하는 외국 기업으로 실습을 보낸다. 다양한 지식과 경험들을 학생들에게 제공해 주는 것이다. 학생들의 아이디어가 원대한 꿈이 될 수 있도록 지원해 주는 것이 우리의 목표다.

교수들은 다양한 연구 분야에서 새로운 지식을 쌓고, 그것을 학생들에게 전달한다. 학생들은 입학하는 순간부터 그리고 졸업 후에도 이런 지도와 함께 창업을 위한 실질적인 실무를 쌓아나가게 된다.

청년들을 대상으로 하는 창업교육에 있어서 필요한 것들이 무엇인지 생각해보면 창의력이 우천이어야 한다. 창의력은 책으로 배울 수 있는 것이 아니다. 또 시야를 넓힐 수 있어야 한다. 어떤 하나의 전공이 아니라 인문학에 대해서도 많이 알고 다양한 견문을 넓히고 팀워크도 알아야 한다. 결국은 창의력을 키울 수 있는 환경이 제공되는 것이 중요하다.

 페리둔 함둘라푸르

캐나다 칼튼대학교 기계항공공학과 교수 출신으로, 2010년부터 산학협력에 강점이 있는 워털루대학교의 총장을 맡고 있다. 워털루대학교는 'Co-op 프로그램'이라는 자체적인 산학협력 프로그램을 운영 중이다. 1년 커리큘럼이 4개월 수업학기와, 현장에서 실제로 일하는 4개월 취업학기로 나뉘어 운영된다. 졸업할 때까지 학생은 여섯 번의 취업학기를 거치게 돼 졸업할 때는 약 2년의 실무경험을 쌓게 된다.

 | 강연 | ❷

혁신적인 기업가정신을 배양하기 위하여
조지프 완(난양기술대학교 비즈니스스쿨 교수)

졸업을 앞두고 일자리를 찾는다 가정해보자. 그런데 경기가 나빠서 우수 학생도 취업을 할 수가 없을 때 혼자 길을 개척한다면 어떻게 해야 할까.

난양기술대 비즈니스스쿨을 졸업하는 학생들은 취업을 잘한다. 대

조지프 완 "기업가정신을 갖춘 사람들을 배출하는 것이 목표다."

기업에 취직하지 않더라도 창업할 수 있는 길을 열어주기 때문이다.

우리 학교에선 모든 학생들에게 어떤 과목을 전공하든 5시간 동안 기업가정신을 배우게 한다. 사람들이 이를 받아들이고 관심을 갖게 하면서 센터를 만들었다. 창의력과 혁신을 통해 학생들을 다음 단계로 끌어올리기 위한 노력을 하고 있다. 결국은 기업가정신을 배양하고 싶은 것이다.

싱가포르는 굉장히 작은 국가다. 싱가포르는 일본과 한국, 홍콩, 대만 등 4개 국가를 벤치마킹하며 변화를 꾀했다. 처음에는 굉장히 가난한 나라여서 1970년대까지만 해도 제조업을 많이 했다.

싱가포르에는 '기술사업가정신(Technopreneurship)'이라는 센터가 있다. 기술과 혁신기업가를 더해 만든 말로 기술과 기업가정신은 뗄 수 없다는 의미다. 기술을 기반으로 한 기업가정신이 필요하다는 것을 강조한다는 얘기다.

회계학과 학생들 그리고 경영학과 학생들도 이 센터의 일부 수업을 듣게 한다. 학생들은 이 수업을 들으며 항상 장기적인 계획을 갖고 움직인다. 우리는 5개년 계획을 갖고 있다. 연구혁신 기업 계획에 161억 달러를 투자해 내년까지 진행할 계획이다. 단순히 기업가정신을 배양하는 것이 아니라 탄탄한 기반을 갖고 경제에 참석하도록 하는 것을 기본으로 한다.

기업가정신을 배양함으로써 기회를 포착하고, 그 기회를 토대로 행동할 수 있도록 하려는 게 목적이다. 오늘날 싱가포르를 보면 인재를 보며 개방을 하고 방문객들을 포용하기 위해 자유화를 실시한다. 이것이 우리의 기업가정신에 포함되어 있다.

2006년에는 연구혁신을 위한 기반을 만들었다. 이 프로그램 하에 160억 달러를 연구혁신 기업에 투자하기 위해 6가지 전략을 잡았다. 새로운 아이디어, 과학인재의 개발, 경쟁 펀딩에 대해 강조 등이다. 재정을 받아 경쟁을 해야 한다. 왜냐하면 재원이라는 것은 항상 제한이 있기 때문이다. 또 투자 대비 수익률과 시너지효과를 강조하고자 했다. 그리고 과학자에 대한 강력한 지원을 제공하려 한다.

현재 싱가포르는 상당한 기금을 들여, 대학들이 기초 연구를 통해 기업가정신을 배양하도록 하고 있다. 기업가정신이 기금을 받을 수 있고 재정을 받을 수 있는 우선순위 고려대상이 됐다. 세계화의 도전 과제에 맞서 혁신적인 기업가정신을 갖춘 세대를 키우는 것이 중요하기 때문이다.

기술사업가정신은 기업가 배출이 아니라 기업가정신을 갖춘 사람들을 배출하는 것이 목표다. 부전공으로 기업가정신을 배울 수 있게 하고 졸업 후 프로그램도 만들었다. 일반적인 MBA는 아무것도 준비를 못하는 프로그램이지만 우리 프로그램은 여러 기능을 통합해 벤처회사를 설립할 수 있을 정도의 역량을 키워준다.

이처럼 기업가정신을 강조하고 인재, 스킬, 노하우를 강조하고 정신을 배양하기 위해 노력하고 있다. 앞으로도 이 부분에 계속 힘쓸 계획이다.

 조지프 완

조지프 완은 세계 MBA 100위 안에 드는 명문으로 꼽히는 난양 비즈니스스쿨에서 일하고 있다. 스위스 국제경영개발원(IMD)에서 경영학 MBA 과정을 밟았고, 난양기술대학교에서 마케팅 전문화를 위한 최고의 교수로 뽑혀 수상하기도 했다.

| 토론자 |
김일호(성균관대학교 창업교육센터장), 고혁진(한국산업기술대학교 창업교육센터장),
페리둔 함둘라푸르(워털루대학교 총장), 조지프 완(난양기술대학교 비즈니스스쿨 교수)

▶ **김일호:** 강연에 나온 두 가지 사례의 공통점은, 좋은 성과가 나올 수 있도록 창업하기 좋은 환경을 만들어주는 데 초점을 맞추고 있다는 것이다. 하지만 한국은 정해진 교육기간 안에 몇 개의 창업 성과를 냈는가, 또는 창업 커리큘럼이 몇 과목이나 되는가 등 숫자로 나오는 결과에만 집중하는 경향이 있다.

학생들에게 '취업이 안 되니까 창업하라'는 식으로 말해선 안 된다. '취업할 기회도 있고 창업할 기회도 있는데 어느 쪽을 택할 것인가'라고 판단할 수 있는 기회를 줘야 한다. 더구나 한국의 창업교육 체계는 정부 주도형의 하향식이다. 강연에 나온 두 사례에서 대학들이 창업교육을 위한 환경을 만들고 이를 키울 수 있는 정부의 지원을 이끌어내는 상향식 방법과는 다르다. 정부 주도형의 창업교육을 어떻게 하면 바꿀 수 있을지 조언을 듣고 싶다.

▶ **페리둔 함둘라푸르:** 하향식 접근법은 옳지 않다. 정부가 올바른 정책과 방침들을 가지면 해결될 수 있는 문제다. 창업하기 좋은 환경을 만들어주는 것에 집중해야 한다. 환경을 만들어서 정부의 지원이나 정책을 이끄는 것이 필요하다.

대학은 민간도 공공도 아닌 중간의 위치에 있다고 보면 된다. 대학의 존재가치를 입증해야 한다. 대학에서 학생들의 창업을 위한 중요한 역할을 해주면 정부에서도 적절한 정책을 도입하지 않겠는가.

▶ **조지프 완:** 싱가포르에선 기업가정신 교육이 하향식으로 이뤄지지 않는다. 학생들

은 아이디어가 있으면 찾아오고 우리가 원하는 지원을 해준다. 시대는 바뀌었다. 학생들이 프로젝트를 마련하고 그 프로젝트에 대해 지도해주고 있다. 이런 식으로 대학이 먼저 바뀌다 보면 주변 환경도 서서히 변할 것이다.

▶ 고혁진: 개인적인 관심은 우리 학교 학생들의 기업가정신 함양이다. 워털루대에서 재학생의 43%가 창업을 꿈꾼다는 말을 듣고 놀랐다. 올해 초 한국산업기술대 학생들을 대상으로 조사한 결과 '졸업 뒤 창업하고 싶다'는 응답이 4.8%에 그쳤다. 우리는 취업에 대한 기회비용이 크다는 인식이 강해서 창업이 외면을 받고 있는 것이라고 생각한다.

워털루대도 처음부터 기업가정신 교육 환경이 뛰어나지는 않았을 것이라고 생각한다. 수십 년간 다양한 프로그램을 통해 기업가정신을 기었을 것이다. 이제 막 창업교육에 관심을 갖기 시작한 한국 대학들에게 필요하다고 보는 프로그램 한두 가지만 소개해달라.

또 한국은 제조업이 강한 나라임에도 불구하고 일자리 창출효과가 큰 기술 기반의 기회형 창업비용이 OECD 회원국 중에서 가장 낮다. 대부분 제조업에서 일하다가 퇴직 후 자신의 경험과 무관한 '생계형' 창업을 한다. 한 번도 창업에 대해 배워보지 않아서 그렇다 하더라.

이런 문제를 해결하려면 창업교육이 필요하다. 이공계 대학생들을 대상으로 창업가정신, 기업가정신 교육을 하려면 구체적으로 어떤 교과과정을 구성하는 것이 좋은가.

▶ 페리둔 함둘라푸르: 워털루대는 사실 특이한 대학이다. 1957년에 학자나 정부가 아니라 기업이 만들었다. 당시만 해도 '이게 뭐냐'는 얘기를 들었다. 우리는 무엇을 하든 최고의 수준으로 제공하겠다고 강조했다. 가장 높은 수준의 학술 프로그램과 아카데믹 프로그램을 만들어주려 한 것이다. 교육 방식도 산학협동교육 체계로 마련했다. 경험학습 모델을 추구한 것이다. 또 지적재산을 창출하면 그건 만든 사람의 것으로 뒀다. 절대로 대학이 그 지적재산권의 지분의 일부를 요구하지 않

았다. 이런 기본 원칙을 갖고 있으니 창업 환경이 잘 구축됐다.

이를 어떻게 한국에 적용할 수 있을까? 대학이 학생들과 창업을 위한 협력 체계를 만들어줘야 한다. 또 학부모들이 학생들의 창업을 장려해주는 쪽으로 사고방식을 바꾸는 것도 중요하다.

한국 학생들은 각자 자기 전공 분야에서는 모두 우수하다. 하지만 빠진 것이 있다. 창업할 때 성공할 수 있을 것이라는 자신감이 부족하다. 트위터 창립자는 트위터를 성공적으로 창업하기 전에 여섯 번이나 실패했다. 실패했다고 주저앉지 않고 계속 시도한 것이다. 학생들에게 이 같은 정신을 심어주려면 대학에서 산학협동 식의 경험활동을 제공해주는 것이 중요하다.

▶ 조지프 완: 마케팅, 전략, 비즈니스 계획, 비즈니스 실행, 현금흐름 예측, IPO 관련, 재정, M&A, 벤처개발 등은 창업이 아니더라도 다른 분야에 두루 도움이 될 만한 교과목들이다. 석사 프로그램에선 벤처창업사이클을 통해 2~3개 정도의 선택과목을 제공한다. 대부분 회사에 직접 방문하는 프로그램을 통해 기업가정신을 배양한다.

07 교육과 학습의 차이는 무엇일까

필 로젠츠바이크 교수와 마이클 칸자나프라콘 CEO는 각각 '어떻게 올바른 결정을 내리는가'와 '커넥티드 러닝(Connected Learning: 사람들끼리 연결하고 정보를 모아 다양한 학습을 하는 것)'이라는 주제로 학습과 경영에 있어 능동적인 선택의 중요성을 강조했다.

로젠츠바이크 교수는 "결과에 영향을 주기 위해 행동하는 것만으로도 기업 경영의 성과를 바꿀 수 있다"고 강조한다. 원하는 결과를 설정하고 그 결과에 영향을 줄 수 있도록 주변 조건을 변화시키는 것만으로도 더 나은 결과를 얻을 수 있다는 것이다.

칸자나프라콘 CEO는 젊은 청중에게 "어떻게 하면 다르게 할 수 있는가를 고민하라"고 조언했다. '일방적으로 배우는 교육'이 아닌 '스스로 깨우치는 학습'을 통해 세상을 바꿀 자신감을 얻었다는 것이 그의 경험담이다.

어떻게 올바른 결정을 내리는가

필 로젠츠바이크(IMD 교수)

임원 교육 개발연구에 중요한 것은 사람이 어떻게 의사결정을 내리는가다. 인재 놓고 전쟁한다는 얘기를 한다. 능력 가진 사람을 서로 유치하기 위한 경쟁이 심하다는 말이다. 무엇보다 이미 기업 내 있는 직원의 역량을 강화하고 교육하는 것이 중요하다.

경제적 합리성이라는 이론이 있다. 사람이 이성적이라는 것은 경제학의 기본이다. 사람은 바보 같지 않고 옳은 결정을 자신의 이해에 맞게 한다. 소비자는 합리적 가격에 물건을 사고 일할 때도 월급 수준 등을 합리적으로 결정한다. 시장경제에 부합하는 생각이다.

사회 · 정치적 차원도 있다. 선거 민주주의 역시 합리적 이성을 바탕으로 한 것이다. 그런데 사람이 온전히 합리적이지 않고 맞지 않는 행동을 한다는 연구가 나온다. 심리학 경제학계에서 행동결정이론을 통해 합리성에 반박하기 시작했다.

행동경제학의 기본전제는 인간의 뇌가 무한하지 않다는 것이다. 합리적 인지적 사고는 무한하지 않다. 인지적으로 문제가 생길 수 있다는 걸 알고 속도를 늦추고 심사숙고해야 한다. 뇌는 합리적이라고 스스로 생각하고 행동하지만 문제가 생길 수 있다.

소비자들을 대상으로 보통 가격이 책정된 카메라와 싼 가격의 카메라를 선택하게 한 실험을 했다. 이후 고가 카메라라는 옵션을 하나

필 로젠츠바이크 "합리적 사고와 '필사의 도전' 정신이 합쳐져야 한다."

더했더니 보통 가격의 카메라를 선택하는 숫자가 크게 증가했다. 순수경제학자의 눈으로 볼 때 매우 비합리적이다.

경영상 의사결정은 실험과는 매우 다르다. 매니저는 a와 b 두 가지 중에 선택하는 것이 아니라 여러 결과를 고려한다. 경영상 결정에는 경쟁도 들어간다. 즉각적이지도 않다. 처음 선택한 것에 대한 결과가 나오기 전에 둘째, 셋째 결정을 내려야 하는 환경이다. 사회적 차원에서 그리고 조직에서 날 지켜보는 사람이 있다. 일관성을 유지해야 하고 신뢰 체면도 고려해야 한다.

골프 관련 실험을 해봤다. 3m 거리 퍼팅인데 홀 위에 수직으로 빛을 쏴서 홀을 크게 또는 작게 보이도록 했다. 홀 주변에 작은 빛을 쏘면 홀이 크게, 큰 빛을 쏘면 홀이 작아 보인다. 결과는 큰 차이가 있었다. 작게 보이게 하니 20개 중에 4개가, 크게 보이게 하니 20개 중 8

개가 들어갔다. 스포츠 심리학에선 이런 노력을 한다. 결과에 영향을 줄 수 있는 상황에서 높은 자신감을 가지면 더 나은 결과가 나온다.

결국 경영도 결과에 영향을 주기 위해 행동해야 한다. 내가 할 수 있다고 생각하는 것이 중요하다. 작고 시시한 것에 만족하지 말고 야심차게 도전해야 한다. 결과를 바꿀 수 있다고 생각하면 많은 도움이 된다.

행동해야 하는 경우 긍정적 사고가 중요하다. 근거 없는 자기 신념을 갖는 것만으로도 성과가 달라진다. 리더십 있는 사람이라면 무슨 말인지 알 것이다. 목표는 높게 설정해야 한다. 이 상황에서 무엇인가 더 잘할 수 있다는 믿음이 필수적이다.

의사결정을 잘하려면 하나의 선택만 있는 것이 아니라는 점을 인지해야 한다. 선례가 없는 전략적 결정을 하려면 신중함과 합리적 사고만으론 안 된다. 《필사의 도전(The Right Stuff)》은 달 착륙 프로젝트를 다룬 톰 울프의 책 제목이다. 비행사가 되려면 용맹해야 한다는 의미다. 높은 리스크 감수는 넘어서야 한다.

합리적 사고와 '필사의 도전' 정신이 합쳐져야 한다. 이는 임원급 의사결정에만 해당되는 것이 아니다. 인적 자원을 향상하고 싶을 때 전사적으로 적용해야 한다. 의사결정에서는 예 또는 아니오만 있는 것이 아닌 만큼 유연하고 융통성 있게 대처해야 한다.

🌐 **필 로젠츠바이크**

캘리포니아대학교 샌타바버라캠퍼스(UCSB)에서 경제학을, 동 대학교 로스앤젤레스캠퍼스(UCLA)에서 경영학을 전공한 후 HP에서 6년 동안 일했으며, 펜실베이니아대학교 와튼스쿨에서 박사 학위를 받았다. 이후 하버드대학교 경영대학원에서 6년 동안 교수로 재직하다 IMD로 옮겨 교수생활을 하고 있다. 저서로는 《헤일로 이펙트(Halo Effect)》, 《올바른 결정은 어떻게 하는가(Left Brain, Right Stuff)》 등이 있다.

커넥티드 러닝은 '미래 교육의 패러다임'

마이클 칸자나프라콘(스킬셰어 CEO)

나는 한국에서 살다가 미국으로 건너갔고, 오늘 꼭 20년 만에 돌아와 이 자리에 섰다. 오늘 내가 하고 싶은 이야기는 내가 한국을 떠난 이유일 수도 있지만, 그것은 바로 '교육과 학습의 차이는 무엇인가' 다. 나는 성공하기 위해 가장 중요한 것이 무엇인가를 스스로에게 늘 질문해왔다. 내가 20년간 겪은 경험과 교육 그리고 창의성과 관련한 얘기들을 들려주고 싶다.

나는 서울 이태원에서 살았다. 한국인과 태국인 사이에서 태어났고, 한국에서는 성공하는 것이 제일 중요한 가치라 생각하고 미국으로 갔다. 열 살 때 서울 이태원에서 미국 버지니아로 이사를 갔다. 고등학교 진학 때까지 유일한 목표는 대학 진학이었고 모든 시험과 모든 과외활동이 대학에 입학하기 위해서 했던 것이었다. 5학년 때부터 고교 때까지 정말 열심히 공부했고 명문 버지니아대에 입학했다. 미국 국립대 중엔 최고 대학이다. 등록금이 매우 적었기 때문에, 농담으로 어머니께 버지니아대에 가기 위해 미국으로 이주했던 게 아니냐고 묻기도 했다.

대학에서 많은 경험을 하며 많은 걸 얻었다. 그러나 흥미로운 것이 2004년 5월 버지니아대 졸업식 때였다. 어머니도 오시고 가족들 모두 나의 졸업을 지켜보며 기뻐했다. 지금 이 순간을 위해서 모두

마이클 칸자나프라콘 "교육이란 사람들이 평등하도록 이끄는 것이라는 걸 깨닫게 됐다."

가 열심히 달려왔기 때문에 감사드리는 마음으로 단상을 내려오는데 문득 깨달음 같은 것이 느껴졌다. 이 순간을 위해 많은 노력을 기울였지만 이 목표점에 도달했을 때 어떤 황금이나 부귀영화나 수백개 일자리가 주어진 게 아니지 않는가. 그때 깨달은 것은 최종 결승점까지 오기 위해 많은 노력을 했지만 결국 얻은 것은 없다라는 것이었다.

　교육과 학습에는 차이가 있다. 쉽게 말해, 교육은 누군가 하라 하는 것이고 학습은 스스로 하는 것이다. 버지니아대를 졸업했는데 내게 남겨진 것은 부귀영화가 아니었다. 남은 것은 학자금 대출로 인한 빚뿐이었다. 대학을 졸업하고 학습에 중점을 둬야겠다 생각하고 또 성공을 위한 기술을 얻겠다고 생각했다. 그래서 전 세계에 있는 닮고 싶은 사람들을 찾아갔다. 암기하고 공부하고 하는 것은 매력이 없었기 때문에, 내가 선택한 곳은 VCU브랜드센터였다. 버지니아대의 디자인스쿨인 VCU브랜드센터는 교과서를 구입할 필요가 없는 곳이고 나이키 브랜드 제작자 등을 배출하기도 한 유명한 학교였다.

첫 수업 때 커다란 광장에 갔는데 한 교수가 들어왔다. 그는 숙취가 남아 있는 상태였다. 술에 취한 듯한 교수님의 첫 말씀이 황당하게도 '껌'이었다. 일주일 시간 줄 테니 학생들 앞에서 껌에 대해 60초간 창의적인 발표를 할 준비를 하라고 했다. 이상했다. 일반적인 수업 방식의 에세이를 쓰라든가, 500자 이내의 글을 쓰라거나 어떤 주제에 대해 찬반토론하는 식이 아니었던 것이다. 모두 어리둥절해했다. 하루 이틀이 지났는데도 아무도 교수님의 말씀을 잘 이해하지 못했다. 씹는 껌에 대한 것인지, 새로운 껌을 발명하라는 것인지 말이다.

그런데 일주일이 다 돼갔을 때 사람들이 무엇인가 작업을 하기 시작했고 창의적인 작품들이 나오기 시작했다. 어떤 학생은 올라와 세계에서 가장 큰 풍선껌을 이야기했고, 또 다른 학생은 학교에 붙어 있는 껌을 다 떼서 작품을 만들기도 했다. 정말 독창적인 학습법이라는 생각을 했다. 껌에 대해서 가르친 것도 아니었고 어떻게 창조할 것인가에 대한 것도 아니었다. 한 번도 사용하지 않은 방식으로 뇌를 움직이도록 한 것뿐이었다.

창의적 학습법도 여러 가지다. 시험도 없었고, 경쟁도 없었다. 모든 것은 협업 프로젝트였다. 졸업과 동시에 학위를 받으면서 '진정으로 무엇을 배웠구나' 하는 생각을 했다. 그 전에 내가 느꼈던 것과 달리 세상을 바꿀 수 있는 법을 배웠다고 생각했다. 그러한 기술을 확보했다는 자신감과 함께 졸업하면서 얻은 깨달음은 성공을 위해서는 창의성이 필요하다는 것이었다.

세 가지를 강조하고 싶다. 첫 번째는 여기서 창의성은 예술가에 관한 것이 아니다. 예술을 창작하고 시각적으로 어떤 디자인을 보여주는 것이 아니라, 문제 해결의 접근법으로서 창조적이고 창의적 사고를 할 수 있도록 이끄는 창의성을 뜻한다. 이는 의학 분야든 기업 경영이든 어떤 분야에든지 적용할 수 있다. 물론 광고도 마찬가지다.

두 번째는 누구나 창의적인 사람이 될 수 있다는 것이다. 태어날 때부터 창의적 인재는 없다. 나도 대학을 졸업할 때는 가장 내가 창의적이라고 생각했다. 몇 년 전에 페이팔 최초 디자이너 중의 한 명이 페이팔을 떠났다고 한다. 초기 웹사이트 디자인 일을 하던 사람이었는데 퇴사 이유가 자신은 가장 창의적인 사람으로 뭐든지 할 수 있다고 생각했다 했다. 그 사람은 지금 유튜브에 있다. 페이팔 초기 멤버들 중 많은 이가 창업을 했다. '페이팔 마피아'라 불린다. 테슬라, 링크트인 등등에 주로 근무한다. 그런데 그들도 보통 사람들이다. 그러나 창의성을 중시하는 기업 문화가 그들로 하여금 더 창의적인 일을 할 수 있게 만든 것이다.

세 번째가 가장 큰 깨달음인데 '창의성은 가르칠 수 있다는 것'이다. 많은 사람들은 이를 배우기 어렵다고 생각하지만 실은 가르치고 또 배울 수 있는 것이다. 전통적인 학교가 아니라 직접 스스로 부딪히면서 말이다. 여러 가지를 하면 그게 다 이어져서 빛을 발한다. 대학원을 마치고 뉴올리언스에서 일을 하게 됐고, 자원봉사에도 참여하게 됐다. 뉴올리언스는 고등학교까지 자퇴하는 학생들이 상당히 많다. 자퇴율을 낮추고 더 교육받을 수 있도록 하는 스쿨인 '차터스쿨'이라는 곳에 갔었다. 그곳에서는 새로운 교육 방법을 실험할 수 있도록 한다.

여러 가지 경우가 있지만 내가 생각하기에 가장 좋았던 경험은 직접 학생들과 만나서 서로 알아가고 익히는 것이었다. 태풍 카트리나로 힘든 지역의 아이들에게 '무엇이 되고 싶은가'를 물었다. 열 살짜리 꼬마 아이 하나가 트럼펫 연주가가 되고 싶다고 하더라. 내가 열 살 때 엄마 손을 잡고 좋은 대학 진학을 위해 서울에서 버지니아주로 이주했던 것에 비하면 놀라웠다. 당시 내 걱정은 이 아이가 트럼펫 연주가가 되고 싶어 하는데, 결국 전통적 교육 커리큘럼을 밟아야 할 것이고 또 관련된 시험을 치게 될 거라는 것이었다. 그렇게 되면 꿈에서 멀어질 수 있다. 창의성이 없어질 수도 있는 일이었다. 그래서 나는 이 학생을 도울 수 있는 방법을 고민했다. 그래서 내가 시작한 비즈니스가 바로 '스킬셰어'라는 사이트다.

교육이란 사람들이 평등하도록 이끄는 것이라는 걸 깨닫게 됐다. 중요한 것은 계속해서 학습할 수 있도록 해야 한다는 것이다. 그래서 이 신조를 기반으로 해서 나는 모든 사람들에게 '보편적 접근권'이 주어지는 사이트를 만들었다. 돈이 얼마나 있든 없든, 누구든지 접근이 가능한 사이트다. 두 번째 원칙은 개방형 사이트여야 한다는 것이다. 여러 가지 기술이 있지만 결국 대학에 가면 무용지물이다. 이유는 세상이 빠르게 변하고 있기 때문이다.

스킬셰어는 무료 지식 공개강연 사이트다. 뮤직엔지니어, 마케팅 전문가 등 세계적인 인사들도 많다. 일례로 매튜 카이저라는 남아프리카공화국의 한 학생은 돈이 없어서 스킬셰어에서 10달러를 내고 온라인 강의를 들었다. VCU브랜드센터 수업과 비슷한 방식이다. 패션과 관련한 룩북을 만들어서 온라인에 올리면 교수가 보고 조언하는 식이다. 동경, 서울, 로스앤젤레스, 파리, 스톡홀름 등의 학생들로부터 피드백이 온다. 그 카이저 학생은 지금 자신에게 강의했던 사람과 미국에서 함께 일하고 있다. 하나의 온라인 강의 덕분에 가능했던 일이다. 그 전에는 금전적, 지리적 한계 때문에 못했지만 이제는 충분히 가능해진 일이다. 이것이 바로 우리가 원하는 것이다. 사람들이 계속 학습하고 어떤 결과를 얻는 것 말이다.

우리는 일상에서 '가장 뛰어난 크리에이터는 누구일까'를 얘기하곤 한다. 스티브 잡스, 마크 주커버그 등등 많은 사람이 입에 오르내린다. 중요한 점이 있다. 그들의 공통점은 전통적인 교육 경로를 따르지 않았다는 것이다. 전통적인 것이 나쁘다는 것이 아니라 이를 보완하는 새로운 길을 따라갔다는 점이다. 또한 그들은 전 생애를 통해 새로운 것을 배우려는 열망을 버리지 않았다. 나는 이런 신조를 가지고 스킬셰어를 운영하고 있다.

"교육은 세상을 바꿀 수 있는 가장 강력한 무기다"(넬슨 만델라). 이 말로 강연을 마칠까 한다. 마지막으로 여러분들에게 조언한다면 나는 '어떻게 하면 그것을 다르게 할 수 있을 것인가' 그리고 '교육과 학습은 어떻게 다른지 연구해보라'고 말하고 싶다.

"단순하게 생각하세요. 내가 자전거를 가지고 있는데 주말에만 사용합니다. 그런데 주변 사람 중 평일에 자전거를 타고 싶은 사람이 있으면, 나는 그에게 자전거 사용에 대해 적절한 금액을 합의하고 빌려주는 겁니다. 그는 자전거를 사는 비용을 지출하지 않아도 되고, 나는 자전거를 살 때 들었던 비용을 일부 돌려받는 셈이 되지요."

이것이 바로 세계적인 지식·강연 공유 사이트인 스킬셰어(www.skill-share.com)의 창업자이자 CEO인 칸자나프라콘이 말하는 '공유경제' 다.

칸자나프라콘은 "공유경제 비즈니스의 대상은 자동차, 집 등 유형의 재화는 물론 시간, 지식까지도 포함된다"며 "스킬셰어, 에어비앤비 등과 같은 선두 기업들이 거대한 규모의 공유경제 생태계를 확산시킬 것"이라고 말했다.

🌐 마이클 칸자나프라콘

마이클 칸자나프라콘은 한국인 어머니와 태국인 아버지 사이에서 태어났다. 서울 이태원에 살다가 초등학교 5학년 때 부모를 따라 미국으로 건너갔다. 2006년 미국 버지니아코먼웰스대학교 VCU브랜드센터에서 석사과정을 마치고, 2007년 뉴올리언스 광고대행사 트럼펫에서 근무했다. 2010년 월드시리즈포커대회에 출전해 상금 12만 5,000달러를 획득해 기부했고, 이후 소셜 앱 '핫 포테이토' 제품팀 리더를 거쳐 2011년 스킬셰어 사이트를 개설했다. 사업 첫 해 유니온스퀘어벤처, 스파크캐피털 등에서 300만 달러 이상의 투자를 유치하면서 IT업계의 주목을 받았다. 미국 경영전문지인 〈패스트컴퍼니〉는 칸자나프라콘 대표를 2012년의 '가장 혁신적인 인물'로 선정한 바 있다.

제3부

글로벌 기업의 인재육성

01 리더들이 말하는 성공의 법칙

멘토링, 주인의식, 혁신적 대처, 빅데이터 분석. 이것들이 바로 이번 포럼에서 나온 '성공을 향한 네 가지 키워드'다. 강연자로 나선 지영석 회장과 야나 쿠겔 부사장 , 케빈 스니더 회장, 일라이 콜린스 최고기술책임자(CTO)는 각자 종사하는 업계 특성과 개인적 경험 등을 바탕으로 '성공한 리더십'에 대한 자신들의 철학을 풀어나갔다.

세계 1위 출판기업 엘스비어그룹을 이끌고 있는 지영석 회장은 청중에게 멘토링의 중요성을 역설했다. 그는 "MBA나 직장 내 재교육 같은 전통적 방식만으로는 미래의 리더로 성장하기 어렵다"며 "고등학생 때부터 사회에서 20년 이상 경력을 쌓는 시기까지 오랫동안 유지될 수 있는 멘토링 관계가 필요하다"고 말했다. 또 "훌륭한 멘토링 관계를 형성하면 주는 사람과 받는 사람 모두 성공할 수 있다"며 "좋은 멘토를 만나려면 스스로도 기회를 제때 잡을 수 있도록 항상 준비해야 한다"고 덧붙였다. 그리고 청중에게 "지금 당장 주위의 5명과 멘토링해보라"고 권했다.

세계 200여 개국 약 36만 명의 지멘스 직원 인사관리를 총괄하는 야니나 쿠겔 부사장은 "직원 한 명 한 명이 '내가 회사의 주인'이란 생각을 갖도록 해야 한다"며 "모두가 리더십을 기를 수 있어야 책임감 또한 커진다"고 강조했다. 그는 "유능한 리더가 되려면 직원들에게 동기부여를 잘해야 한다"며 "장기적인 안목으로 기업 내 모든 사람이 자신의 업무에 최선을 다하도록 독려해야 성공할 수 있다"고 말했다. 직원들에게 특정 업무를 맡기면서 불도저 식으로 무조건 밀어붙이는 리더십 스타일은 단기적으로 성공하는 듯 보여도 장기적으로는 실패한다는 것이다. 아울러 "'아래로부터의 혁신'에 힘을 실어줘야 조직이 건강해진다"며 "업무에 대해 정직하고 용감하게 의견을 교환하고 서로 존중하는 기업 문화가 형성돼야 한다"고 덧붙였다.

세계 최대 컨설팅기업 맥킨지의 케빈 스니더 아시아 회장은 "오늘 내린 의사 결정의 근간이 내일이면 완전히 달라질 수 있는 게 현재의 경영 환경"이라며 불확실성의 시대를 맞아 중요한 결정을 내리기 힘들어진 CEO들의 상황을 전했다. 스니더 회장은 "리더는 망원경과 현미경을 함께 들고 장기적인 비전과 단기성과를 동시에 달성해야 하는 과제를 안고 있다"며 "관행은 언제든지 깰 수 있다는 자세를 항상 가져야 한다"고 조언했다.

미국 빅데이터 소프트웨어 기업 클라우데라의 일라이 콜린스 CTO는 "빅데이터 분석이 CEO들의 의사 결정 수립과 경영에 필수적인 요소가 될 것"이라고 전망했다. 빅데이터에서 얻어낸 단서들이 미래를 가늠할 수 있도록 하는 중요한 수단이 된다는 것이다. 그는 "더 이상 일부 표본만을 가지고 동향을 분석한다는 것은 의미 없는 일"이라며 "데이터를 수집하고 분석하는 역량을 무시하면 살아남을 수 없다"고 말했다. 또 "데이터 분석 기법이 다양해지고 접근할 수 있는 경로가 많아지면서 고위 임원뿐만 아니라 말단 직원에게도 데이터 수집과 분석은 반드시 필요한 업무 능력"이라고 덧붙였다.

 | 강연 | ❶
성공하기 위해선 장기적인 멘토링 필요
지영석(엘스비어그룹 회장)

영화 〈명량〉을 봤다. 한국에서 최다 관객을 유치했다. 이순신 장군의 업적을 기리는 영화다. 이순신 장군은 최고의 리더라 생각한다. 나도 참 존경하는 사람이다. 16세기 말 임진왜란에서 이순신 장군의 활약은 역사상 최고였다. 명량해전에서 수백 척의 적을 단 13척의 선박으로 무찔렀다.

이순신 장군의 뒤에는 또 다른 학자가 있었다. 바로 유성룡이었다. 그는 8세에 유학(儒學)의 이치를 터득했다고 한다. 그 이후 상당히 많은 요직을 거치면서 임진왜란 당시 최고 고위직인 영의정을 맡기도 했다. 그는 이순신이 장군이 될 수 있도록 도운 인물이기도 하다.

오늘날 복잡한 환경에서 존경받는 현인으로 유성룡 같은 사람이 있었으면 좋겠다. 세계화로 인한 급격하게 늘어난 경쟁 탓에 많은 기업이 어려움을 겪고 있다. IT 발달로 정보가 더욱 풍부해졌다. 우리뿐 아니라 파트너와 경쟁사도 사업 활동 개선 여지가 생길 수 있다. 거시적으로 보면 선진국과 신흥국이 경쟁하고 있다. 이런 복잡성 확대로 인해 리더들은 많은 어려움을 겪고 있다. 고객과 직원이 다양해진다. 20개 이상 국적을 가진 직원과 다양한 상황에 놓여 있다. 수십 개 국가 기업들과 경쟁해야 한다. 이런 다양성을 통합해 신뢰 가능하고 성공적인 환경을 만들어야 한다. 초(超)경쟁 상황에서 우리가 신경 써야 하는 디테일이나 모든 규모를 생각해봤을 때 리더가 된다는 건 마치 퍼즐을 맞추는 것과 마찬가지다.

비즈니스 리더로서 미래를 생각해봤을 때 네 가지를 생각해야 한다. 첫 번째는 글로벌 환경이다. 두 번째는 협업 환경이다. 세 번째는 신뢰하는 환경, 그리고 네 번째는 변화하는 환경이다. 이런 환경적 리스크는 그 어느 때보다도 중요하다. 또 혁신의 내재적 핵심이 되기도 한다.

그렇다면 우리는 어떻게 지도자를 양성할 수 있을까. 전통적으로는 인문, MBA, 평생교육을 생각할 수도 있을 것이다. 나 또한 실제로 이 세 가지 혜택을 다 받았다. 하지만 이것만으로는 충족되지 않는다. 미래의 리더들이 내일의 환경에서 성공하기 위해선 장기적인 멘토링이 필요하다고 생각한다. 굉장히 많은 의지를 갖고 멘토링을 하는 것이 필요하다. 맞춤화된 멘토링 기회가 고등학교 때부터 사회에서 20년 이상 경력을 쌓을 때까지 이어질 수 있어야 한다. 유성룡이 이순신을 멘토링했던 것과 같은 것이다. 우리의 시간을 투자해 젊은이들을 멘토링해야 한다.

아마존닷컴에 가서 '멘토링'이란 단어를 검색하면 약 1만 1,000권의 추천 도서들이 나온다. 포천 500대 기업 71%가 조직적으로 멘토링 프로그램을 실시하고 있으며, 75% 이상의 미국 기업 임원들이 "내 경력이 멘토링 덕분에 발전할 수 있었다"고 말했다고 한다. 멘토링엔 분명히 수치화할 수 있는 가치가 있다. 멘토링을 받는 사람도, 멘토링을 주는 사람도 수치화되는 보상을 받을 수 있다.

멘토링 기회가 생각보다 많지 않다. 젊은이들은 아주 빠르게 이직을 한다. 몇 년 만에, 때로는 여러 업계를 넘나들기도 한다. 미국 보스턴대에서 했던 '비즈니스 에듀케이션 잼'이란 온라인 토론에 참여한 적이 있다. 여기서 멘토링과 관련된 질문을 제기했는데 코멘트는 단 두 개였다. 멘토링에 대한 진정한 의지, 경험에 어떤 의미가 있을까? 이순신의 성공엔 유성룡의 멘토링이 중요한 촉매 역할을 했다. 이순신은 많은 어려움을 겪었다. 32세가 될 때까지 장군에 오르지 못했다. 첫 시험 때 말에서 떨어졌고, 해군이 아닌 육군부터 시작했으며, 동료들이 환영하지 않아 투옥도 겪어야 했다.

오늘날과 같은 기업 환경에선 구조적, 비구조적 멘토링이 필요하다. 신뢰란 MBA를 통해 배울 수 있는 것이 아니다. 그것은 멘토링을 통해 가능하다. 업계 넘나들기, 다른 지역으로 이주하는 건 젊은이들에겐 흔한 일이기 때문에 오랜 멘토링이 어려워지고 있다. 변화하는 환경에 적응하기 위해선 이런 환경에 익숙한 리더들이 필요한데 이는 장기적 관계에서 나온다. 나 또한 멘토링을 받았고, 그 멘토를 통해 절대로 경험하지 못했던 새로운 전문가의 세계를 봤다. 이 멘토 덕분에 아메리칸익스프레스에 취직할 수 있었다. 나는 은행원 출신 이었지만 멘토를 믿었고 IT로 갔다. IT에서 유통으로, 그리고 출판업 으로 이동하면서 멘토들로부터 가시적, 비가시적 기술을 얻었다. 그 래서 나는 수백 명의 젊은이들에게 멘토링을 제공하고 있다.

멘토링은 탑–다운이 아니라 쌍방향의 대화가 있어야 한다. 멘토 링은 일시적인 것이 아니라 자주, 또 체계적으로 다른 멘토와 연결돼 야 한다. 유성룡은 《징비록》을 썼다. 여기선 이순신의 애국적인 행동 들을 강조하고 있다. 5명과 멘토링을 해보라. 그것을 의무라고 생각 해달라.

🌐 지영석

세계 1위 출판사 엘스비어의 회장이자 국제출판협회(IPA) 최초의 동양인 회장이다. 1961년 미국에서 태어났으며 지성구 전 세네갈, 핀란드 주재 대사가 그의 부친이다. 프린스턴대학교에서 경제학을 전공하고 컬럼비아대학교에서 경영학 석사 학위를 받 았다. 졸업 후 8년간 은행업에 몸담았다가 친구 아버지가 운영하는 회사에서 도서유 통을 담당하면서 출판계에 발을 들여놓게 된다. 이후 2000년 랜덤하우스에 스카우트 돼 최고운영책임자(COO), 랜덤하우스 아시아 초대 회장을 지냈으며, 2005년 엘스비 어로 자리를 옮겼다. 2011년 엘스비어 회장직에 올랐다. 루이지애나주립대학교를 졸업 했고 루이지애나공과대학교에서 '산업 연관성' 관련 논문으로 석사 학위를 받았다. 졸업 후에는 6년간 루이지애나 주방위군으로 복무한 경력도 있다. 2013년 4월에 취임 한 이후 보잉사의 인사를 총괄해 책임지고 있다. 보잉사는 미국 미주리 주 세인트루 이스에 본사를 두고 있는 군용 및 민간 항공기 제조사다. 전체 사업 규모는 330억 달 러에 이른다. 그는 이곳에서 보잉의 각종 사업 성과를 최상의 상태로 끌어올릴 수 있 는 인력 배치 및 작업환경 조성을 맡고 있다. 부사장 취임 전 그는 미국 밖의 보잉사 직원들을 위해 HR서비스를 제공했다. 보잉사에는 세계 70개국에서 5만 9,000명의 직원들이 일하고 있다.

| 강연 | ❷

함께하는 리더십이 중요하다

야니나 쿠겔(지멘스 HR 총괄 부사장)

나는 리더십이 어떤 의미를 갖는가에 대해 얘기하고 싶다. 지멘스는 36만 명 임직원이 활약하는 다국적 기업이다. 한 국가에서 매우 중요한 업무방식이 발견됐다 해서 다른 국가에 적용하기 힘들다. 이는 글로벌 기업이라 겪는 어려움이다. 이 세상이 갖고 있는 다양성과 문화를 잘 반영할 줄 알아야 한다. 무엇보다 이런 글로벌 리더를 찾는 것이 과제다.

다른 직원들을 밀어붙이는 경향이 있는 리더들도 있다. 이런 리더들이 사실 성공을 거두는 경우도 많지만 그것은 지속가능한 리더십은 아니라고 본다. 지속가능한 리더십은 팀에 동기를 부여할 줄 알아야 한다. 도전과제나 장애물도 함께할 수 있는 리더여야 한다. 밀어붙이기보단 함께해줄 수 있어야 한다. 직원들로 하여금 "나의 팀, 나의 회사다"라고 말하게 하는 것이 중요하다.

최근 지멘스에선 리더십에 대해 얘기하는 것이 기업 문화다. 문화에 대한 고민이 필요하다. 이것을 '오너십 컬처(Ownership Culture)'라고 부른다. 지멘스의 모든 직원들이 어떤 자리에서든 어떤 일을 하든 관계없이 한 걸음 더 다가선다고 생각한다. 리더십이 여러분들에게 의미하는 건 무엇인가? 우리 직원들은 신뢰, 의지, 책임감 등이 중요하다고 말한다. 또 기업 입장에선 개인이 기여할 수 있는 것 이상으

야니나 쿠겔 "세상이 갖고 있는 다양성과 문화를 잘 반영할 줄 알아야 한다."

로 책임을 독려할 수 있어야 한다. 교육이 이 세상에 갖는 의미도 생각해야 한다. 독일 같은 경우 직업 교육 전통이 있다. 다시 말해 견습 등 기타 과정을 통해 전기, 전자 등을 직업학교에서 배운다. 지멘스의 경우 독일에서 '듀얼 커리어(Dual Career)' 제도를 시행하고 있다. 대학도 진학하면서 지멘스에서 일도 함께하도록 하는 것이다. 이 제도로 다니는 학생 수가 1년에 7,000명 정도다. 미국 오바마 정부에서도 이걸 유사하게 도입하려 한다. 오바마 대통령은 미국 청년 실업률을 낮추기 위해선 교육, 실습을 통한 숙련공 증가가 필요하다 봤기 때문이다.

지멘스가 강조하는 주인의식의 가치를 이해하고 이행할 수 있어야 할 것이다. 지멘스 내부의 규제가 일부 국가 규제보다 더 엄격하기도 하다. 다양성은 매우 중요하지만 지멘스에선 여기에 대해서 우리가 생각하는 공정성을 중요시한다. 장기적 안목으로 회사를 운영하는 게 중요하다. 단기적으로 빠르게 성장하는 회사가 되길 원하지 않는다. 리더십, 행동, 사람을 중심으로 생각하는 사고방식이 리더십에 있어 중요한 것이다.

인재관리에 얼마나 많은 시간을 투자하는지 한번 자문해보라. 업무 시간 할애 상황을 분석해보면 해결의 여지가 있을 것으로 본다. 누군가 내게 와서 "문제가 있어요"라고 했을 때 "그런 거 신경 쓰지 마세요, 해결책부터 생각하세요"라고 한다면 그 사람이 나중에 내게 뭔가 물어볼까? 그 사람이 내게 물을 때까지 얼마나 고민했는지를 생각해야 한다.

지멘스에선 세 가지 행동, 즉 정직과 용기, 상호 존중을 중요시한다. 업무에 대해 정직하고 나와 내 팀의 성과에 대해 솔직해야 한다. 국가별로 문화 차이가 있을 수 있겠지만 한국은 솔직한 피드백을 주는 게 자연스럽지 않은 경우도 있다. 칭찬은 좋아하지만 잘하지 못한 것에 대해 피드백 받는 것을 좋아하지 않는 사람들도 있다. 용감해야 한다. 다른 사람들이 이런 얘기를 하지 않았다 해서 입을 다물고 있을 필요가 없다. 사람들이 사내 정치를 고려해 아이디어를 공유하지 않는 경우가 많다. 솔직한 탄원이 긍정적 반응을 얻지 못할 때가 많지만 이런 경우 그 회사의 문화를 바꿔야 한다. 이런 용기는 팀 차원의 용기도 같이 포함된다. 마지막으로 상호 존중이 필요하다. 서로 각기 갖고 있는 지식의 차이가 있다는 것을 인정해야 한다. 사내에서 조직 변화를 도모했지만 원하는 결과를 내지 못하는 부문도 있다. 여기에 대해 상호 이해가 있어야 한다.

회사를 어떻게 운영하고 있는지도 봐야 한다. 왜 우리가 경영 전략을 바꾸고 사업 진출을 하는지를 설명해야 한다. 전통적 변화에 대해 얘기하는 사람들은 "위에서부터 분위기를 잡아줘야 한다"고 한다. 조 케저 지멘스 회장도 모범을 보여주고 있다. 그렇지만 프랑스 혁명은 왕이 시작한 것이 아니라 시민들이 했다. 변화는 위에서만 시작하는 것이 아니다. 지멘스 직원들이 변화를 위해 나서야 한다. 다른 사람들에게 존중받지 못한다 해서 자신도 그렇게 할 필요가 없다. 낮은 레벨에서 시작하는 변화에 힘을 실어줘야 한다. 사고 방식을 바꾸고 성공을 향해 협력하는 것이 바로 주인의식 문화의 핵심이다.

 야니나 쿠겔

독일 마인츠대학교와 이탈리아 베로나대학교에서 경제학 및 조직디자인 부문 석사 학위를 각각 받았다. 야니나 쿠겔은 지멘스그룹 최고다양성책임자(CDO)로서 지멘스의 인사관리를 총괄한다. 지멘스가 최초로 도입한 CDO라는 고위 임원 직책은 국내에선 다소 생소한 개념이다. 본사 부사장급인 쿠겔 CDO는 "다양성은 양성평등과 같은 단순한 의미가 아니라 '재능만 있다면 어떤 인재든 적극적으로 받아들이고 육성한다'는 포괄적인 개념"이라며 "이런 구조를 체계적으로 정립하고 정착시키는 것이 나의 핵심 업무"라고 설명했다.

훌륭한 리더는 '망원경'과 '현미경' 모두 써야

케빈 스니더(맥킨지 아시아 회장)

야나나 쿠겔 부사장의 발표를 들으면서 리더십의 맥락에 전적으로 동의했다. 리더십은 계속 진화하고 있다. 의사 결정 근간이 달라지고 있기 때문이다. 예컨대 우리는 자본의 비용에 대한 예상을 하는데 자본 조달 비용은 계속 떨어지고 있다. 반대로 움직일 때는 어떨까. 변동성이 커지고 있다.

아시아 수출 비중은 전 세계의 40%를 차지한다. 세계 성장동력이다. 희소식이 있다면 우리가 지금 좋은 상황이라는 것이다. 하지만 안 좋은 소식도 있다. 아시아 밖에서 만들어진 경제이론이 아시아에선 제대로 적용되지 못할 때가 많다. 또 노동력 비용이 예전엔 아시아가 저렴했지만 이제는 다르다. 고령화도 진행되고 있다. 중국도 경제참여인구가 줄어들고 있다. 앞으로 생산 비용은 늘고 노동 생산성은 떨어질 것이다. 오늘 내렸던 의사 결정의 근간이 내일 달라질 수 있다.

1935년 S&P500기업의 평균 존속 기간은 90년이었다. 그런데 1975년엔 30년, 2011년에는 18년으로 짧아졌다. CEO 임기도 1995년엔 평균 10년이었지만 2013년엔 7년으로 줄었다. 앞으로 계속 줄어들 것이다.

나는 리더들이 예상치 못할 위기에 대처하기 위한 7가지 방안을

케빈 스니더 "오늘 내렸던 의사 결정의 근간이 내일 달라질 수 있다."

제시하고자 한다. 첫 번째는 망원경과 현미경을 동시에 써야 한다
는 것이다. 리더는 망원경처럼 미래를 보고 비전을 제시해야 한다.
그러나 조직과 업계에서 어떤 일이 벌어지고 있는지 자세히 봐야
한다.

두 번째는 용기 있는 결정이 필요하다는 것이다. 어디에 투자를 할
것인지가 굉장히 중요하다. 자본 재분배를 20%만 바꾼 회사들은 수
익률 6%, 더 많이 바꾼 회사는 10% 수익률을 냈다.

세 번째는 '로켓'과 '불꽃놀이'의 차이를 인식하라는 것이다. 로
켓은 하늘에 올라가서 머물지만 불꽃놀이는 화려하게 올라갔다가 다
시 떨어진다. 현재 디지털 변화가 많이 일어나고 있다. 최근 수년 동
안 관심을 받다가 추락한 것들을 떠올려보라. 브릭스, 오프쇼어링,
공정무역, 녹색경제, 웹2.0, 3D 영화, 마이크로파이낸싱, 재택근무

등등. 이런 것이 불꽃놀이라 할 수 있다.

네 번째는 혁신과 모방의 차이를 인식해야 한다는 것이다. 혁신이 이뤄진 장소를 생각해보자. 1990년 디트로이트는 3대 자동차 업체에서 2조 5,000억 달러의 매출을 올렸다. 2012년엔 실리콘밸리 3개사 매출이 2조 100만 달러였고 시가총액은 미국 자동차 빅3의 세 배나 된다.

다섯 번째는 정부가 비즈니스 생태계에서 중요한 역할을 한다는 점을 인지해야 한다는 것이다. CEO 연구를 해보면 기업 수익 중 30%가 정부 수익에 달려 있다. 특정 차량 보조금이라든지, 건축물 규제라든지 등에 CEO의 21%만이 성공적으로 규제에 대처하고 있다.

여섯 번째는 성장과 유지, 인사관리의 균형을 잘 맞추는 회사가 성공한다는 것이다. 인사관리와 인재관리를 잘하는 회사가 배당도 잘한다.

일곱 번째는 리더십을 총체적으로 봐야 한다는 것이다. 특히 여성임원비율이 너무 낮다는 것이 우려된다. 망원경과 현미경, 즉 넓은 비전과 세세한 걸 동시에 보는 능력이 중요하다. 파괴에도 준비가 돼야 한다. 관례를 깨지 않으면 현상 유지밖에 하지 못한다. 민간 부문에서 정부와 사회와 NGO와 함께할 수 있는 리더가 돼야 한다. 네트워크의 중심이 돼야 한다. 성공을 위한 강한 목적이 있어야 하고 위기 상황에서 차분해야 한다. 항상 모든 일에 관심을 가져야 한다.

CEO가 보내는 시간을 보면 CEO들이 자신이 원하는 만큼 시간을 보내지 못한다는 걸 알 수 있다. 인사관리에 시간을 더 쓰고 싶어 하는데 실제로는 위험관리와 성과관리 등에 시간을 너무 많이 쓴다. 초인적인 능력이 있어야 하는 게 아닌가 생각되기도 한다.

 케빈 스니더

영국 글래스고대학교 법학과를 졸업하고, 미국 하버드경영대학원에서 경영학 석사 학위를 받았다. 1989년 맥킨지 런던법인에 입사한 후 1990년대 맥킨지 영국·아일랜드 법인 대표, 중국 법인 설립 멤버에 참여했다. 2011년 맥킨지 미국 워싱턴·뉴저지·필라델피아 법인 대표를 거친 뒤 2014년 맥킨지 아시아지역 대표로 임명됐다.

 | 강연 | ❹
데이터의 신뢰성 확보가 중요하다
일라이 콜린스(클라우데라 CTO)

나는 데이터를 이용해 공통적 도전과제를 해낼 수 있는가에 대해 얘기해보려 한다.

데이터 이용은 컴퓨터만큼이나 오래된 것이다. 이제는 데이터를 무시하면 살아남지 못한다. 오늘날엔 금융시스템 사기 방지, 식물 재배 등 여러 가지 거래 등이 데이터를 생성시킨다. 데이터 분석 업무에 도움이 되는 것이다. 데이터 분석에서 정보를 뽑아내는 것이 매우 중요하다. 내 업무에선 데이터가 매우 중요해졌다. 여러분들에게 그것이 중요한 이유는 모든 업계 혁명이 데이터 분석에서 올 것이란 점

일라이 콜린스 "모두가 데이터 중심적 판단을 하게 될 것이다."

이다. 모두가 데이터 중심적 판단을 하게 될 것이다. 팩트가 무엇이냐, 근거가 무엇이냐에 대해 생각을 많이 하게 된다는 것이다. 그걸 기반으로 의사 결정을 내리게 될 것이다. 그래서 '데이터 사이언티스트'가 미국에서 매우 인기 있는 직업이기도 하다.

데이터는 민주화되고 있다. 데이터를 수집하고 분석하는 역량이 모든 직원들에게 필요한 능력이 됐으며 임원만이 아니라 모든 이들이 여기에 관심을 가져야 한다. 데이터 분석 기법이 많아지고 접근법도 다양해졌다. 데이터 분석을 통한 일의 범주를 넓히길 원한다. 윤리적 사용과 사생활 보호도 신경 써야 한다. 데이터를 적절하고 적합한 방법으로 이용하기 위해서 당연히 신경 써야 하는 부분이다.

보건 의료 등 선의를 위해 사용한 사례가 있다. 마이클 제이 폭스

재단이 파킨슨씨병을 연구하는 사례를 보면 증상이 사람마다 참 다르다. 웨어러블 기기를 사용하면 환자들을 다양하게 분석할 수 있다. 하루 24시간 수집할 수 있다. 특정 증상이 언제, 또 어떻게 나타나는지 파악할 수 있어 치료제, 완치제 개발에도 도움이 되는 것이다. 질환 자체에 대한 이해도를 높이는 데도 도움이 된다.

데이터는 에너지산업에 대한 혁명도 가져왔다. 바다와 대지, 우주, 그리고 에너지 생산과 소비까지 데이터가 확보된다면 그 데이터를 기반으로 의사 결정이 어떤 효과를 내는지를 알 수 있다. 교육 측면에서도 데이터 활용이 가능하다. 학교에서도 엄청난 데이터가 발생하는데 출석률, 음식, 성적, 아이들 거주지 등을 통일된 형식으로 축적하긴 어렵다.

현실은 아직 목표와 야심을 따라잡지 못하고 있다. 이런 미션을 시작한 지 얼마 되지 않았고, 사실 행동에 많은 변화를 요구하기 때문이다. 데이터 사용에 대한 비판도 있다. 모든 상호작용에 대해 데이터를 논하기 때문이다.

데이터 사용의 신뢰성 확보가 중요하다. 투명성을 높이면 이 문제가 해결되지 않을까 싶다. 모든 국가와 사람들, 연령대가 데이터 사용에 대해 동일한 수준의 관용도를 가진 것은 아니기 때문이다. 데이터의 남용에 대한 정확한 정의도 필요하다. 하지 말아야 하는 것은 무엇이고, 그걸 하지 않도록 하려면 뭘 해야 하는지 점검해야 한다. 부적절한 데이터 사용에 대한 처벌도 해야 한다. 데이터를 가지고 분석을 하는 건 소수를 위함이 아니라 보다 많은 사람들을 위한 것이다. 적절한 감시 감독이 이뤄져야 하고, 법적 구속력이 있는 제재 조치가 갖춰져야 한다. 데이터를 소비하고 분석하고 이를 바탕으로 의사 결정을 하다 보니 빅데이터가 모든 서비스에 내재화되고 있다. 이렇기 때문에 데이터를 올바르게 사용하고 있는지 글로벌하게 점검이 이뤄져야 한다.

02 인재 네트워크 전쟁이 시작되다

"브라이언 액턴은 미국 야후에서 11년간 일하던 개발자였다. 다른 기회를 찾고 싶었던 그는 먼저 트위터의 문을 두드렸다. 그러나 트위터는 그를 거절했다. 페이스북에도 도전해 면접까지 봤지만 역시 일자리를 얻을 수 없었다. 그는 결국 창업을 선택했고 2009년 모바일 메신저 와츠앱을 설립했다. 올초 페이스북이 190억 달러(약 20조 7,000억원)에 인수한 그 와츠앱 말이다. 여러분은 지금까지 '세상에서 가장 비싼 고용' 이야기를 들은 것이다."

제일스트라 부사장은 "만약 페이스북이 자신의 서비스를 이용하는 액턴에게 친구신청을 하고 미리 소통했다면 그의 잠재력을 발견할 수 있었을 것"이라고 지적했다. 그는 "효과적인 채용을 위해서 기업은 인재를 넘어 '인재 네트워크'를 고려해야 한다"며 "기업의 채용 담당자는 소셜 네트워크 서비스(SNS)를 통해 지금 당장 구직을 하지 않는 인재와도 미리 관계를 맺어놓을 필요가 있다"고 말했다. 기업이 인재를 원하는 시점과 인재가 구직을 원하는 시점이 일치하지 않는 문제를 SNS를 통한 지속적인 소통으로 해결하라는 것이다.

제일스트라 부사장은 미국 가전업체인 GE와 SAP 사례를 들며 SNS를 활용해 '인재 커뮤니티'를 만들 것을 주문했다. 그는 "SNS에서의 인간관계는 '느슨한 연결'이 많은데 이런 관계로부터 많은 도움을 받을 수 있다"며 "인재 커뮤니티를 만들어 잠재 구직자끼리 관계를 맺도록 도와주는 것은 인재풀 관리에도 효과적"이라고 말했다.

마이클 칸자나프라콘 스킬셰어 CEO는 취업준비생들에게 "5년 후 내가 어떤 모습이 되고 싶은지를 먼저 생각하고 그 모습이 되기 위해 필요한 능력을 키울 수 있는 일자리를 찾아라"고 말했다. 스킬셰어는 2010년 칸자나프라콘 CEO가 월드시리즈포커대회에서 12만 5,000 달러의 상금을 받은 후 '포커 잘하는 방법을 공유하자'는 차원에서 시작한 지식·강연 공유 사이트다.

10년 전, 뉴올리언스에서 봉사활동을 하고 있던 칸자나프라콘에게 뉴욕의 두 회사가 스카웃 제의를 해왔다. 한 회사는 디자인 포트폴리오를 공유하는 초기 벤처기업 비핸스였다. 다른 회사는 광고업체였는데 비핸스에 비해 두 배의 월급을 주겠다고 제안했음에도, 그는 결국 비핸스를 선택했다. 칸자나프라콘은 "당시 나는 5년 후 창업을 하겠다는 꿈이 있었다"며 "창업을 위해 필요한 경험을 얻기 위해서는 비핸스만한 곳이 없었다"고 회상했다. 그는 "지금의 선택이 5년 후의 나를 만들 것"이라며 "당장의 돈보다는 내 커리어를 어떤 경로로 발전시킬 것인지를 먼저 고려하라"고 강조했다.

'인재 네트워크'를 공략하라

고든 제일스트라(석세스팩터스 부사장)

요즘 거의 모든 사람들이 SNS를 사용한다. 나는 세상의 패러다임이 어떻게 바뀌고 있는가를 얘기하고 싶다. 나는 SNS를 조금 더 적극적으로 사용해야 한다고 생각한다. 《인재전쟁(The war for talent)》이라는 책이 있다. 인재는 유한하고 부족하다. 최근 인재채용에 있어서 많은 변화가 있었다. 현재 세계적으로 17억 명이 SNS를 사용하고 있다. 많은 사람들이 클라우드 서비스와 SNS를 사용한다. 예전에는 인재를 놓고 싸웠다면 이제는 인재 네트워크를 놓고 싸우는 시대다. 기업은 여러분이 누구인지 관심 있을 뿐만 아니라 여러분이 가지고 있는 네트워크에 대해서도 관심을 두고 있다.

먼저 현재의 채용과정을 살펴보자. HR 에이전트에 전화해서 여러 노력을 하지만 마치 공을 하나 두고 모두가 몰려가는 어린이 축구처럼 비효율적이다. 만약 내가 에미레이트항공의 조종사가 되기 위해 지원하려면 어떻게 해야 할까. 웹사이트에 먼저 접속해야 한다. 그런데 입력해야 하는 양식이 너무 많다. 11개 페이지를 채워야 하는 경우도 있다. 평균적으로 55분~1시간을 들여야 한다. 최고의 조종사를 찾는 회사인데 이 같은 과정은 최고의 조종사도 별로 안 좋아할 것이다. 채용에 있어서 중요한 것은 적당하지 않은 사람을 잘라내는 것이 아니다. 현재의 채용 방식은 깔때기를 통해 적절치 못한 사람을 추려

내는 방식이다.

브라이언 액턴은 미국 야후에서 11년간 일하던 개발자였다. 다른 기회를 찾고 싶었던 그는 먼저 트위터의 문을 두드렸다. 그러나 트위터는 그를 거절했다. 액턴은 자신의 페이스북에 '트위터가 인재를 알아보지 못한다'고 글을 올렸다. 페이스북에도 도전해 면접까지 봤지만 역시 일자리를 얻을 수 없었다. 이번에

고든 제일스트라 "이제는 인재 네트워크를 놓고 싸우는 시대다."

는 '페이스북 본사가 나를 거절했지만 좋은 사람들을 만날 수 있어 좋았다'고 올렸다. 그리고 그는 결국 창업을 선택했고 2009년 모바일 메신저 와츠앱을 설립했다. 이런 액턴 같은 인재를 고용해야 한다. 한 시간짜리 이력서 양식을 채우지 않아도 일 잘하는 사람을 고용할 수 있어야 한다.

현재 꼭 필요한 사람이 아니라 해서 배제하면 안 된다. 모든 인재는 4가지의 분류 중 하나에 속한다. 첫째, 적극적인 구직자. 둘째, 잠재적인 구직자(졸업 예정자). 셋째, 지원을 하라고 요청을 하기 전에는

안 하는 사람. 넷째, 지금은 아니지만 미래를 위해 관계를 맺어야 하는 사람.

여기서 첫째인 적극적인 구직자에겐 채용 기회를 줘야 하고, 나머지 인재와는 일단 관계를 맺어놓아야 한다. SNS를 이용하는 것이 좋다. 링크트인은 내게 있어서 전문적인 비즈니스 네트워크다. 링크트인은 1촌도 있고 매우 가까운 사람도 있다. 그런데 1촌은 아니지만 거기서 한 단계 나가 있는 사람들이 있다. 이들과는 비교적 약한 연결고리로 묶여 있지만 분명 내게 도움을 주는 사람들이다. 내가 전하고 싶은 것은 SNS를 통해 인간관계를 어떻게 활용할 것인가다. SNS는 약한 인간관계 관리에 도움을 주며 이를 이용해 채용이나 구직을 할 수 있다.

SNS에서 채용담당자를 중심으로 인재 커뮤니티를 형성하고 관리해야 한다. 잠재적인 구직자들과 대화를 하고 네트워크를 만들어야 한다. 이렇게 하면 오랫동안 소통하며 잠재적인 구직자들을 필터링할 수 있다. 이력서보다는 평소에 오가는 대화를 통해 인재를 판단해야 한다. 인재풀을 만들기 위해선 SNS를 통해 회사가 얼마나 좋은지 홍보해야 한다. 미국의 가전회사 제너럴일렉트릭(GE)은 '우리 회사에 지원하세요'가 아니라 '우리의 인재 커뮤니티에 들어오세요'라고 호소한다. 페이지의 모든 요소가 구직자 중심이다. 자신의 명함을 등록하게 해서 다른 인재들과 소통할 수 있는 네트워킹 공간을 제공한다. 사람들은 관심사가 비슷한 사람들끼리 모여 커뮤니티를 즐기게 되고 회사에 대해 긍정적 이미지를 가지게 된다. 커뮤니티에 남는 인재 정보는 회사의 자산이 된다. 인재전쟁의 양상이 바뀌고 있다. 이제 인재 네트워크 전쟁이다.

 고든 제일스트라

캐나다의 트리니티웨스턴대학교에서 커뮤니케이션학과 정치학을 공부했다. 2008년 캐나다 총선에 출마하기도 했으며 총리의 특별 자문관이었다. 이후 미국의 구직 사이트 몬스터닷컴과 인재관리 솔루션 업체 탈레오, 기업 소셜 네트워크 솔루션 제공 업체 셀렉트마인즈 등 인재 관련 업체에서 일했다. 2009년부터는 석세스팩터스라는 회사에서 부사장직을 맡고 있다. 석세스팩터스는 2012년 기업용 소프트웨어 업체 SAP에 인수됐다.

 | 강연 | ❷

돈 말고 커리어를 고려하라
마이클 칸자나프라콘(스킬셰어 CEO)

오늘 나는 인재채용보다는 구직과 이직을 할 때 무엇에 중점을 둬야 하는지 얘기하겠다. 내가 몇 년간 느낀 것은 채용시장에 큰 변화가 이뤄지고 있다는 것이다. 지금까지는 기업이 채용의 결정권을 가지고 있었다. 기업이 갑이었다. 하지만 이제 세상이 바뀌고 있다. 기업의 부속품이 아닌 새로운 사고를 하는 사람을 원하는 시대다. 기존에 없었던 기술과 능력을 원한다. 많은 기업이 새로운 기술과 능력을 원하지만 정작 그런 능력을 가진 사람은 별로 없다. 그래서 이제 반대로 구직자들에게 권력이 넘어왔다.

마이클 칸자나프라콘 "지금 하는 의사 결정이 5년 후의 나를 만든다."

　구글 등 혁신적 기업이 채용시 중요하게 여기는 것은 지원자가 '어떤 생각을 하는가', 그리고 '어떻게 혁신을 하고 있는가' 다. 나는 스킬셰어 CEO이면서 문화책임자이기도 하다. 나는 경험을 통해 축적된 역량으로 역할을 수행하고 있다. 기업에는 각자의 문화가 있는데 많은 기업이 나와는 맞지 않았다. 미국의 미래학자 다니얼 핑크는 사람들이 기업에서 3가지를 중시한다고 말한다.

　첫째, 자율권이다. 사람들은 회사 내에서 자유와 재량권을 원한다. 그러나 대부분의 조직이 수직적 의사 결정구조를 가지고 있어서 불가능하다. 둘째, 목적의식이다. 회사에서 목적의식을 가지고 뭔가 의미 있는 일을 하고 있다고 느끼고 싶어 한다. 단순히 수익을 내고자 하는 기업은 매력적이지 않다. 셋째, 학습이다. 사람들은 회사에서 최대한 많은 것을 배우길 원한다. 자신과 회사가 동시에 발전하길 원한다. 딱 내가 바라던 것들이다. 이런 것들을 얻기 위해 나는 직접 기업을 세우고 내가 원하는 기업문화를 만들었다.

세상은 창조경제로 접어들었다. 스탠포드대에 '디스쿨'이라는 곳이 있다. 창의적인 사람들이 모여 만든 디자인스쿨이다. 여기서는 새로운 사고를 하는 방법을 가르친다. 그런데 구성원의 면면을 보면 디자인을 좋아하는 사람만 있는 것이 아니다. 법대, 의과대 학생 등 다양한 사람들이 와서 프로젝트에 참여할 수 있다. 디스쿨을 졸업한 한 의사는 기존 MRI의 문제점을 해결했다. 어린 환자들이 MRI에 들어가는 것을 두려워하자 이 팀은 MRI를 재미있는 그림 등으로 꾸며 테마룸으로 만들었다. 어린 아이들은 흥미를 갖고 MRI 검사를 받게 됐다. 창조경제 시대로 들어서면서 어떻게 생각하는지가 중요해졌다. 지금까지 가장 큰 성과가 무엇이냐고 물으면 그 의사는 MRI 프로젝트를 가장 큰 경험이라고 말할 것이다. 일자리를 찾는다면 완전히 새로운 사고를 보여주는 스토리가 중요하다.

회사들도 변화에 발맞춰 바뀌고 있다. 이제 인재 중심의 채용으로 변하고 있다. 〈인턴십〉이라는 영화를 보면 구글의 회사 문화가 잘 나타난다. 다른 수직적인 회사와 비교해서 이 회사는 수평적인 관계로 구성됐다. 팀 위주로 일을 한다. 모든 사무실이 개방형이다. 모든 직원들이 자신의 아이디어를 보여줄 수 있다. 구글은 자신의 문화를 새로 만들었고 높은 복리후생을 제공한다. 채용과정도 바뀌고 있다. 뉴욕에 있는 '플랫 아이언 스쿨'이라는 학교가 있다. 이 학교에 들어가면 일단 3개월간 소프트웨어 프로그래밍을 배운다. 프로그램을 수료하고 난 뒤부터가 독특하다. 수료 후 '깃허브'라는 포털에 학생이 배우면서 개발한 소프트웨어의 포트폴리오를 올릴 수 있다. 구직시 이력서를 낼 때 이 포트폴리오를 첨부할 수 있다. 이를 통해 그 인재가 무엇을 이룩했는지를 보여줄 수 있다.

인재들에게 주도권이 넘어간 상황에서 이제 기업은 매력적인 문화를 만드는 것이 중요해졌다. 스킬셰어에서 가장 먼저 했던 것이 바로 문화를 만드는 것이다. 핵심적인 정책을 만들었다. 스킬셰어는 능력보다 그 사람의 사고방식과 잠재력을 중시한다. 스펙보다는 경험을 본다. 학력은 마지막이다. 킥스타터에서는 아이디어를 보고 투자를 한다. 잘만 하면 수만 달러의 투자를 받을 수 있다. 개인보다는 팀이 중요하다. 한 방안에 공동의 목적을 가진 여러 사람이 있다면 한 사람보다 일을 더 잘할 수 있다. 그래서 우리 회사 역시 우리 문화에 맞지 않아 팀웍을 해칠 것 같은 사람은 채용하지 않는다. 나는 이런 원칙에 부합하도록 문화를 만들었고 직원을 채용해왔다.

우리에게도 채용 프로세스가 있다. 처음에는 누가 우리 회사에 잘 맞는지 몰랐다. 그래서 '이 사람과 함께 편하게 맥주를 마실 수 있을까'를 생각하고 사람을 뽑았다. 그런데 별로였다. 그래서 우리의 핵심가치를 만들고 그 문화와 팀 안에서 일을 잘할 것 같은 사람을 뽑았다. 스킬셰어의 핵심가치는 다음과 같다. 첫째, 겸손함이다. 우리는 잘난 체하는 사람과 일하기 싫다. 둘째, 적응력이다. 스킬셰어 같은 작은 스타트 업은 변화가 많다. 그래서 적응력이 중요하다. 셋째, 다재다능한 사람이다. 어떤 도전과제가 주어져도 다양한 방법으로 이를 해결할 사람이 필요하다. 그래서 창의성이 중요하다. 넷째, 우수함을 달성할 열정이다. 지름길을 찾기보다는 열정으로 그 일을 끌고나갈 수 있는 사람이 필요하다.

채용 인터뷰에서 나는 지원자들에게 '뭔가를 도전했다가 포기할 뻔했지만 결국 극복한 경험'에 대해 묻는다. 스펙을 먼저 묻지 않는다. 우리 회사는 직원의 자율성이나 의사 결정 재량권을 많이 부여한다. 스킬셰어라는 작은 회사에 온다면 많은 부분에서 스스로 의사 결정을 할 수 있고 커리어에 있어서 좋은 경험이 될 것이다. 좋은 인재를 채용하기 위해 나는 '유익한 지식을 공유해 사회에 도움이 되자'는 우리 회사의 사명을 강조한다. 우리 회사를 매력적으로 어필해 인재를 영입하길 원한다. 이제 채용시장의 권력이 기업에서 인재로 넘어갔다. 회사가 여러분을 인터뷰하는 동시에 여러분도 회사를 인터뷰하는 것이다.

10년 전 뉴올리언스에서 자원봉사를 했다. 뉴욕으로 이사를 가려는 계획을 세우고 있었다. 당시 비핸스라는 작은 창업기업에서 함께 일해보자는 제안이 왔다. 동시에 괜찮은 광고회사에서도 스카웃 제의가 왔다. 월급은 비핸스보다 2배를 더 준다고 했다. 그러던 중 비핸스에서 전화가 왔다. 비핸스 대표는 대뜸 내게 "5년 후 당신이 어떤 곳에 있기를 원하는가"라고 물었다. 나는 곰곰이 생각했다. 그리고 돈이 문제가 아니라 내 커리어를 어떻게 발전시켜나갈지가 중요하다는 생각이 들었다. 나는 미래에 창업을 하고 싶었고 창업에 필요한 경험을 쌓기 위해서는 자율성을 가지고 역량을 발휘할 수 있는 환경이 필요했다. 결국 비핸스에서 일하게 됐고 이후 나는 이때의 경험을 바탕으로 스킬셰어를 설립할 수 있었다. 기억하자. 지금 하는 의사 결정이 5년 후의 나를 만든다.

03 인재를 어떻게 관리할까

빠르게 변화하는 글로벌 시대에 적응하는 인재를 유치하고 육성하기 위해서는 그동안의 방식으로는 불가능하다.

데이브 이턴은 "문화적 민첩성이란 세계적이고 다문화적인 환경에서 일을 잘하고 새로운 환경에 빠르게 적응할 수 있는 것을 의미한다"며 "변동성이 심화되는 세계에서 이런 민첩성을 갖춘 인재들은 경쟁력이 높아질 것"이라고 말했다.

야마시타 미사 전무는 GE가 도입한 새로운 성과보상에 대해 소개했다. 과거에는 직원들에게 잘못하는 부분에 대해 알려주고 보완하는 데 중점을 뒀다면, 이제는 잘하고 있는 걸 강조하고 보강하라 말하는 것으로 바뀌었다고 한다. 그는 "성과를 관리하는 것이 아니라 직원들이 발전하도록 돕는 것으로 접근법이 바뀐 것"이라며 "직원들의 역량에 대한 신뢰를 바탕으로 능력을 더 키울 수 있도록 돕고자 한다"고 말했다.

신원무 수석연구위원도 내부적으로 인재를 육성하기 위해 평가가
제대로 돼야 한다고 강조했다. 신 위원은 "점수를 매기고 성과급을
얼마 지급할지 정하는 평가는 아무 의미가 없다"며 "인재가 뭘 잘하
고 어느 부서에 가면 더 잘 맞을지, 어떤 분야에서 더 능력을 발휘할
수 있을지 질적인 얘기가 있어야 진짜 평가"라고 말했다. 그는 "이런
평가는 인사부서가 아니라 리더들이 제대로 해야 하고 엉성하게 평
가하는 리더는 잘라야 한다"고 덧붙였다.

김진희 대표는 전 산업계의 변화가 점점 짧아지고 있다며 청년들
에게 "변화와 친구처럼 지내야 한다"고 조언했다. 그는 "지금은 살아
남는 것이 가장 절실한 전쟁터 같은 상황이기 때문에 직급, 성별 등
이 중요하지 않은 평등한 상황이기도 하다"며 "스스로 시장의 변화
를 읽고 파악한다면 어떤 곳에 들어가도 성공할 수 있을 것"이라고
말했다.

 | 강연 | ❶

다양성을 관리하는 것이 중요하다
데이브 이턴(콘페리 시니어파트너)

나는 우리가 이른바 '문화적 민첩성'이라고 부르는 것에 대해서 말
하고자 한다. 오늘날 사회의 특성은 변동성(volatility), 불확실성

(uncertainty), 복잡성(complexity), 애매성(ambiguity) 등으로 볼 수 있다. 이런 사회에서 살아남을 인재가 필요하다.

비즈니스에서 성공하기 위해서는 세 가지 요소가 갖춰져야 한다. 이 세 가지 요소란 직원들의 비즈니스 전략, 그리고 제대로 된 능력, 회사의 핵심이 되는 문화를 이른다.

인도에서 실패한 사례를 먼저 보자. 세계 소매업체가 인도 업체와 조인트벤처를 만들어 인도 시장을 공략했는데 공동의 운영방식이 없어 문제가 많았다. 우리는 인도만의 방법을 고수할 것도 아니고 그렇다고 원래 기업의 문화만 고수할 것도 아니고, 양자택일이라는 틀이 아니라 제3의 길이 필요하다고 조언했다.

도발적으로 얘기하겠다. 다국적 팀을 구성해 여러분의 동질성이 있는 팀과 싸우면 우리가 늘 이긴다고 자신할 수 있다. 단기적으론 아니겠지만 문화, 성별, 나이 등의 배경이 다양한 팀이 있다면 생각의 다양성을 자산으로 활용해 혁신적인 생각이 나올 것이라고 생각한다.

두 번째로 강조할 것은 가장 존경하는 리더는 의도적으로 이런 다양성을 만드는 리더들이라는 것이다. 적극적으로 다양성을 발굴하고 일터에서 충분히 표현할 수 있도록 이끄는 리더 말이다.

세 번째로 강조하고 싶은 것은 문화를 바꿔야 한다는 것이다. 직원은 CEO, 고위임원, 매니저, 직원 등으로 나눌 수 있다. 아시아에서 CEO는 비전을 가지고 상명하달 식 경영을 하려 하고, 고위임원은 실행하려 하며, 매니저는 어떻게 할지 몰라 공포를 느끼는 문화다. 우리가 만들어야 하는 문화는 바로 리스크를 감내하고, 창의성을 갖고, 경쟁사를 추월하고, 밑에서부터 위로 변화가 생기도록 하는 것이다.

이를 위해선 성숙함과 민첩성이 필요하다. 성숙함은 개별 리더들이 효율적으로 일을 하며 변화하는 경제를 이겨낼 수 있는 능력을 말한다. 민첩성도 있어야 한다. 민첩성은 다문화적인 환경에서 일을 잘하고 그에 맞게 바꿀 수 있는 것을 의미한다.

다양성을 관리하는 것이 더 중요하다. 중국의 레노버는 IBM의 싱크패드를 인수했다. 하지만 중국과 비슷하게 만들지 않고 미국과 중국 사이에 본부를 새롭게 개설했다. 레노버는 모토로라 핸드폰 부문, IBM이 서버 등을 인수하면서 복잡한 기업 문화를 가지게 됐을 것이다. 이것을 칭하는 문화를 레노버 문화 또는 IBM 문화 등으로 부르지 않고 PC+문화라고 했다. 이것은 레노버의 핵심가치를 버렸다는 의미가 아니라 새로운 문화를 만든 것이라 볼 수 있다.

 데이브 이턴

미국 매사추세츠주 캠브리지에 있는 레슬리대학교에서 이문화 관리 석사 학위를 취득했다. 인재 컨설팅업체인 콘페리에서 시니어파트너로 일하며 인재관리 분야에서 많은 전문성을 축적했다. 주요 비즈니스스쿨에서 초청 강연을 하고 있다.

신뢰를 통해 직원들의 역량을 키워나갈 것

야마시타 미사(GE헬스케어 아태지역 총괄 전무)

GE가 21세기 인재를 어떻게 채용하고 육성하는지 말하겠다. 우리는 인재를 중요시한다. 작년에만 글로벌 차원에서 4만 명이 넘는 사람들을 채용했다. 교육, 직장 내 교육훈련(OJT) 등 사람에 대한 투자도 많이 한다. 인재육성을 장려하면서 이들이 최선의 성과를 내고 기업과 함께 성장할 수 있도록 장려하고 있다.

과거에는 각각의 비즈니스별로 최선의 방법으로 인재를 채용했다. 그러나 정확하게 능력에 맞는 인재를 채용하지 못했다. 그래서 채용과 관련된 전문가를 별도로 영입하고 중앙에서 기구를 만들어 일괄 채용을 하는 방식으로 진행했다.

GE에서는 인재를 발전시키기 위해 GE의 가치를 채용의 근거로 삼고 있다. 흥미로운 것은 가치가 점차 바뀌고 있다는 점이다. 15년 동안 GE에서 일했는데 4가지 다른 가치의 버전이 있다. 지난해부터 또 다른 버전으로 가치들을 업데이트하고 있다. 외부 환경도 변하고 있기 때문에 기업문화를 바꾸기 위해서 비전도 바꾸게 되는 것이다.

GE의 문화는 다음과 같다. 첫째, 고객과 사용자 중심 시장을 강조한다. 비즈니스를 할 때 있어 고객이 의사 결정의 중심이라는 것은 당연하다. 그동안 GE가 너무 거대해져서 지나치게 관료주의적으로 의사 결정을 하는 점이 있었다. 둘째, 간소한 사업을 해야 한

야마시타 미사 "고객이 원하는 것을 제공해야만 우리가 일을 제대로 하는 것이다."

다. GE가 커지면서 우리는 많은 것을 통제하는 문화가 돼버렸다. 여러 단계를 거쳐야만 사업을 할 수 있고 고객에게 신속하게 접근하지 못했다.

과거에는 완벽성을 추구했다. 새로운 제품을 출시할 때 평균적으로 5년이 걸렸다. 이때 고객의 니즈는 완전히 달라질 수 있었다. 그래서 GE에서는 조금 더 시행착오를 용인하자, 실패를 하더라도 배우고 빨리 수정하자, 긴박하게 시장의 요구에 대응하자는 문화가 형성됐다.

이런 점을 고려해 새로운 가치를 갖추게 된 것이다. GE 가치에서 GE 신조(beliefs)로 이름을 바꿨다. 먼저, 고객이 우리의 성공을 결정한다. 고객이 원하는 것을 제공해야만 우리가 일을 제대로 하는 것이다. 둘째, 빠르게 앞으로 나아가기 위해 간소화가 필요하다. 더 이상

관료주의를 용납할 수 없게 됐다.

셋째, 승리를 위해서 학습을 하고 적응을 해야 한다. 빨리 실패를 해야만 빨리 배우고 적응할 수 있다. 넷째, 그렇게 해서 서로에게 영감을 줘야 한다. 다섯째, 결국 불확실의 세계에서 결과를 거두도록 우리는 이런 실천을 하고 있다.

최근 성과관리 프로세스를 보면, 성과 보상 방식을 바꾸고 있다. 일단 시범적으로 운영하고 있다. 성과를 관리하는 것이 아니라 발전할 수 있도록 돕는 것이다. 이들의 역량에 대해서 신뢰를 갖고 이를 바탕으로 역량을 키워나가는 것이다. 과거 직원들이 잘못하는 부분에 대해 중점을 뒀지만 이제는 잘하고 있는 걸 강조하고 이 부분을 보강하라고 장려하게 됐다.

 야마시타 미사

일본 고베대학교에서 언어학을 전공했다. 미국 뉴저지대학교에서 커뮤니케이션을 공부하고 미국 펜실베이니아대학교에서 석사 학위를 받았다. NHK 타임 등에서 일했고 1999년 GE에 입사를 했다. 현재는 GE헬스케어 아태지역 HR 총괄전무를 맡고 있다.

| 토론자 |
김진희(네이버 I&S대표), 신원무(LG경제연구원 수석연구위원),
데이브 이턴(콘페리 시니어파트너), 야마시타 미사(GE헬스케어 아태지역 총괄 전무)

▶ 김진희: 강연을 듣다 보니 문화적 민감성이 중요하다고 생각된다. 문화적 다양성
과 속도는 상반되게 작용되는 경우가 많은데, 좋은 솔루션이 다양한 사람을 채용
하는 것보다는 문화에 잘 적응하는 것이 중요하고 하나의 방법이 될 것이라는 생
각이 든다. 인원이 제한된 팀을 구성할 때 문화적 민감성을 갖춘 사람을 모으는
것이 답이 될 수 있을까.

▶ 데이브 이턴: 좋은 질문이다. 다양성과 속도를 말한 것에 대해 공감한다. 둘을 놓
고 비교한 적이 없었는데, 혹시 이 두 가지를 같이할 수 없는가 하는 생각이 든
다. 사실 혁신적이고 창의적인 아이디어를 내는 것이 목표다. 다양성이 그것을
도우면 가치가 있다. 반대로 그 혁신과정이 방해를 받으면 다양성을 추구하지 않
는 것이 낫다. 하지만 여러 프로젝트를 보건대, 다양한 경험이 있을 때 혁신이 일
어났다.

▶ 야마시타 미사: GE의 경우 다양성은 비즈니스의 전략 중 하나다. 다양성의 힘을
믿는다. 다양한 의견, 사람, 배경의 사람들이 있다면 전체적인 팀과 조직의 역량
강화에 이바지할 것이라 믿는다. 다양한 사람들이 존재한다면 이들이 동일한 목
표를 향해 나아갈 때 시간이 좀 더 걸릴 순 있지만 서로 포용할수록 창의적이고
혁신적인 결과를 이끌어낼 수 있다.

▶ 김진희: 전 산업계의 변화가 점점 짧아지고 있다. 지금은 변화와 친구처럼 지내야 한다. 누가 가르쳐주기보다 시장을 읽고 변화를 알아야 한다. 직급, 남녀 등이 중요하지 않은 것은 살아남는 것이 가장 절실한 전쟁터 같은 상황이기 때문이다. 가장 평등한 상황이라고도 볼 수 있다. 시장을 잘 안다면 어떤 곳에 들어가도 성공할 수 있을 것이다.

▶ 신원무: 오늘 주제가 '핵심인재를 어떻게 확보하고 관리하고 유지해 성과로 이어지게 할 것인가'다. 그럼 핵심인재가 무엇인지부터 생각해보자. 일반적으로는 보통 사업 성공에 꼭 필요한 사람으로 사업에 대한 영향이 큰 동시에 대체가 어려운 사람을 의미한다. 핵심인재는 회사 사업마다 다를 것이다. 이에 대해 실용적인 측면에서 설명을 한다면 세 가지 정도가 가능할 것이다.

첫째, 우리 사업이 진짜 필요로 하는 사람이 어떤 사람인지 알아야 한다. 당연하게 들리겠지만 사실 이것을 제대로 파악하고 있는 회사가 별로 없다. 보스턴컨설팅그룹과 세계인적자원관리협회 등에서 발표한 바에 따르면 회사에 어떤 유형의 인재가 얼마나 필요한지, 또 그 회사 내부에서 얼마나 공급될 수 있는지 알고 있는 회사가 전 세계의 9%밖에 안 된다. 그리고 핵심직무별로 채용하거나 유지하거나 프로그램을 가진 경우는 6%밖에 안 된다.

앞으로 하고자 하는 사업과 제품에 따라 필요한 인재가 어떤 사람인지 알아야 한다. 내부에서 얼마나 필요한 인재를 충족시킬 수 있을지 파악해보고 부족한 것이 얼만 큰인지 그 '인재 격차'를 확인해봐야 한다. 이를 해소하는 것이 HR부서가 해야 할 핵심 업무가 될 것이다.

전통적으로는 공석이 나야 채용을 하지만 핵심직무에 필요한 사람은 대량 채용이 아니라 목표 채용 방식으로 뽑는다. 이런 직무를 제대로 할 수 있는 사람이 어디 있는가를 타깃으로 정하고 접근하고 관계 설정을 해야 한다. 공석 여부와 관계없이 필요한 인재와 관계를 맺는 것이다. IBM에서는 이런 방식을 '올웨이즈 온'이라고 불렀다.

두 번째는 내부 육성을 위해서는 그 사람들이 더 성장하기 위해 평가가 제대로 돼야 한다. 그동안 100여 개 기업과 컨설팅한 결과 저마다 세련된 방식의 평가제도를 가지고 있었다. 문제는 작동이 안 된다. 평가를 하라고 하면 점수 매기기에 급급하다 보니 뭘 잘하고, 앞으로 뭘 개발해야 하는지를 파악하는 것이 아니라 그저 점수만 매긴다. 내가 76점을 받은 것은 아무런 의미가 없다. 내가 뭘 잘하고 어느 부서에 가면 더 잘 맞을지, 어떤 분야에서 더 능력을 발휘할 수 있을지 질적인 얘기가 있어야 진정한 평가다. 이런 평가는 인사부서가 잘해야 하는 것도 있지만 리더가 바뀌어야 한다. 엉성하게 평가하는 리더는 잘라야 한다.

인재가 들어와 새로운 직무를 맡게 됐을 때 그냥 내버려두고 알아서 성과가 나오길 기대한다. 그러면 본인도 어렵고 회사도 어렵다. 해외에서 온 CXO들 중 회사에서 적응하지 못하고 그만두는 사람이 많다. 쉽게 적응할 수 있도록 멘토를 지정해주든가, 직속 상사와 면담을 정기적으로 갖도록 하든가, 또는 HR부서가 개입해 문제 해결을 해주든가. 적응 지원 프로그램이 필요하다는 것이다. 인재관리는 HR부서에서도 관리해야 하지만 현업에서 해야 한다. 일선 관리자, 부서장, 임원들이 어떤 인재가 필요한지 파악해 키우고 관리해야 한다.

04 미래의 인재, 세상의 변화를 꿈꾸다

'창업'은 가장 적극적이고 능동적인 일자리 대책으로 꼽힌다. 이경준 대표는 자신의 창업 경험을 바탕으로 자신의 고민과 치열하게 마주하라고 강조했다. 마크 주커버그 등 성공한 창업가의 공통점은 자신의 고민을 자신만의 방법으로 풀어냈다는 것이 그의 설명이다.

코르데이로 교수는 한국의 인재들은 세계에서 가장 높은 혁신성을 갖고 있다며 기술혁명 시대에 적극적으로 도전할 것을 주문했다.

몰입, 남들과의 차별화, 그리고 수익성

이경준(노매드커넥션 대표)

카카오톡과 페이스북을 예로 들겠다. 카카오톡 사용자는 1억 4,000만 명으로 인구수로 10위권 국가와 맞먹는다. 페이스북은 2위 국가와 맞먹는 수준이다. 두 회사의 공통점은 개발을 잘하는 창업자를 통해 설립됐나는 것이다. 김범수 씨는 삼성SDS에 있을 때 비쥬얼 C++를 가장 먼저 받아들인 사람이다. 주커버그도 훌륭한 개발자다. 둘 다 자신의 고민을 해결하려 했던 사람이다. 스마트폰이 나오면서 '무엇이 필요할까' 고민했던 것이다. 주커버그는 하버드대에 다닐 당시 내성적이어서 여자를 사귀기 어려웠다 한다. 그 고민을 해결하려고 페이스매쉬를 만들었다. 두 사람은 고민했던 걸 자신의 방법으로 풀어냈다.

흔히 말하는 벤처의 3요소는 뭘까. 일반적으로 기술과 사람, 자본이라고 말한다. 그러나 나는 다른 3요소가 필요하다고 생각한다. 몰입, 남들과의 차별화, 수익성으로 연결이 그것이다. 이 세 가지를 만족시키기란 쉽지 않다.

우선 아이디어를 생각한다. 두 번째는 팀을 모은다. 개발 실력이 있어야 한다. 세 번째는 아이디어와 팀을 가지고 가장 핵심적인 서비스를 내놔야 한다. 이것만 있는 것이 아니다. 여러 단계가 필요하다. 시드펀딩을 받아야 한다. 그다음은 매주 5%씩 회사가 성장해야 한다. 이후 엑시트까지 해야 벤처의 한 주기가 완성된다.

벤처 창업 후 일어나는 일은 개발 디자인 프로토타입 개발이다. 개발만이 중요한 것이 아니다. 개발에는 아이디어를 낸 후 사용자인터페이스(UI) 사용자경험(UX)과 프로토타입을 만들고 사용자 테스트를 거쳐 런칭을 한다. 이런 단계를 뛰어넘으려 하면 낭떠러지밖에 없다. 잘하는 벤처는 이를 충실히 한다. 요즘은 사용자 분석을 철저히 한다.

창업할 때 팀 확장, 조직관리, 경쟁자 대응, 투자유치, 계약서 받는 것 등 할 것이 매우 많다. 지금부터 준비하면 좋을 것을 정리해봤다. 《아웃라이어》라는 책을 보면 1만 시간의 법칙이 나온다. 하루 3시간씩 10년을 하면 1만 시간이 된다. 하루 10시간씩 3년을 하면 된다. 그런데 어렵다. 그렇기에 체력을 길러야 한다. 100시간의 법칙이 있다. 이는 성공한 벤처를 만들기 위해 일주일에 100시간을 일하는 것이다. 매일 16시간씩 일하고 일요일에는 4시간만 일하면 된다.

팀빌딩을 해야 한다. 다양한 사람들을 만나서 팀을 만들어내야 한다. 다양한 사람들을 사귀어야 한다. 언어를 공부해야 한다. 제2외국어로 중국어를 배우듯 제3외국어로 프로그래밍 언어 하나쯤은 배우기를 권한다.

 이경준

포항공대 출신 보안 전문가다. 한국의 1세대 보안 회사인 시큐어소프트에서 근무하다 2005년 노매드커넥션을 창업했다. 2011년 개발한 모바일 미디어 플레이어 '짐리'는 현재 전 세계 166개국 이상에서 10개 언어로 서비스되고 있다.

인류의 미래가 아시아를 중심으로 펼쳐질 것
호세 코르데이로(미국 싱귤래리티대학교 교수)

나는 1988년 올림픽 때 처음 한국에 왔다. 그 후 매년 한국에 왔다. 변화상을 봤다.

이 자리에서 나는 젊은 기업가에 대해 말해보고 싶다. 나는 UN에서 미래학자로 프로젝트를 진행했다. 미래 보고서를 매년 내놓고 있으며 인류의 미래에 대해 예측을 한다. 여기서는 기업가정신이 세상을 바꾼다는 내용이 있다. 도쿄에서 3년간 살기도 한 나는 인류의 미래가 아시아를 중심으로 펼쳐질 것이라고 생각한다. 그 이전에는 실크로드를 바탕으로 중국과 중동을 잇는 중심이 있었다. 이후에는 유럽과 미국이 중심이었다. 이제는 동아시아가 중심이 될 것이다.

《2020 트랜스휴먼과 미래경제》라는 책을 썼다. 2045년에는 특이한 기술이 나올 것이라고 생각한다. 인류가 영생을 얻게 되는 것이 2045년이라 한다. 무어의 법칙에 따르면 2040년대가 되면 컴퓨터의 트랜지스터가 뇌의 뉴런 수보다 더 많아진다. 인간의 뇌의 능력을 뛰어넘는다는 거다. 예전에는 IBM의 펀치카드에 구멍을 뚫어서 코딩을 했다. 이제는 120GB가 됐다. 1KB에서 120GB로 발전했다.

바이오 기술도 보자. 내 게놈 시퀀싱을 작은 장치에 넣고 다닐 수

호세 코르데이로 "이제는 동아시아가 중심이 될 것이다."

있다. 알츠하이머병에 걸릴 가능성이 있는지를 유전 정보 해독 이후엔 다 알 수가 있다. 이걸 하고 나면 언제 죽을 것인지도 알 수 있다. 물론 의학을 통해 예방도 할 수 있다. 유전 정보를 작은 장치에 넣어 다니고 우리 조상의 모습과 또 어디서 왔는지를 알 수 있다.

우리 아버지가 진짜 아버지가 맞는지 알 수 있으며 우리가 원하는 아이를 조합할 수도 있다. 우리는 디자인이 되지 않은 마지막 세대다. 우리가 결혼하면 어떤 아이가 태어날지 미리 알 수 있다. 비용도 비싸지 않다. 처음에는 인간 게놈을 해독하는 데 10억 달러가 들었다. 이제는 1,000달러면 5일 만에 DNA를 해독할 수 있다. 앞으로는 훨씬 싸질 것이다.

싱귤래리티대학에서 많은 창업을 지원했다. 메이드인스페이스는 3D프린터를 우주로 보냈다. 3D프린터를 우주에서 하는 것은 매우 어렵다. 중력이 없어서다. 모던미도우는 인공 우유를 만드는 회사다.
그뿐만 아니라 많은 창업기업이 나왔다.

 호세 코르데이로

미국 MIT에서 학사와 석사 학위를 받았으며 현재 세계 최고의 '창업사관학교'로 불리는 미국 싱귤래리티대학교 교수다. 세계에너지산업의 전문가로 인구 감소와 저출산 미래예측방법론에 대한 학술활동으로 유명하다. 유엔산업개발기구(UNIDO)와 프랑스 슐럼버제 석유탐사엔지니어, 부즈앨런앤해밀튼 컨설턴트, MIT 초빙교수 등을 역임했다.

05 미래에는 어떤 직업이 생겨날까

토마스 프레이 소장은 새로운 산업을 만들 수 있는 '촉매 기술'을 수차례 강조했다. 촉매 기술 도입으로 현재의 주요 산업군은 소멸하는 대신 새롭게 창출되는 산업이 수많은 일자리를 만들어낼 것이라는 게 그의 설명이다. 프레이 소장은 촉매 기술의 예로, 3D프린터, 무인 자동차, 무인 항공기(드론), 가상현실 기기 등을 들었다.

불과 몇 년 전만 해도 공상과학영화에서나 보던 이런 기술은 최근 상용화가 가능한 수준까지 발전했다. 특히 3D프린터 기술은 의약품과 식품을 만드는 단계까지 와 있고 최근엔 건물을 통째로 짓는 방법도 개발 중에 있다. 무인 자동차와 무인 항공기도 마찬가지다. 프레이 소장은 앞으로 10년 내 무인 자동차 시대가 도래할 것으로 예상했다. 이 같은 촉매 기술은 고용시장의 틀도 완전히 바꿔놓는다. 예컨대 무인 자동차가 도입되면 택시·버스 운전사, 교통경찰, 택배 기사

등 기존의 차를 수단으로 한 일자리는 사라지지만 무인 자동차 개발, 전용 도로 구축 및 유지를 위한 일거리가 생겨난다. 가상현실 기기 또한 새로운 직업을 만들어낸다는 것이다. 프레이 소장은 촉매 기술을 선도적으로 개발하는 국가가 앞으로 세계를 이끌어나갈 국가가 될 것이라고 강조했다.

케네스 와인스타인 소장은 미래 사회의 특징을 도시화와 고령화, 기술 발전 등으로 정의했다. 그는 "맬서스가 살던 18세기엔 전체 인구의 3%만이 도시에 살았지만 지금은 53%가 살고 있고, 2050년에는 80%가 살게 될 것"이라며 "전 세계 농업인구의 95%가 아시아에 살고 있는데 2050년까지 12억~20억 명이 도시로 떠날 것"이라고 말했다. 늘어나는 고령층도 문제다. 그는 "2050년 인간의 평균 기대수명도 120년 정도로 크게 늘어날 것"이라며 "은퇴 연령이 점점 늦어지는 상황에서 노인들을 사회에서 어떻게 흡수하고 활용할지가 중요해질 것"이라고 전망했다.

 | 강연 | ❶

미래 노동시장은 어떤 양상일까
케네스 와인스타인(허드슨연구소 소장)

〈헝거게임〉이라는 영화는 세계 멸망 이후의 상황을 그린 것으로 상상 속의 왕국이 나온다. 여기서 미래사회의 빈곤, 기아 문제 등을 볼

케네스 와인스타인 "인적 자원을 관리하는 것이 기업에도 이슈가 될 것."

수 있다. 여기서 우리는 민주적 거버넌스의 중요성을 알게 되고 기술 진보가 중요하다는 것을 알게 된다. 동시에 세계 공공의 선을 위해 기술을 이용해야 한다고 생각하게 된다.

미래사회에 대한 생각은 허먼 칸 박사에게서 비롯된 것이다. 칸은 1958년부터 1983년까지 25년간 많은 활동을 했다. 그는 천재적인 미래학자로 세상이 언젠가는 역동적인 변화를 겪게 될 것이라고 말했었다. 칸은 미국에서 여러 차례 구 소련과의 핵전쟁 불안에 대한 복잡한 시나리오를 제시했다. 핵전쟁시 어떻게 해야 하는지 시나리오를 제시한 것이다. 칸은 세상의 모습을 폭넓게 상상했다.

1962년 국방부를 위한 연구를 진행했는데 일본과 방위, 경제 문제 등을 연구했다. 당시 일본은 몇 년간 경제성장률이 8% 넘게 지속됐다. 칸은 앞으로도 그런 상황이 계속될 것이라 전망했고 결국은 일본이 세계 2위의 경제대국이 될 것이라 예상했다. 그리고 이 예상은 어느 정도 적중했다. 개발도상국도 기술적 진보로 풍요로운 사회에 진입할 것이란 전망도 했다.

한국에 대해서도 마찬가지다. 칸은 박정희 전 대통령과 친분이 있었다. 20번 넘게 한국을 방문했고 박 전 대통령과 깊이 있는 대화를 나눴다. 그는 한국에는 인적 자원이 있고 가능성이 있기 때문에 농업 중심사회에서 삼성사회, 즉 정보사회에서 앞서가는 기술적 변혁을 할 수 있는 가능성이 있다고 생각했다.

칸을 왜 훌륭하다고 할 수 있을까? 그는 미래에 대해 많은 예측을 하면서 역사적 관점을 이용했다. 동시에 학문적 위계질서를 타파하려 했다. 계속 반복되는 얘기로는 진보할 수 없다고 생각했기 때문이다.

18세기 말 유명했던 영국의 경제학자인 맬서스는 인구폭발로 대대적인 기아 상황과 자원고갈이 벌어질 것이라고 예상했다. 인구 증가가 식량 생산을 압도해 문제될 것이라고 예상한 것이다. 다른 경제학자들도 이런 식으로 전망했지만 이 예측은 틀렸다. 지금 전 세계 인구가 먹을 수 있는 충분한 식량이 있다. 그는 25년 만에 인구가 배가 될 것이라고 했지만 10억 명에서 20억 명이 되는 데 100년이 걸렸다. 사회발전으로 인구 증가가 느려진 것이다.

맬서스가 또 하나 간과한 것은 독창성을 가진 인적 자원이었다. 인적 자원을 바탕으로 인구 증가를 웃도는 식량을 생산했고 1950년대부터 50년간 식량생산은 이전의 배가 됐다.

이 과정에서 인적 자원은 점점 기계로 대체됐다. 컴퓨터 기술을 통해 로봇도 계속 발전하고 있으니 이런 기술로 앞으로 인구 증가를 또 한 번 앞설 수 있게 됐다. 인구 증가보다는 기술 발전이 더 빠른 속도로 발전해온 것이다.

2050년이 되면 100억 명 인구가 될 것이라는 예상이 있다. 하지만 개도국이 아이들을 덜 낳고 있기 때문에 과연 예상대로 될지는 모를 일이다. 앞으로 도시화도 빠르게 진행될 것이다. 농업에 사람이 적게 필요해지면서 30억 명이 넘는 사람이 도시로 이주할 것이다. 맬서스 때는 전체 인구의 3%만이 도시에 살았지만 지금은 53%, 그리고 2050년에는 80%가 도시에 살게 될 것이다. 이 문제에 어떻게 대처할 것인지 생각해봐야 한다. 미국의 도심 지역 상황이 안 좋았다가 이제 좀 개선된 상황이다. 유럽의 교외 지역도 마찬가지다.

또 하나의 문제는 고령화다. 2050년이 되면 기대수명이 120년 정도가 될 것이라는 예상도 있다. 1800년대 스웨덴 사람의 평균 수명은 32년이지만 지금은 83년이 됐다. 인도도 38년에서 64년으로 늘었다. 그동안 기대수명 증가는 선진국에 집중됐지만 개도국에서도 점점 수명이 연장되고 있다. 대신 만성질환이 늘고 있다. 35세에 죽으면 암, 심장질환 등을 걱정할 필요가 없지만 이제는 다르다.

기대수명 증가로 인한 노년층의 증가도 문제다. 기술을 통해서 앞으로도 건강관리를 잘하는 사람이 늘 것이다. 전통적인 의학만으로도 이런데 기관이나 장기를 3D프린터로 생산하면 더 놀라운 일이 생길 것이다. 일본에서는 고령화 문제로 노동시장이 변화하고 있다. 한국도 비슷한 문제가 2016년부터 생길 것이며 중국, 싱가포르, 인도 등에서도 비슷한 변화가 일어날 것이다. 이러한 변화는 고령 노동자들을 많이 양성할 것이다.

그리고 미래 노동시장에는 여성의 참여가 폭발적으로 증가할 것이다. 파트타임, 이동형 근로자의 증가도 예측된다. 노동시장의 모습이 바뀔 것이란 뜻이다. 이 때문에 인적 자원을 관리하는 것이 기업에도 이슈가 될 것이다.

미래 기술도 변할 것이다. 유전자 조작으로 식량을 생산하고 그에 따라 인간도 많은 영향을 받고 변화를 겪을 것이다. 농업인구의 95%가 아시아에 사는데 12억~20억 명이 2050년까지는 농촌을 떠나 도시로 갈 것이다. 그리고 제2차 기계의 시대라 할 수 있는 시대가 올 것이다. 슈퍼컴퓨터, 로봇이 수작업을 할 수 있게 되고 집도 프린팅하게 될 것이다. 정신적인 사고가 가능한 기계도 나올 것이다. 과거에는 동력을 만들어내는 것으로 사회가 변혁했다면 이젠 차원이 다른 변화가 생길 것이다. 지적 능력도 만들 수 있기 때문이다.

현재 우리가 포착하지 못한 혁신적인 기술이 많다. 이 중에는 인간 역사를 바꿀 기술도 있을 것이다. 신체적, 지능적 환경도 나아질 것이지만 동시에 문제도 있다. 악용 · 오용하면 많은 불평등을 초래하게 될 것이다. 일부에서 훨씬 더 많은 능력을 보유하고, 새로운 기술을 거머쥐고 다른 사람들보다 더 향상된 능력을 갖게 되기 때문이다. 그로 인한 도덕적이고 윤리적 문제가 생길 수 있다.

유전자 조작이 그렇다. 기기 삽입 등을 통해서 인간 능력이 향상될 수 있다. 물론 사고로 손을 잃은 아이를 위해 의수를 만드는 것 등은 필요하다. 하지만 일반적인 능력을 넘어선 인간 능력 향상은 조심스럽게 접근해야 한다. 인간 간의 불평등이 생길 수 있고 결국 사회적 문제를 초래할 수 있다. 인간의 존엄성, 열정, 다양성은 유지하고 인권을 보호하면서 기술이 가진 잠재성을 최대한 활용해야 한다.

앞으로 20억 개의 일자리가 없어질 것이다. 옥스퍼드대는 전체 일자리의 47%가 앞으로 20년간 로봇에 뺏길 것이라고 예상하고 있다. 창의적인 일조차 그렇다. 언론인들의 일도 로봇들이 대신할 것이라는 예상이 있듯 소위 화이트컬러의 작업도 로봇에 뺏길 수 있다. 구글의 엔지니어링 이사도 인간과 같은 지능을 가진 컴퓨터가 2019년이면 나오고 2045년이 되면 인간 능력을 초월하는 컴퓨터가 나올 것이라 전망하고 있다. 이런 새로운 상황에서 우리가 상상하는 것 이상으로 로봇이 우리를 대체할 것이다. 인간 능력을 향상시켜 더 많은 나은 일자리의 기회를 만들어야 한다.

이런 막대한 문제와 도전과제에 접근하면서 새로운 지평을 열어야 한다. 초소형 원자로도 생기고 있다. 많은 방사성폐기물이 생기지 않고 98%까지 자원을 충분히 활용할 수 있을 것이다. 이렇게 되면 합리적인 가격으로 안정적으로 수백만 명의 도시인구에 전력을 공급할 수 있다.

앞으로는 100억 명을 먹이는 데 1,000억 마리의 동물이 필요하다. 이런 상황에서 미래에는 육류를 배양하게 될 것이다. 네덜란드에서는 이미 조직공학을 통해 소고기의 인공배양에 성공했다.

미래 노동시장에 대해서 생각해보자. 지금 생각하는 것보다 분업이 세분화될 것이다. 로봇은 이미 많은 일을 하고 있지만 앞으로 20~30년 안에 더 많은 일을 하게 될 것이다. 로봇은 창업이나 효과적인 커뮤니케이션, 경영상의 결정 등 창의적인 활동은 할 수 없다.

사람들은 더 창의적이고 혁신적인 일을 할 것이다. 기술이 분화되면서 더 많은 일자리가 생길 것이다. 3D프린터 등으로 더 많은 물건을 스스로 제조할 수 있게 되고 스스로를 위해 혁신할 수 있을 것이다.

이런 변화에 맞는 공공정책을 개발해야 한다. 새로운 혁신과 기술을 포용할 수 있는 인력을 양성해야 하고 인지능력을 갖춘 노동자들을 육성해야 한다. 그동안 보아온 수직적인 교육체계보다는 기술적 혁신이 가능한 창의적 교육이 필요하다. 고등교육은 인지능력을 강화하는 방향으로 나가야 한다. 일자리를 필요로 하는 사람을 위해 재교육하는 것도 필요하다.

2050년대를 대비하면서 많은 기술적 발전을 예상한다. 인간의 창의성으로 충분히 가능하다고 생각한다. 도덕성만 유지한다면 어떤 기술이 와도 우리가 잘 이용할 수 있을 것이다.

🌐 케네스 와인스타인

미국 시카고대학교에서 인류학 학사 학위, 그리고 프랑스 파리정치대학교에서 소련과 동유럽국가 연구로 석사 학위, 미국 하버드대학교에서 정치학 박사 학위를 취득했다. 1991년 허드슨연구소에 들어와 2005년 CEO로 선임됐으며 2011년부터 회장 겸 CEO로 일하고 있다. 그가 몸담고 있는 허드슨연구소는 1961년 설립된 미국의 보수적인 미래싱크탱크로 미국의 금융, 자원, 첨단기술이 바꾸는 사회 등을 연구한다. 한국에서는 박정희 전 대통령에게 새마을운동을 제안한 곳으로 유명하다.

미래에 대한 몇 가지 전망

토마스 프레이(다빈치연구소 소장)

우리는 더 나은 미래를 어떻게 만들 수 있을지 항상 생각해야 한다. 미래는 우리의 머릿속에서 창조된다. 우리 모두가 참여하는 것이다. 미래를 내다보고 현재의 의사 결정을 내려야 한다. 하지만 많은 사람들은 반대로 생각한다. 현재가 미래를 창조한다고 보는 것이다. 하지만 반대다. 미래에 대한 생각을 바꾸면 현재의 의사 결정에도 큰 변화가 일어난다.

오늘날 부상하는 산업을 짚어보자. 첫 번째가 대기 중의 수증기를 모아 물을 만드는 채수(採水)산업이다. 아프리카에선 10억 명이 물 부족에 시달리고 있다. 에티오피아에 '와커 워터 타워(warka water tower)'란 것을 세웠다. 타워 하나가 하루에 100L의 물을 대기 중에서 수집한다. 소녀들이 장거리를 걸어서 물을 길을 필요가 없는 것이다. 이런 것이 바로 '촉매 기술'이다. 풍력을 이용해서 물을 수집할 수도 있다. '윈드 타워'라는 것이다. 아랍에미리트에서 실험 중이다. 스스로 물을 채우는 물병도 나왔다. 바다 한가운데 있어도 생존이 가능하게 된 것이다.

촉매 기술은 새로운 산업을 발전시킨다. 전기, 자동차, 전화, 비행기, 사진 등 기존의 촉매 기술로 수십 개 산업이 새로 부상했다. 하지만 모든 산업의 생애주기는 종형 곡선(bell curve)을 그린다. 결국 종말을 맞이하고 대체된다. 오늘날 수익을 내는 대표적인 산업군들이 하

토마스 프레이 "나는 2030년까지 20억 개의 일자리가 사라질 것이라 예상한다."

방 곡선을 그리고 있다. 철강산업이 그렇다. 2024년이 되면 철강산업은 결국 수요가 정점에 달할 것으로 보인다. 사람들은 철강 대신 합성소재를 사용할 것이다.

나는 2030년까지 20억 개의 일자리가 사라질 것이라 예상한다. 현재 세계 일자리의 절반에 해당하는 규모다. 모든 일자리가 소멸하고 있다. 스마트폰에서 애플리케이션(앱) 하나를 다운로드할 때마다 수많은 일자리가 사라진다. 지금까지 사람이 해오던 일을 스마트폰 앱이 대신하기 때문이다. '레벨(level: 면의 기울기를 측량하는 기구)'은 배의 수평 상태를 측정하기 위한 광학기기다. 하지만 지금은 스마트폰 앱으로 간단히 배의 수평 상태를 측정할 수 있게 됐다. 더 이상 레벨에 들어가는 유리와 금속 부품을 생산·조립할 필요가 없어졌다. 사람이 해야 할 일이 사라진 셈이다.

그러나 일자리가 없어진다 해서 할 일이 없는 것은 아니다. 오히려 인간은 일거리에서 해방될 수 없다. 더 많은 일자리를 창출하는 시스템이 필요하다. 그것이 촉매 기술이다. 새롭게 부상하는 기술과 산업에 포커스를 맞춰야 한다.

사물인터넷이라는 개념을 아시는가. 2020년이 되면 500억 개의 사물이 인터넷에 의해 연결될 것이다. 2024년엔 1조 개의 센서가 만들어질 것이다. 2032년에는 100조 개 이상의 센서가 만들어진다. 매우 사용하기 쉬운 센서를 활용해 자동차를 운전하는 날이 올 것이다. 사물에 지능을 입히는 것이다. '아마존 휴지통'이라고 있다. 물건을 버리면 바코드를 스캐닝해서 자동으로 새 물건을 배달한다. '메모미(memome) 스마트 미러'는 옷을 입은 모습을 저장한 뒤 다른 옷을 입었을 때 비교할 수 있는 거울이다. 이 밖에도 기상을 예보해주는 우산, 손목시계처럼 쓸 수 있는 작은 무인 항공기(드론) 등이 모두 지능형 사물에 속한다.

3D프린터는 세계를 바꿔나가고 있다. 지금도 3D프린터로 플라스틱, 세라믹, 철, 음식 등 300개 이상의 물질을 만들 수 있다. 대형 구조물도 프린팅이 가능하다. 최근엔 집을 통째로 짓는 방법도 연구 중이다. 하루 안에 프린터로 집을 짓게 된다는 것. 가까운 미래엔 1만 6,000불에 집을 짓는 프린터를 살 수도 있다. 언젠가는 우리 몸의 신체를 3D프린터로 프린트할 수 있지 않을까. 예컨대 손가락이 절단되면 프린팅해서 다시 부착하지 않을까. 무인 자동차는 10~15년 내 완전히 상용화될 것이다. 무인 자동차가 상용화되면 운전 경험이 중요한 게 아니라 승객의 경험이 중요하다. 자동차를 탔을 때 무엇을 할 수 있을 것인가가 중요해지는 것이다. 드론은 현재 군에서 많이 사용하고 있지만 민간 분야에서도 사용될 것이다. 아마존에서도

물품 배달을 드론으로 하려고 계획하고 있다. 산불을 제압할 수도 있고 음식을 배달하는 시도도 있다.

초고속 운송 수단 프로젝트 'ET3'이라는 것이 있다. 튜브 안을 진공 상태로 만든 뒤 진공관을 통해 여행을 하는 것. 현재 가스나 오일도 수송관을 통해 운송하고 있다. 그럼 사람도 할 수 있지 않겠느냐는 발상에서 시작된 프로젝트다. 이 프로젝트가 상용화되면 미국 워싱턴DC에서 서울까지 2시간이 채 안 걸릴 것이다. 미래엔 세계가 더 유동적이 될 것이다. 아침은 서울에서 먹고 점심은 영국 런던에서 먹고 캐나다 토론토에서 저녁을 먹을 수 있는 날이 온다. ET3는 굉장히 많은 일자리를 창출할 프로젝트다. 큰 규모의 인프라가 필요하다. 인프라 구축은 50년이 걸린다. 수백만 명에게 일자리가 생긴다.

몇 가지 예측을 해본다. 첫째, 사물인터넷에 의해 도둑이 사라질 것이다. 둘째, 무인 자동차는 자동차가 발명됐을 때보다 더 극적인 변화를 가져올 것이다. 셋째, 2030년엔 의류를 3D프린터로 직접 제작할 것이다. 넷째, 사람들은 오늘날과 비교해 3배 이상의 교육을 받을 것이며 100배 정도의 역량을 갖추게 된다. 지금은 기회의 시대다. 인류 역사를 통틀어서 지난 수천 년의 변화보다 향후 20년의 변화가 더 클 것이다.

🌐 토마스 프레이

사우스다코타주립대학교, 로레타하이츠칼리지를 졸업했다. 토마스 프레이는 IBM 엔지니어 · 디자이너로 15년간 근무했으며, IQ천재 모임 '트리플나인소사이어티'(전 세계 1,225명) 회원이기도 하다. 세계미래협회 격월간지 〈더 퓨처리스트〉 편집인이며 구글이 세계 최고의 미래학자로 선정한 바 있다. 저서로 《미래와의 대화》가 있다.

| 토론자 |
토마스 프레이(다빈치연구소 소장), 케네스 와인스타인(허드슨연구소 소장)

▶ 전망의 정확성이 궁금하다. 예전에 했던 예측과 전망이 어느 정도 현실화됐는가?

▶ 토마스 프레이: 미래학자의 전망이 모두 실현되는 건 아니다. 소득세가 미국에서 사라질 것이라고 했지만, 그렇게 되지 않았다. 무인 항공기, 무인 자동차에 대한 예측은 10년간 해왔고 관련 기술은 빠르게 발전하고 있다. 3D프린터는 처음 발명이 됐을 때부터 예측해왔다. 미래학자는 구체적인 예측보다는 전반적인 트렌드와 트렌드를 가져올 동기 요인을 짚는 일을 한다. 배경을 듣고 스스로 판단을 하도록 하는 것이 임무다.

▶ 한국이라는 특정 국가에 대해서도 예상을 할 수 있는가.

▶ 토마스 프레이: 한국에 대한 예측을 해보면, 한국은 세계에서 가장 낮은 출생율을 갖고 있다. 사람이 없으면 경제가 없다. 그렇기 때문에 한국은 도전과제에 직면해 있다. 이를 극복해야 한다. 이민 정책을 바꾸든가 하는 대책을 내놓지 못하면 국제사회에서의 지위에 타격을 받을 것이다.

▶ 케네스 와인스타인: 한국의 인구학적 문제에 대해 프레이 소장의 말에 동감한다. 정책 입안가들은 앞으로 미래가 어떻게 바뀔지 알고 있어야 한다. 미래를 알기 위해 파괴적인 시나리오를 가정해봐야 한다. 인구학적 문제도 문제지만, 그 밖에 한국이 직면하고 있는 지정학적 문제도 복잡하다. 선진 기술이 북한에 어떤 영향을 미

칠 것이며, 북한이 상상할 수 없는 도발을 일으키진 않을 것인가. 또는 평화 공존이 가능할 것인가. 중국과의 관계는 어떻게 될 것인가. 미국과의 공조도 약해진 상황이다. 복잡하다. 동북아는 굉장히 흥미롭다. 경제적 상황이 좋아도 인구ㆍ지정학적 문제가 걸려 있어서다. 2,500만 명의 북한 주민을 잘 교육시킬 수만 있다면 오히려 북한이 하나의 호재가 될 수도 있다.

세상을 여는 '촉매 기술'이 고용을 획기적으로 늘릴 것

Q 20억 개의 일자리가 소멸할 것으로 보는 이유는?

A 스마트폰에서 애플리케이션 하나를 다운로드할 때마다 수많은 일자리가 사라진다. 지금까지 사람이 해오던 일을 스마트폰 앱이 대신하기 때문이다. 사람이 해야 할 일이 없어진 셈이다. 그동안 공장에서 하던 대부분의 작업이 자동화되고 로봇이 대신하게 되면서 고용주는 사람을 고용하기를 점점 더 꺼리게 될 것이다. 임금도 문제지만 인력을 관리하는 게 고용주로서는 부담스러운 일이기 때문이다. 그렇게 '무고용(people-less)' 기업이 늘어나면서 수많은 일자리가 소멸할 것이다.

Q 새로운 직업도 생기지 않겠나.

A 물론이다. 일자리가 없어져도 일거리는 사라지지 않는다. 오히려 인간은 일거리에서 해방될 수 없다. 하지만 좀 더 지속적이고 장기적인 '고용 성장'을 위해서는 혁신이 필요하다. 기술이 일자리를 없애고 있지만 해답도 기술에서 찾아야 한다. 지금껏 본 적 없는 새로운 세상을 여는 '촉매 기술'이 고용을 획기적으로 늘릴 수 있을 것이다. 그것이 바로 '슈퍼 고용의 시대'다.

Q 촉매 기술의 예를 든다면.

A 페이스북이 지난 3월 가상현실 기기업체인 '오큘러스 VR'을 20억 달러에 인수했다. 가상현실 기기 개발자와 엔지니어에 대한 수요가 폭발적으로 증가할 것이다. 가상현실 전문가는 아직까진 각광받고 있진 않다. 하지만 당장 내년부터는

떠오르는 인기 직업이 될 것이다. 3D프린터도 촉매 기술의 대표적인 예다.

Q **이번 인재포럼에서 '청년창업'에 대해 강연하기로 돼 있다. 창업을 준비 중인 한국 청년들에게 해줄 조언은 무엇인가.**

A 우선 자신이 닮고 싶은 사람들과 가깝게 지내는 것이 좋다. 그런 사람들과 네트워크를 쌓는 한편, '할 수 있다'는 자신감과 어떤 역경도 이겨낼 수 있다는 자세를 갖는 것이 중요하다. 다들 아는 얘기일 수 있지만 말처럼 쉬운 것은 아니다. 창업은 서로 다른 생각을 가진 사람과 함께할 때 성공할 확률이 높다. 서로 배우고 영감을 얻으면서 성장할 수 있기 때문이다.

Q **창업의 성공 사례를 든다면.**

A 최근 하버드 비즈니스스쿨을 졸업한 그레이스 최는 색조 화장품을 만들 수 있는 가정용 3D프린터 '밍크(Mink)'를 개발했다. 이 제품은 고급 화장품 시장을 변화시킬 것으로 기대된다. 데이비드 에럴비는 발달장애를 가진 어린이와 노인을 위한 가사 도우미 업체 '홈케어(HomeCare)'를 세워 성공 가도를 달리고 있다. 미국 프리스타일 스노보드 챔피언이었던 션 켈리는 건강에 좋은 음식을 파는 자판기 업체를 세웠다. 이들의 공통점은 남이 하지 않는 틈새시장을 정확히 파악하고 실행에 옮겼다는 것이다.

Q **청년창업을 활성화하기 위해 정부가 할 수 있는 역할은 무엇인가.**

A 브루킹스연구소가 '혁신 지구'라고 부르는 창업 지원 공간을 조성할 필요가 있다. 혁신 지구는 최첨단 기술 연구소와 기업들이 모여 있는 곳이다. 이들은 '공동 발명'이나 '공동 생산'을 통해 스타트 업이 성장할 수 있도록 돕는다. 창업 보조금이나 인센티브도 좋지만 이런 공간을 마련해주는 것이 중요하다.

Q **한국은 경제성장 둔화에 대해 고민하고 있다. 한국 경제가 활력을 되찾으려면?**

A 기존에 없는 새로운 인프라 기술을 개발해 다른 나라를 선도해야 한다. 무인 자

동차 시대가 열리면 무인 자동차 전용 고속도로 건설 · 운영을 위한 인프라가 필요할 것이다. 대기에서 지속적으로 물을 추출할 수 있는 날도 얼마 남지 않았다. 이런 인프라 기술을 선도적으로 개발하는 나라가 향후 세계경제를 이끌어갈 것이다.

Q 한국인 중 존경하는 사람이 있는가.

A 많다. 이건희 삼성그룹 회장, 정몽구 현대차그룹 회장, 신동빈 롯데그룹 회장 등은 세계적으로 유능한 사업가들이다. 하지만 앞으로 남북통일의 물꼬를 트는 사람을 가장 존경하게 될 것이다.

제4부

미래 사회와
일자리 확대를 위한 노력

01 모든 세대가 공감하는 일자리 창출

현재 많은 청년과 중장년층 사람들의 공통화제는 일자리 창출이라 할 수 있다. 왜냐하면 모든 세대가 궁극적으로는 퇴직을 맞이할 나이가 될 것이고 향후 남은 여생을 어떻게 영위해야 되는지에 대해서 깊이 생각할 것이기 때문이다.

한국의 노령화 속도는 빨라지고 있다. 대한민국 전체 인구 가운데 65세 이상 노인인구가 차지하는 비중은 현재 약 12%로 2026년에는 20%를 넘어 초고령화 사회에 진입할 것으로 예상되고 있다. 급속하게 빨라지는 고령화 사회에서 고령인구의 일자리 창출에 대한 해법으로 정년 연장이 제시되고 있다.

또 한국 경제의 발전을 이끌어온 베이비붐(1955~1963년 출생자) 세대들의 퇴직이 본격화되면서 경제성장 둔화가 우려되는 것도 정년 연장의 배경이라 할 수 있다. 우리 사회는 이 문제를 해결해야 하고 노령층 역시 전문성을 갖고 있다는 것을 보여주고 이들의 전문성을 활용할 수 있는 방법도 강구해야 한다.

정년 연장을 바라보는 시각은 다소 엇갈린다. 노후를 대비하는 중장년층에서는 하루라도 더 일할 수 있다는 측면에서 반기는 편이다. 그러나 취업을 준비하는 청년층은 정년 연장으로 기성세대의 퇴직이 늦어지면 기업들이 신규채용을 줄이게 되어 자신들의 일자리가 부족해지는 것은 아닌지 우려의 목소리를 높이고 있다. 급속한 고령화 속도를 감안했을 때 정년 연장은 불가피한 일이지만 청년 일자리 창출을 제한한다는 우려에 대해서는 보완책이 필요하다.

| 강연 | ❶
독일의 중장년층 인력 활용 방안
로베르트 헬름리히(독일 연방직업교육훈련연구소 본부장)

2007년 우리 기관이 독일 고용연구소와 같이 연구한 결과, 향후 50년 이후 독일 인구는 계속 줄어들 것으로 예측됐다. 지금 30만 명 정도의 이민자들이 오고 있는데 만약 이민자가 20만 명 정도로 줄어들면 인구는 현재 8,200만 명 정도에서 7,870만 명으로 줄어들 것이다. 이는 근로연령인구나 노동력 수도 줄어든다는 것을 의미한다. 저출산과 고령화로 청년 노동력이 급격히 줄어들고 중고령층의 수가 급격히 늘어날 것이다. 이 때문에 청년실업률이 줄어드는 반면 노동시

로베르트 헬름리히 "노동시장에 있어 중고령층은 중요한 역할을 하게 될 것이다."

장에 여성들이나 중고령층 참여가 늘면서 고용률 자체는 올라가게 된다. 벨기에, 네덜란드, 덴마크, 오스트리아 등 대부분의 유럽 국가들에서는 경제활동인구가 계속해서 줄어드는 등 이미 이런 비슷한 상황들이 벌어지고 있다. 그럼에도 현재 유럽에선 청년실업이 굉장히 심각하다. 독일 같은 경우는 청년실업률이 7.9%로 낮은 편이지만 다른 나라는 굉장히 높다. 그리스 청년실업률은 58%로 심각한 상태다. 독일이 낮은 실업률을 가지고 있는 이유는 직업훈련을 많이 하고 있기 때문이다. 직업훈련이라는 체계적인 제도가 있고 현재 그 연령에 있어서 반 정도가 그쪽에 있기 때문에 인턴이나 수습 이후 정직원이 되는 확률이 높아지고 있다.

중고령층 노동자의 수가 계속 늘면서 독일뿐만 아니라 유럽 노동시장에 있어 중고령층은 중요한 역할을 하게 될 것이다. 독일엔 '의무적인 퇴직연령'이 있다. 의무퇴직연령은 65세로 이때 무조건 퇴직해야 한다. 하지만 1991년부터 갈수록 의무퇴직연령을 넘어선 근로자가 높아지고 있다. 65세의 경우 2005년부터 보면 30% 정도에서 많게는 50% 포인트 정도가 늘어났다. 55세에서 65세 사이를 보면 5% 포인트가 늘어나고 있고, 65세 이상의 근로자를 보면 0.7% 포인트가 늘었다. 80만 명 정도의 독일 근로자들이 의무적인 퇴직연령보다 나이가 더 많이 들었는데도 일하고 있다. 그중 40% 정도가 자영업자들이다. 35%는 자택근무자들이다. 이 때문에 2025년이 되면 의무퇴직연령은 67세까지 올라갈 것으로 예상된다.

최근 수십 년간 독일 청년층 학생 수가 기하급수적으로 늘었다. 같은 연령층의 50% 이상이 대학교육을 받고 있는 반면 직업교육생들의 수는 줄고 있다. 최근 독일 식 교육제도에 있어서 변화들이 있었기 때문이다. 학문적으로 교육받은 학생들의 수가 늘어나면서 대학학위를 받은 인력의 공급도 늘어나고 있다. 상대적으로 직업교육을 받은 사람들의 수는 이런 대학 학위를 가진 이들보다는 줄고 있다. 그렇기 때문에 직업교육을 받지 않고 대학교육만 받은 사람들이 실업률을 더 크게 체감할 수밖에 없다.

중장기로 봤을 때 2015년에서 2020년 사이에 이런 직업교육이 미치는 분야에서 노동력 부족 현상이 있을 것으로 예측된다. 12개 직업군을 바탕으로 조사해보니 교통, 보안, 레스토랑 서빙, 청소업, 사무실 서비스 등의 직군에 있어서는 인력 공급이 많이 부족한 것으로 드러났다. 반면 고급교육을 받은 사람을 채용하는 기술이나 과학 관련직은 노동력 공급과잉이 발생하고 있다.

중고령층이 이런 노동력 미스매칭을 채울 수 있을까. 예를 들어 중고령층이 70세까지 일을 한다면 노동시장 공급에 그렇게 큰 영향을 미치지 않을 것이다. 인구학적 측면 때문이다. 이미 말했듯이 독일인들은 더욱 오래 일하고 있다. 65세인 현재 의무퇴직연령도 2025년까지 67세로 바뀌게 된다. 이런 근로자들은 본인이 즐거워서, 사회적으로 활동하고 싶어서 일을 한다. 그중 40%만이 돈을 벌기 위해서라고 답했다. 퇴직 연한이 가까워질수록 연금을 더 빨리 받아야겠다는 의지는 꺾이게 된다. 50~54세의 67%가 빨리 퇴직해야겠다고 생각하는데 60~64세가 되면 50% 이하의 사람들만이 빨리 퇴직하고 싶다, 연금을 받고 싶다고 답을 했다.

이러한 성향 때문에 기업체들은 유연한 근무나 다양한 고용 형태를 고안해 중고령층을 그대로 유지하길 원한다. 미래에 있어서 이런 트렌드는 어떤 세대 간 협력문화나 어떤 교육을 통한 특정 전략이 될 수 있다. 때문에 향후 성공을 원하는 기업들은 중고령층을 유지하고 그들의 기술을 유지하기 위해서 세대 간 지식관리 시스템을 만들어야 한다. 연령대가 섞여 있는 팀과 조직에서 중고령층은 지속적인 멘토링 시스템 등을 통해 일자리를 유지할 수 있다. 예를 들어 중고령층의 직원들이 교사나 트레이너로서 젊은 직원들에게 교육을 할 수 있다. 이런 방법이 정착되기 위해선 기업들이 제대로 된 프로그램을 가지고 있어야 하고 제대로 된 조직이나 구조를 반드시 구축하고 있어야 한다.

독일은 향후 수십 년 내 굉장히 많은 수의 노동력이 부족할 거라 예측하고 있다. 중고령층은 젊은 신입사원 교육에 있어서 기술이나 경험적으로 활용하기 굉장히 좋다. 하지만 중고령층 근로자 활용은 청년층과의 일자리 미스매칭의 일부만을 채울 수 있다. 단기적인 해답밖에 될 수 없다는 뜻이다. 장기적으로 봤을 때 전체 노동력 해소를 위한 중요한 요소는 독일의 잘 갖춰진 직업교육훈련으로 만들어진 굉장히 숙련된 노동력과 더불어 충분한 이민이 함께 이뤄질 때 가능해진다.

 로베르트 헬름리히

퀼른대학교에서 경제학 석사, 그리고 박사 학위를 받았다. 동 대학교 응용사회연구소 연구원(1989~1994)을 지냈으며, 교육과학기금 및 유럽통계연구소장, 독일 연방직업교육훈련연구소 본부장을 역임하고 있다.

 | 강연 | ❷

일본의 중고령층 고용환경을 기반으로 한 은퇴시기 연장 가능성
후쿠하라 히로유키(오사카시립대학교 경제학과 교수)

오늘날 한국과 일본에서는 굉장히 빠른 고령화가 진행되고 있다. 그러다 보니 중고령층의 문제가 점점 중요해지고 있다. 한국이 은퇴시기 연장 문제를 다루고 있다는 얘기를 듣고 일본의 사례를 들어 말해보고자 한다.

1960년부터 시작돼 2000년까지 진행됐던 일본의 대표적 중고령

후쿠하라 히로유키 "중고령층의 문제가 점점 중요해지고 있다."

층 고용증진책이 있다. 첫 번째는 중장년층 고용 보장 방안이고, 두 번째는 중장년층 정규직 일자리 찾기다. 1966년 일본 중앙정부와 지방정부는 중고령층을 위한 고용 확대 정책을 도입한다. 이때까지만 해도 일본 경제는 굉장히 빠르게 성장했지만 1970년대 석유파동 이후 경기 침체로 인해서 많은 해고가 일어나면서 큰 위기를 겪는다. 석유파동 이후 45세 이상의 중년층의 고용과 취업이 어려워졌다. 많은 기업들이 55세 이상의 근로자들의 퇴직을 종용했다.

이런 상황 속에서 일본 정부는 1971년 중고령층을 위한 특정 부문 고용 확대 정책을 도입한다. 실직 중인 45세 이상의 중년층 이상 노동자의 재취업을 위한 정책들이 이때 시작된다. 일본 정부는 1973년 은퇴연장 보조금을 지급해 퇴직연령을 조정할 수 있도록 지원했다. 1976년엔 일본 정부가 55세 이상 중고령층의 비율을 전체 직원의

6% 이상으로 보유할 것을 의무화하며 연령과 관련된 차별을 없애기 위해 노력했다. 6% 비율에 도달하지 못하는 기업은 공공구인란에 구인광고를 실을 수 없도록 하기까지 했다.

그럼에도 1970년대 말 많은 기업들은 그들의 중고령층 직원들을 해고했다. 이것을 막기 위해 정부는 보조금 형태로 중고령층의 고용 증진을 계속해서 확대하려고 노력했다. 정부의 중고령층 고용 확대 정책이 1970년대 이전에는 고령층에게 직접적인 지원을 제공하는 데 포커스를 맞췄다고 하면, 1970년대 말 이후부턴 회사에 대한 지원을 제공하는 방식으로 바뀌게 된 셈이다.

1980년대부터 정부는 은퇴연령을 아예 55세부터 60세로 연장했다. 1985년까지 기업들의 50%가 그들의 퇴직연령을 60세에 맞추게 됐다. 1986년 일본 정부는 정년을 60세로 의무화했다. 조합식 고용 시스템 안에서 계속 고용을 진행하고 있는 일본 내 상황과 연공서열식의 임금제도 때문에 정년을 연장하는 것이 점점 어려웠지만 중장년층에게 안정적인 직업을 제공하는 것이 중요하다고 판단했기 때문이다.

1994년 일본 정부는 60세 은퇴제도를 더 강화시키기 위해 정년을 60세로 연장한 이후, 이것을 또다시 65세로 연장하는 방안에 대한 논의를 시작했다. 이런 정년제도 연장의 배경에는 기대수명이 연장됐기 때문도 있었지만 베이비붐 세대가 고령화된 이유도 있었다. 베이비붐 세대 고령화는 2007년부터 일본 국민연금기금 문제라는 새로운 도전과제를 만들기 시작했다. 이로 인해 2000년에는 고령자 고용확보를 위한 개정안이 마련된다.

첫 번째는 65세까지 계속 고용을 제공하는 것, 두 번째는 65세부터 은퇴를 하는 것, 세 번째는 은퇴제도 자체를 폐지하는 것이다. 2004년 개정안에서는 이런 대책이 의무화돼 2006년 4월 시행된다. 이 단계에선 노사합의 조항이 포함됐다. 그러나 2012년 개정안에서는 이 조항이 폐지된다. 2013년 4월에 2012년 개정안이 시행된다. 기업들은 65세 이하 직원의 고용을 보장할 의무를 갖게 된다. 베이비붐 세대가 은퇴하는 시기와 맞물리자 정년을 2025년까지 65세로 연장하거나 은퇴제도를 폐지하자는 논의가 시작된 것이다.

65세 미만 직원 고용을 보장하는 방식들은 세 가지가 있다. 첫 번째는 은퇴연령 설정 자체를 폐지하는 것이다. 두 번째는 은퇴연령을 65세로 상향 조정하는 것이다. 그리고 세 번째는 60~64세 사이에 은퇴하고 그 이후에 계속 고용을 하는 방식이다. 중고령자 고용보장 정책의 세 가지 옵션 중 기업이 선호하는 방식은 뭘까?

기업들의 선호도는 정년 폐지와 관련해서는 전과 후의 차이가 거의 없었다. 그 차이는 0.1% 포인트밖에 되지 않았다. 기업들이 정년을 65세로 상향 조정하는 비율은 전에는 10%였다가 12%로 상향 조정됐다. 그리고 기업들이 가장 선호하는 방식은 은퇴 후 계속 고용하는 형태였다. 정년을 65세로 연장한 기업은 많지 않은 것으로 나타났다. 대부분 계속 고용하는 방식을 선호했다. 일본 정부의 2012~2013년까지 65세 미만 인력의 고용확보 정책으로 기업들은 60세 이상의 베이비붐 세대를 포함해 임금인상을 억제할 수 있었다.

기업들이 계속 고용을 선호하는 이유가 무엇일까. 고용확보가 어려운 상황에선 기업의 리스크가 커진다. 2014년 일본 노동정책 연구

연수기구의 자료를 살펴보자. 계속 고용을 받는 중고령자의 고용 지위를 보게 되면 본인의 회사에서의 정규직이 35.2%였다. 본인의 기업에 기타 고용 형태로 지속하는 비율은 54.7%였다. 비정규직이나 계약직, 임시직의 형태로 본인의 회사에 계속 남아 있는 경우가 더 많았다. 고용 계약기간은 대부분 연간계약 형태였다. 79.5%가 그랬다. 업무 내용을 보면 정년 전과 같은 업무를 한다고 답한 사람들이 73.8%였다. 그리고 93.7%는 정년 전과 같은 부서에서 일하고 있다고 답했다. 95.5%는 정년 전과 같은 일터에서 일하고 있다고 했다. 이런 결과를 보면 중고령층 노동자의 고용은 임금비용과 상관관계가 있는 것으로 나타난다.

많은 서구 국가들이 정년제도를 폐지하고 있다. 그렇기 때문에 65세로 정년을 상향 조정하는 것은 일본에서 어려울 것이라고 주장한다. 정년을 상향 조정하는 조건으로 우선 임금비용과의 관계를 생각해야 하지만 단기적으로는 바뀌게 될 것이다. 또 일본의 조합원 식 고용제도에서 직업 기반 고용제도로의 변화가 나타날 거라고 생각한다. 이것은 직업 자격을 기반으로 한 고용제도다.

1960년대에는 중고령자 고용증진을 위한 강한 의지가 있었다. 지금 고용안정성에 걸림돌이 되는 또 다른 문제는 불완전 고용이 청년층뿐 아니라 40대 이상의 중년층에게도 나타난다는 점이다. 일본 정부는 최근 이 문제를 해결하기 위해 외부 노동시장을 살펴보고 있다. 오늘날 논의는 최저임금과 같은 노동 조건에만 국한된 게 아니라 직업적인 자격요건이나 공공훈련 프로그램에 대한 논의까지 진행되고 있다. 이 결과로 직업 기반 고용 시스템이 뿌리를 내릴 수 있을 것이다. 정년을 연장하고 중고령자의 고용안정성을 달성하기 위해선 두 개의 고용 시스템을 성공적으로 통합해야 한다고 생각한다. 다시 말해 '직업 기반 고용 시스템'과 '조합원 식 고용제도'를 적절하게 통합하자는 것이다.

후쿠하라 히로유키

오사카시립대학교 경제학과 교수다. 동 대학교에서 노동 경제, 복지 경제학 강의를 맡고 있으며, 간사이대학교에서 사회 정책과 사회 통합에 대한 강의를 하고 있다. 저서로 《소외 계층과 프랑스의 중간 노동시장의 문제》가 있다.

| 토론 | ①

청년층과 중장년층 간의 고용 갈등

이남철(한국직업능력개발원 선임 연구위원)

앞서 독일과 일본의 사례를 통해 한국에 주는 시사점 얻을 수 있었다. 이번엔 한국의 경우를 말하겠다. 이 자리에도 청년들과 중장년이 거의 비슷한 숫자로 참석한 것 같다. 우리 대한민국의 경우 계층 간의 갈등이 크다.

세대 간의 갈등은 한국에선 큰 문제라고 말할 수 있다. 지금 사회를 고령화 사회라고 하는데 이 고령화 사회의 가장 큰 문제는 고령화로 인한 노인인구 대비 생산인구 감소다. 다시 말해 노인인구는 늘고 있고 젊은 사람은 줄어들고 있다. 또 한 가지는 고령자들이 많아지다 보니 고령자 복지 관련 비율이 증가해 정부는 많은 재정 부담을 갖게 되었다. 중요한 요인이다.

세대 간 갈등의 핵심원인은 '일자리 양극화'라 할 수 있다. 여기 있는 젊은 청년들도 곧 중장년이 되지만 가장 큰 문제가 바로 정규직 과 비정규직 문제다. 청년과 중장년층 간 일자리 양극화 문제는 양적 측면보다 질적 측면이 더 큰 문제로 지적된다. 질적인 문제에 있어서 여기 있는 청년층이나 중장년층이 스스로 피부로 느낄 문제지만 정 규직의 대부분은 중장년층이 가지고 있고 젊은 청년들은 임시직이나 비정규직으로 근무하고 있는 경우가 많다.

다음은 일자리와 관련한 고통의 분포 문제다. 세대 간 고통의 분포 를 도표로 그리면 U자형이 된다. 청년층이 일자리 진입에 있어 가장 고통이 크다고 할 수 있다. 중장년층의 경우는 청년층보다 양호하다. 문제가 되는 것은 노년층이다. 일자리 진입장벽과 퇴출의 문제에 직 면해 있다.

지금 시대에서 청년층과 장년층의 고용관계는 대체재가 아니라 '보완재'라고 할 수 있다. 청년층과 중고령층이 보완재라고 할 수 있 는 부분은 이 두 부류의 사람들이 업종에 따른 선호도가 다르기 때문 이다. 청년들은 금융이나 보험, 방송, 방송통신, 영상 등에 많은 관심 을 가지고 있다. 중장년은 농업이나 제조, 건설, 운송업 분야 등에 대 한 선호도가 크다.

이렇게 보완재 체제에서 세대 간 갈등이 있다면 세대 간 일자리 분 업화도 생각할 필요가 있다. 세대 간 일자리 갈등을 어떻게 해결할 수 있을까를 고민해보고, 무엇보다 근본적으로 정부가 이런 문제에 대해 연구하고 올바른 정책을 제시하는 것이 필요하다.

해결방안으로 여러 정책이 제시될 수 있겠지만, 첫 번째로 청년들의 노동시장 진입을 앞당겨야 한다. 알다시피 대한민국은 전 세계에서 출산율이 가장 낮다. 젊은 사람들이 결혼도 안 하지만 결혼해도 애기를 낳지 않는 추세다. 저출산으로 노동력이 계속 감소하는데 노동력 부족을 메우기 위해선 청년들의 노동시장 진입이 빨라야 한다. 대한민국 청년들은 대학교를 4년 안에 졸업하는 사람이 거의 없다. 학교 졸업이 늦어지다 보니까 노동시장 진입이 늦어진다. 장년들에게는 정년 연장이 그 해결방안이 될 수 있다.

두 번째, 대상별로 청년과 장년 두 부류에 대해서 맞춤형 취업 지원을 강화해야 한다. 청년층에겐 현 정부에서 많이 애기하는 이른바 스펙을 초월한 인재와 관련한 많은 정책이 있어야 하고, 이런 맞춤형 취업 지원, 일자리 매칭에 대한 정부 차원의 정책적 연구도 필요하다. 오랫동안 사회생활과 직장생활을 하면서 쌓아온 노하우를 가지고 있는 중장년층에겐 전직 지원을 강화해야 한다. 많은 노하우를 활용하기 위해서다. 최근 우리 정부에서 중장년층 임금피크나 인사관리 체제 등을 많이 바꾸고 있다. 특히 우리나라의 경우 이런 일들이 노사문제에 중요한 이슈로 부각되기 때문에, 청년과 장년의 일자리 문제에 있어서 중요한 매개체 역할을 할 수 있는 것이 노동자의 역할이라 생각하고 노사 간 협조를 잘 이끌어야 한다.

마지막으로 상생의식이다. 학생들은 공부하면서 같이 공부하자는 말로 상생한다. 사회생활이나 직장생활도 모두가 같이한다고 하지만 그 이면엔 남을 앞서야 하는 의식이 있기 때문에 상생이 상당히 어려운 것이 현실이다. 장년층과 청년층 간의 일자리 갈등을 최소화하기 위해 가장 중요한 부분은 서로 간의 인식에 대해 조사해야 하는 것이다. 또한 세대 간 상생 프로그램이 무엇인지에 대한 연구뿐 아니라 청년은 청년대로 장년은 장년대로 그것에 대해 깊은 고민이 이뤄져야 한다.

 이남철

미국 오클라호마대학교에서 경제학 박사 학위를 받았다. 기획재정부, 교육과학기술부, 고용노동부, OECD, ILO 등 정책 자문위원, 그리고 한국생산성학회, 한국세무학회, 한국직업교육학회, 한국국제경상교육학회 등 상임이사, 한국직업능력개발원 선임 연구위원을 역임했다.

 | 토론 | ②
'이주'를 통한 세대 간 노동 양극화 해소 방안
필립 마틴(UC데이비스 교수)

노동력, 특히 선진국과 후진국의 노동인구 연령은 상생할 수밖에 없다. 노동층의 크기 자체는 아주 천천히 성장하거나 축소될 것이다. 이남철 연구위원이 말했듯 청년층들이 일자리를 구하는 게 더 쉬울 것이다. 왜냐하면 노동인구가 줄어들고 있기 때문이다. 고령화가 되

필립 마틴 "청년층과 고령층으로 양극화돼 있는 상황이 늘어나고 있다."

고 노동인구가 줄어들고 있다는 것은 청년층 일자리를 얻는 게 더 쉬워진다는 뜻이다. 하지만 10~15년 전보다 오히려 청년들의 일자리 찾기가 더 어려워진 것 같다.

하지만 지금은 그렇지 않더라도 지금 젊은 세대 자녀들은 적어도 더 쉽게 직업을 찾을 수 있을 것이다. 워싱턴에서 이런 얘기를 종종 해봤지만 사실 해결책이 없다. 만약 좋은 일자리와 나쁜 일자리가 있다면 우리는 좋은 일자리를 갖고 싶어 할 것이다. 만약 두 개가 다 좋다면, 과연 둘 다 좋은 선택이라면 무엇을 선택해야 할까. 우리는 젊은 층들의 좋은 일자리를 찾는 방안을 마련해줌과 동시에, 장년층들도 계속해서 일할 수 있도록 지원하는 방법에 있어서 두 마리의 토끼를 다 잡아야 한다.

이번 논의의 핵심 포인트는 '고령화'와 '도시화'다. 전 세계적으로 본다면 청년층과 고령층으로 양극화돼 있는 상황이 늘어나고 있다. 이전 1950년대의 전 세계 평균연령은 24세에서 2010년에는 29세다. 사실 전 세계의 평균연령은 사실 그렇게 중요하지 않다. 국가마다 다르기 때문이다. 사하라 이남 지역은 15세이고 일본은 평균연령이 45세다. 국가마다 평균연령이 굉장히 다르다. 또 다른 변화는 굉장히 빠르게 도시화되고 있다는 것이다. 여전히 많은 사람들이 농업에 종사하고 있지만 도시로 이주하는 사람들이 더욱 많아지고 있다.

도시화는 고용에 영향을 미치고 있다. 점점 많은 사람들이 농업 분야에서 도시의 일을 찾아 이동하고 있다. 중국과 인도, 아프리카 국가에서도 대도시가 점점 생겨나고 있고 앞으로도 더 많이 생겨나게 될 것이다. 사람들의 삶의 질에 대한 기대치도 바뀔 것이고 서로 상호작용하는 방식도 바뀔 것이다. 그럼에도 불구하고 아직은 농업 분야 종사자가 가장 많다. 전 세계 인구 3분의 1이 농업 분야에 종사하고 있다. 누가 떠나는가를 분석해보면 청년층들이 농업 분야로부터 이탈하고 있다는 것이다. 왜냐하면 그들은 농업을 하면서 그들의 미래를 꿈꿀 수 없다고 보기 때문이다. 앞서 독일의 이야기를 들었는데 인구가 감소하고 있다고 하는데 반면 도시는 인구 포화도가 늘어나고 있다. 개도국은 아파트가 부족하겠지만 선진국은 도시인구의 공허화, 공동화 현상이 이뤄질 것이다.

지금 전 세계의 이주민이 굉장히 많아지게 될 텐데 자신의 고향과 국가 이외의 국가에서 1년 이상 사는 사람을 '이주민' 이라고 한다. 이주민 비율은 미국이 20%로 1위, 러시아는 2위, 독일은 3위다. 빈국에서 부국으로 이주하고 있다. 18~30세의 젊은 층의 이주가 가장 많다.

일본, 독일 같은 국가들의 평균연령은 높은데 교육수준 또한 높다. 아프리카 같은 국가들은 평균연령이 낮고 교육수준도 낮다. 한국 평균연령은 35~36세이고 교육수준은 일본, 미국과 유사하다. 한국과 유사한 교육수준을 갖고 있는 일본, 미국과 같은 경우는 평균연령이 높다. 이탈리아 같은 곳은 세대 간의 갈등이 굉장히 크다. 이탈리아는 평균연령이 43세인데 교육수준이 필리핀과 유사하다. 이탈리아의 경우처럼 평균연령은 높지만 교육수준이 낮은 국가는 세대 간 갈등이 높은 국가로 나타났다.

OECD 국가들 중 부국은 6억 5,000만 명의 인구를 가지고 있다. 2010년부터 2030년까지 노동가능인력은 증가할 것이지만 대부분 개도국에서 일어날 것이다. 이민의 문호를 열지 않으면 선진국 같은 경우는 노동가능인구가 떨어질 것이다. 그렇다면 6억 명의 사람들은 어떤 활동을 할까. 2030년이 되면 숙련노동자의 부족이 나타날 것이다. 여기서 숙련노동자라 하면 대학 이상의 학위를 가지고 있는 사람들이고, 비숙련 노동자는 고등학교 졸업 미만의 학력을 가진 사람들이다. 숙련 노동자들은 부족하지만 비숙련 노동자들은 포화될 것이다.

비숙련 노동자들을 어떻게 좋은 자리로 보낼 수 있을까. 이남철 연구위원도 말했지만 지금 문제는 청년층이 대학 졸업 후 굉장히 경쟁률이 높은 직종에 지원한다는 것이다. 구글과 같은 대기업들의 경우 정말 수천 명의 취업 희망자들이 이력서를 낸다. 먼저 기계가 이들이력서를 살펴본 다음에 사람이 볼 정도로 굉장히 많은 사람들이 대기업을 선호하고 있다. 청년층이 제조업엔 지원하지 않으니 장년층은 계속해서 일하고 있다. 이런 상황 속에서 기업들은 두 가지 문제를 해결해야 된다.

첫째, 숙련도를 가지고 있는 장년층을 계속 유지해야 한다. 이들이 계속 일을 한다면 연금을 제공하는 사회적 비용도 줄어들 수 있다. 뉴질랜드 같은 경우는 65세가 평균 은퇴연령이었지만 점차 67세로 확대되고 있다. 일본이나 미국도 점점 그렇게 되고 있다. 그리스 같은 일부 유럽 국가는 25세 미만의 청년층 실업률이 50% 이상인 경우가 있다. 어떤 국가들은 청년 실업률을 낮추기 위해 숙련 노동자들을 노동시장에 보유하기보다는 이들을 조기퇴직시키는 모습을 보이고 있다.

두 번째는 미국처럼 하나의 만병통치약만을 생각하지 않고 지역적인 이주를 조장해 문제를 해결하기 위해 노력하는 것이다. 기업들은 숙련 노동자를 필요로 하고 청년들은 일자리가 없다. 해결할 수 있는 방법은 많다. 큰 국가라면 미국의 한 제약회사처럼 해결할 수 있다. 사람들은 나이가 들수록 따뜻한 지역으로 이주하고 싶어 한다. 추운 지역에 있는 사람도 아마 겨울에는 더 따뜻한 지역으로 가고 싶어 할 것이다. CVS 파머시란 제약회사는 추운 북반구의 기후대에서 남반구의 기후대로 이주해 일할 수 있도록 도와주고 있다. 시간직 고용(Part time Job)을 제공하면서 일할 수 있는 이른바 '스노우-버드(겨울이 되면 따뜻한 남쪽 지방으로 이주해 사는 사람) 프로그램'을 제공하고 있다. 날씨가 추워지면 철새가 따뜻한 지역으로 날아가듯이 미국과 같은 땅덩어리가 큰 나라에서는 이런 식의 프로그램을 제공해 사람들의 일자리를 섞는 모습을 보인다.

어떻게 하면 일자리 관련 세대 간 갈등을 줄일 수 있을까. 좋은 일자리를 가지고 있는 고연령층의 일자리들을 다른 곳으로 이주시켜 청년들이 일할 수 있도록 하는 방법은 무엇일까.

⊕ 필립 마틴

미국 위스콘신대학교 경제학 박사이자 UC데이비스 농업 및 자원경제학과 교수, UC데이비스 이민 및 사회통합 프로그램 및 농촌 이주 뉴스 에디터, IMF 국제 이주 및 송금 관련 전문위원을 역임했다.

02 미래가 오늘의 혁신을 부른다

대한민국의 청년고용률은 2004년 45.1%에서 지속적으로 감소해 2013년 39.7% 수준에 이르렀다. 20대 초반의 고용률이 크게 감소한 것이 주요 원인이다. 정부는 청년 일자리 문제를 해결하기 위한 방안으로 청년창업에 많은 관심을 가지고 다양한 정책을 추진하고 있다. 청년창업이 활성화돼야 일자리 중심의 성장, 즉 고용을 일으키는 성장이 가능하다는 것이다. 청년실업 문제가 심각한 상황에서 청년창업은 청년실업의 대안이자 신규 일자리 창출에 기여해 창조적 성장동력을 확보할 수 있는 수단이다. 청년실업을 해결하고 일자리를 창출하기 위해서는 경제 전체의 신진대사가 원활하게 이뤄져야 한다. 이를 위해서는 무엇보다 청년층의 창업이 활발해야 하며, 기존의 기업들도 왕성한 기업가정신을 발휘해 새로운 고용을 창출하고 경제에 활력을 불어넣어줘야 한다.

페리둔 함둘라푸르 총장은 "공장은 기계화 비율이 높아지고 서비스업도 컴퓨터와 인터넷 보급이 확산되면서 기존 기업의 일자리는 계속 줄어들고 있기 때문에 창업이야말로 일자리를 늘릴 수 있는 길"이라고 진단했다. 그는 '기존 기업의 일자리가 한 개 줄어들 때 새로 생긴 기업은 일자리 세 개를 늘린다'는 카우프만재단의 분석을 인용하며 "기계나 컴퓨터가 대체할 수 없는 새로운 사업 아이템이 경제를 살린다"고 설명했다. 함둘라푸르 총장은 "워털루대는 현장실습을 통해 학생들에게 기업가정신을 길러주고 있다"고 말했다. 워털루대 학생들은 한 학기는 학교에서 수업을 듣고 4~8개월은 현장에서 일하며 현장과 강의실을 오가는 양방향 학습을 한다.

아이흘러 총장은 "스위스는 고교 졸업 후 대학에 가지 않고 직업교육을 택하는 비율이 80%를 넘지만 대학생과 직업학교 재학생을 전혀 다르게 보지 않는다"며 "한쪽 경로를 택했다가 다른 쪽으로 자유롭게 바꿀 수 있는 시스템을 만든 것도 실패를 용인하는 사회 분위기를 조성하는 데 기여하고 있다"고 말했다. 아이흘러 총장은 "산업 현장에서 필요로 하는 직업 능력은 해당 업계 사람들이 가장 잘 아는 법"이라며 "대학 시절에 기업인들과 함께 일하면서 현장에서 필요한 것이 뭔지 배우도록 하는 것이 창업교육의 첫걸음"이라고 설명했다.

폴 스웨임 OECD 고용노동사회국 수석이코노미스트는 "청년들이 창업 경험을 해보면 나아한 역량을 기울 수 있다"며 "청년창업이 점점 심각해지는 정규직과 비정규직 양극화 현상을 완화하는 단초가 될 수 있다"고 분석했다.

새로운 양상의 비즈니스를 만드는 '청년창업'
페리둔 함둘라푸르(캐나다 워털루대학교 총장)

우리는 스마트 사회에 살면서 성장동력이 부족하다는 도전과제에 처해 있다. 두 가지에 초점을 맞춰보자. 첫 번째는 창업 기반 경제다. 이는 기존 전통적인 경제와는 다를 것이다. 두 번째는 변화하는 환경에 정부와 대학이 어떻게 접근할 것인가다. 어떻게 하면 고용정책을 잘 마련할 것인가. 세상은 빠르게 돌고 있다. 혁신은 사회의 역량을 가속화시킨다. 혁신은 제품이나 생산과정일 수 있다. 하지만 그건 협소한 정의다. 혁신은 사회가 재활성화되고 성장하는 역량을 가속화하는 요소다. 이런 혁신을 젊은이들에게 보다 가깝게 전달할 수 있을까.

청년실업률이 심각하다. 2014년 2분기 기준 15~24세 실업률은 캐나다 13.4%, 미국 13.1%, 영국 18.8%, 프랑스 22.9%, 한국 10.2%, 이스라엘 10.1% 등이다. 한국이랑 이스라엘은 군대도 고용으로 쳐서 이렇게 나오고 있다. 대학들이 문제가 심각하다. 대학 졸업생들이 계속 늘어나고 있는데 민간과 노동시장은 구인난에 시달리고 있다. 대학 졸업자들이 기업이 원하는 인재가 아니다.

다음은 GDP 증가율이다. 2014년 성장률을 보면 캐나다가 2.45%, 미국 2%다. 카우프만재단의 연구를 보면 기존 기업들은 일자리 파괴자다. 기존 기업들은 1년에 일자리 100만 개를 줄인다. 창

페리둔 함둘라푸르 "혁신은 사회가 재활성화되고 성장하는 역량을 가속화하는 요소다."

업 기업은 300만 개의 일자리를 만든다. 기존 경제에서는 사람이 하고 있는 다양한 기능들이 기계로 대체되고 있다. 그러나 새로운 창업 기업은 새로운 양상의 비즈니스를 아이디어로 만드는 기업이다. 기계가 대체할 수 없다.

2013년 워털루대 입학생들을 대상으로 조사해보니 7,000명 가운데 48%는 창업을 생각했다. 학업성취도가 높기 때문에 어디든 갈 수 있음에도 그렇다. 기업가정신을 높이는 환경을 만들어야 한다. 어떻게 교육을 위한 최고의 플랫폼을 만들 수 있을 것인가. 모든 것에 호기심을 갖게 하는 것이 중요하다. 우리 대학의 경우 대학에서 배우는 양질의 교육과 그 교육과 맞아떨어지는 현장실습 기회를 갖게 됨에 따라 기업가정신이 배양된다. 실패해도 다시 일어나서 성공할 때까지 다시 해보라고 격려한다. 창의력을 인정해주는 것도 필요하다. 대학 졸업생 고용률이 88.7%에 달한다. 온타리오주의 평균은 87.4%다.

정부는 무엇을 할 수 있을까. 인센티브가 있어야 한다. 젊은이들의 멋진 아이디어들이 시장에 상업화될 수 있도록 기회를 줘야 한다. 엔젤펀딩이든 벤처펀딩이든 자금을 지원해줄 필요도 있다. 질문에 대해 하나의 정답만 있을 거라고 생각해선 안 된다. 답이 아닌 것도 가능성이 있다. 젊은이들은 젊음이 무기다. 성공적인 기업가들도 힘든 시기를 거쳤다. 끈기를 갖고 포기하지 않았기 때문에 성공한 것이다.

| 강연 | ❷

기업가정신 배양을 통한 청년창업 장려
랄프 아이흘러(취리히연방공대학교 총장)

젊은층 실업이 심각하다. OECD 국가들의 실업률을 보면 알 수 있다. 제조가 점점 로봇으로 대체되고 있기 때문이다. 서비스도 컴퓨터가 대신한다. 은행계좌도 인터넷으로 관리하고 있다. 스위스 고등교육을 보자. 스위스는 대학 졸업자가 17%밖에 안 된다. 이 숫자가 너무 높아지면 퀄리티가 떨어진다고 생각한다. 미래를 위해서는 아주 좋은 엔지니어만 있으면 된다. 동시에 전문적인 훈련을 필요로 하는 직업이 있다. 400개의 국가시험이 있다. 이론적인 교육뿐 아니라 실용적

랄프 아이흘러 "경제성장은 교육성과와 긍정적 상관관계가 있다."

인 교육이 필요하다.

　스위스의 교육제도는 두 가지 경로가 있다. 학문적 경로와 직업 중심의 경로다. 양쪽 다 사회적 위상이 있다. 견습생에게도 사회적 위상이 있어야만 견습생 제도에 사람이 들어갈 것이다. 모두가 국가와 사회를 위해 이바지하고 있다는, 또 모두가 학문을 추구할 필요는 없다는 사회적 분위기가 필요하다. 또 각 경로 사이를 얼마든지 넘나들 수 있어야 한다. 충분한 역량만 있다면 언제든지 대학에 갈 수 있고 원하는 방향으로 커리어를 바꿔갈 수 있다는 유동성이 있어야 한다.

　예컨대 전문가 자격증을 받는 경우, 학교에서 2~3일 공부하고 나머지 날짜들은 회사에서 근무를 하면 회사에서 교육 비용을 댄다. 그러면 학생들이 교육을 받고 전문가가 돼 기업에 기여할 수 있는 상태가 된다. 8~9년 정도 중등교육을 받고 그 이후 고등교육으로 진학하는 경로도 있다. 고등학교 졸업생들의 20%만이 자동으로 대학에 진학하고, 대학교 1학년 때 엄격한 시험을 통과해야 한다. 고등학교 때 잘했다고 해도 대학교 때 어려움을 겪을 수 있다. 열심히 공부해야만 박사 학위까지 올라갈 수 있다. 전문교육을 받기 원하는 경우 응용과학을 대학에서 공부할 수 있다. 응용과학은 제품 생산과 관련이 깊다. 제품을 디자인하는 데 있어 이론적 부분, 실용적 부분까지 공부할 수 있다. 10년, 15년 이후 필요한 직능까지 공부할 수 있게 된다. 학문 쪽에서 10~15년을 내다본다면 직업 경로는 6개월 이후를 내다본다. 비슷한 과목이라도 시각이 다르기 때문에 즉각적으로 사용할 수 있는 기술을 공부하는 경우도 있고, 미래를 대비하는 경우도 있다. 필요하다면 경로를 넘나들면서 필요한 교육을 받을 수 있다.

우리는 37%가 유학생인 국제적 학교다. 3학년부터는 모두 영어로 수업을 진행한다. 모든 교수진이 국제적이다. 업계로 진출하면서 기업가정신을 갖추게 된다. 15년 전까지만 해도 우리 교육에 기업가정신이 부족하다고 생각했었다. 그래서 누군가가 석사 학위 또는 박사 학위를 하면서 기초과학이나 엔지니어링을 공부했는데, 아직 상업화하기는 부족하지만 앞으로 가능성이 있다고 한다면 우리가 투자를 받아 1년 반 정도 시간을 더 주면서 아이디어를 상업화하는 노력을 할 수 있도록 하고 있다. 사후 창업할 수도 있고 업계와 연결시켜주기도 한다. 상업화 길을 열어주는 것이다.

문화적 특성도 중요하다. 학생들을 학문적 환경에서 벗어나 새로운 건물에서 별도로 다른 기업가들과 함께하면서 기업가정신을 배양할 수 있도록 한다. 이 학생들은 교수들이 아닌 기업가들과 활동해야 한다고 생각해서 학문적 공간이 아닌 기업가들이 있는 랩 쪽으로 옮겨준다. 현재 22개의 기업에 진출해 있다. 학생들은 경쟁을 좋아한다. 동기부여를 위해 대회를 개최해 상금을 준다. 이들은 이를 통해 명예를 얻는다. 지난 몇 년간 매년 20~25개를 분사했다. 회사마다 좀 느리게 성장하는 경우도 있지만, 5년 정도 연구해본 결과 매우 안정적으로 자라고 있다. 작년만 해도 24개 기업이 설립됐고 103개가 특허가 등록됐다. 1,000만 스위스 프랑 이상의 자본을 유치했다.

경제성장은 교육성과와 긍정적 상관관계가 있다. 업계마다 필요로 하는 직능이 다르고 업계에서만 자신들이 필요로 하는 직능을 알고 있다. 이런 직능을 배양해줘야 한다. 젊은이들은 이를 행동함으로써 배울 수 있다. 학생들 사이에 기업가정신을 배양하는 것이 우리의 주요한 문화적 변화였다. 상금을 주는 대회를 통해서, 또 기업가정신 친화적인 환경을 마련해줌으로써 학생들이 15년 전부터 많은 창업 활동을 하고 있고 지금은 그게 우리 대학 문화의 일부가 됐다.

 랄프 아이홀러

스위스 바젤 뮌스터플라츠 김나지움(고등학교)을 졸업한 뒤, 스위스 취리히연방공대학교 물리학과를 졸업하고 1976년 동 대학에서 물리학 박사 학위를 취득했다. 2002~2007년 스위스 폴세러연구소(PSI) 소장에 이어 현재 스위스 취리히연방공대학교 총장을 맡고 있다.

| 강연 | ③

교육수준에 부합하는 회사를 창업하도록 지원해야
폴 스웨임(OECD 고용노동사회국 수석이코노미스트)

청년창업 촉진과 노동시장 이원화 문제를 해결해야 한다. 한국의 노동시장 이원화는 고등교육을 받은 청년들에게 부정적 영향을 준다. 근로자들은 소위 정규직과 비정규직으로 구분된다. 비정규직은 보수도 적고 직업안정성도 떨어진다. 한국은 근로자 4명 중 1명이 임시고용 내지는 비정규직이다. 이런 근로자들은 오랫동안 고용되는 상태도 아니다 보니 고용주들도 이들을 대상으로 교육훈련 등을 따로 안 하는 경우가 많다.

이런 노동시장 양상의 부작용으로는 높은 이직률이 첫째다. 고용안정성이 매우 떨어진다. 한국은 다른 OECD 국가들 또는 평균에 비해 근로자 이직률이 매우 높다. 평균 37.1%인데 한국은 72.3%다. 비정규직 근로자들은 또 정규직에 비해 보수도 훨씬 적다. 소득불평등지수를 보면, 소득불평등이 가장 높은 국가도 한국이며 미국과 거의 동등한 수준이다. 선진국 중 임금 불균형이 심한 나라가 미국인데 한국이 그 수준인 것이다.

한국 노동시장의 가장 우려되는 이원화 현상은 임시직 경험이 정규직으로의 이동에 디딤돌이 되지 못한다는 것이다. 고용주들은 이 비정규직을 소위 고용 유연성을 높이고 경영 경쟁력을 높이는 수단으로 이용하고 있다. 그런데 전체 근로자들의 3분의 1 또는 4분의 1

폴 스웨임 "청년창업 촉진과 노동시장 이원화 문제를 해결해야 한다."

이 커리어에 딱히 도움이 안 되는 일자리에 발목 잡혀 있는 실정이다. 다른 정책들을 이용해 노동 고용 유연성을 높이는 것이 더 적절할 듯 하다. 그리고 최근 학교를 졸업한 대졸자들과 은퇴 직전의 사람들은 취약계층이라 할 수 있다.

정부는 이 노동시장과 경제에 대해 재편을 해야 한다. OECD는 계속 한국에 비정규직의 비율을 낮추라고 조언하고 있다. 또 비정규직과 정규직 간 차별, 보수와 대우의 격차를 줄이도록 하는 것도 계속 권장하고 있다. 비정규직에도 4대보험이나 실업고용보험 등을 모두 제공토록 권고 중이다. 여성이나 고졸 근로자, 청년층은 노동시장 이원화의 큰 타격을 받는다. 여성은 육아도 담당해야 하고 탄력적이지 못한 근로시간까지 지게 되면 매우 어려워질 수밖에 없다. 청년실업도 문제다. 최근 10년 동안 대학을 졸업해도 관련 자격 요건을 갖고 있는 이들에 대한 시장의 수요가 높지 않다. 스킬 미스매치가 있다는 걸 보여준다.

미스매치가 나타나는 사례는 'NEET(Not in Education, Employment, or Training)' 지수가 보여준다. 즉 일하는 것도 아니고, 학교 다니는 것도 아니고, 미래에 대한 잠재력을 높이고 있는 것도 아닌 상황에 있는 사람들 지수를 이른다. 다른 나라의 경우 교육수준이 낮은 사람들이 이 지수가 높다. 근데 한국의 경우 고등교육을 받은 사람들이 이 지수가 가장 높다. 터키 다음으로 높아 2위다. 한국은 실제 노동시장의 니즈와 학교에서 배양할 수 있는 스킬 시스템과의 매치를 높여야 한다. 기업들이 필요로 하는 스킬을 배양하는 게 중요하다.

또 한국은 다른 국가들에 비해 고령층과 젊은층의 스킬 차이가 크다. 사람들이 퇴직을 하면서 생기는 새로운 일자리들에 부합하는 스킬을 한국의 젊은 대졸자들이 갖추지 못하고 있다는 것이다. 성별 임금 격차도 있다. 한국 여성들이 교육수준은 높은데 이들이 갖게 되는 직장 자체가 그리 높은 수준의 스킬을 필요로 하는 일자리가 아닌 경우가 많다.

청년창업은 스킬 미스매치 문제 해결의 실마리다. 계속 구직, 비정규직 상태에 빠져 있는 청년들이 이를 탈피해 창업으로 생산성 높은 업무를 스스로 시작해볼 수 있다. 물론 이것이 한국이 가진 문제에 대한 완전한 해결책은 아닐 것이다. 그런데 세계 유수 대학들의 경우 자기 대학들에서 이노베이션 기술 역량이 뛰어난 학생들을 도와 이들이 창업할 수 있도록 도와주는 경우가 있다. 한국의 경우 그 이상의 노력이 필요하다. 자영업이나 청년창업에 대한 개념을 바꿔야 한다.

OECD 연구 중 최근 창업한 기업가들을 대상으로 창업 동기를 질문했다. 그런데 한국의 경우 자신들이 정말 좋은 아이디어가 있어 세상에 기여하고 돈을 많이 벌 수 있을 것 같아 창업했다고 답하는 사람이 거의 없었다. 그보단 자기가 구할 수 있는 일자리들이 그리 좋은 자리가 아니어서 창업을 했다는 경우가 대다수였다. 한국은 60세쯤 은퇴하면 다른 좋은 양질의 직업을 찾을 수 없다 보니 슈퍼나 식당 등을 창업하는 경우가 많은 것이다. 대졸자들이 혁신적인 아이디어가 있어서 창업하는 게 아니고 어쩔 수 없이 창업으로 내몰리고 있는 것이라면 자금 조달 역시 쉽지 않을 것이다. 유럽 국가들은 대개 교육수준이 낮은 청년들을 대상으로 식당이나 가게 등 낮은 수준의 비즈니스를 시작할 수 있도록 도와주는 경우가 많다. 한국의 경우 고학력자들이 자신들의 혁신성과 교육수준을 이용할 수 있는 회사들을 창업할 수 있도록 도와주는 것이 필요하다.

 폴 스웨임

1974년 미국 퍼모나대학교를 졸업한 뒤, 1980년 MIT에서 경제학 박사 학위를 취득했다. 1980~1982년 미국 보건부에서 근무했고, 1982~1989년 미국 매사추세츠대학교 교수를 지냈다. 그리고 1988~1995년 미국 농무부 근무에 이어 현재 OECD 고용노동사회국 수석이코노미스트를 맡고 있다.

혁신과 격변의 미래가 도래할 것이다

토마스 프레이(다빈치연구소 소장)

미래가 오늘을 만들어간다. 미래에 대한 비전을 바꿀 수 있다면 오늘날의 결정도 바꿀 수 있다는 얘기다. 맥스 클랭크 물리학자는 "우리가 무엇을 바라볼 때 그 시각을 바꾸면 그 물건도 바뀐다"고 말했다.

1980년대엔 세계의 체스 챔피언을 이길 수 있는 컴퓨터를 만드는 사람에게 상을 주겠다는 대회가 있었다. IBM이 1997년 '딥 블루'라는 컴퓨터를 개발해 이겼다. 그렇다면 운전자가 없는 자동차가 카레이서와의 경주에서 이기고 로봇이 권투, 농구, 골프 등에서 사람을 이기는 일도 있을까? 그런 질문은 우문이다. 경쟁스포츠는 스토리텔링의 일종이다. 사람들만 경쟁을 해야 한다고 생각하지만 선수들에 대한 리엔지니어링도 이뤄지고 있다. 선수들이 먹는 음식, 장비가 다 달라지고 있다. 유전자 변형 선수도 나타나고 있다. 그런 과정에서 '슈퍼베이비'들이 탄생한다. 슈퍼 휴먼을 만드는 기술은 촉매적 혁신이다. 파괴적 혁신과는 다르다. 파괴적 혁신은 기업이 비용을 절감하고 더 많은 걸 할 수 있도록 하는 것이다. 그러나 촉매적 혁신이란 완전히 새로운 산업을 일으키는 혁신을 말한다. 전기 자동차, 항공기, 사진 등이 바로 촉매적 혁신 사례다. 수십 억 달러의 새 산업이 이를 통해 탄생했다. 그러나 모든 산업은 다 초반과 중반과 끝이 있고 다른 산업으로 대체된다. 그런데 오늘날 대부분의 수익 높은 산업들은 종형 곡선의 후반부다. 덜 가지고 더 많은 성과를 내도록 강요 받고 있다.

2030년이 되면 20억 개의 일자리가 사라질 것이다. 이걸 의식해야 한다. 현재 일자리들이 너무 빠른 속도로 사라지고 있다. 이를 대체할 수 있는 시스템이 필요하다. 우리 다음 세대의 일자리는 어디서 나올까? 미래산업에서 나온다. 이 산업들은 오늘날의 젊은이들에 의해 만들어질 것이다. 10개의 미래산업을 알려주겠다. 첫째는 사물인터넷이다. 사물인터넷은 2008~2009년 사이에 생겨났는데 사람의 숫자보다 인터넷에 연결된 기기의 숫자가 더 많아졌던 시기다. 6년 안에 500억 종 이상의 기기들이 인터넷과 연결될 것이다.

마법 같은 물건들이 있다. 아마존 쓰레기통은 사용자가 쓰레기를 버릴 때마다 제품에 있는 바코드를 스캐닝해 자동으로 하나를 더 주문해준다. 메모미 스마트 거울도 있다. 앞서 입어본 옷을 입고 비춰본 장면을 기억해 다른 옷을 입었을 때 두 모습을 비교할 수 있도록 해준다. 약을 먹으라고 알려주는 비탈리티 그로우 캡이라는 제품, 날씨를 인식해 사용자가 집을 나서는데 우산을 안 갖고 나가면 손잡이가 반짝거리는 우산도 있다. 음식을 테스트해서 안전성을 실험해주는 스마트 젓가락도 있다. 애완견에게 사료를 주는 팬토피드라는 기기도 있다. 사료가 나올 때 앞에 달린 화면을 통해 동물이 주인의 얼굴을 보고 얘기를 나눌 수 있게 한다. 빅데이터와 3D프린터, 윤곽 제조업기(contour crafting), 대기 수분 채집기 등도 있다. 대기 수분 채집기는 대기에서 수분을 채집해 물로 전환해 사용할 수 있게 하는 기기다. 무인 자동차는 교통을 근본적으로 바꿀 것이다. 무인 비행기 드론, 암호화 화폐, 초고속 교통수단, 초소형 대학 등도 있다.

2030년이 되면 전통적 대학의 절반이 사라질 것이다. 그렇다고 교육이 덜 필요한 게 아니다. 다른 종류의 교육, 다른 시점의 교육이 필요하다. 2월 페이스북은 아큘러스 리프트라는 기업을 인수했다. 이기업은 가상세계로 들어갈 수 있는 기술을 갖고 있었다. 가상현실 관련 일자리들도 갑자기 늘어났다. 그런데 이 가상현실 관련 교육을 하는 기업들은 별로 없다. 2030년이 되면 사람들은 6번가량 커리어에 대한 재교육을 받아야 할 것이다. 기업들은 재교육을 최소한의 시간으로 하려 할 것이다. 초소형 대학이야말로 가장 단기간에 많은 교육을 제공할 수 있는 고등교육기관이 될 것이다. 비즈니스는 4~5년을 미리 예측할 수가 없다. 초소형 대학은 필요가 발생했을 때 즉각적으로 반응해 새로운 인재 풀을 마련할 수 있는 능력이 있다. 그래서 다빈치연구소는 다빈치 코더라는 초소형 대학을 운영 중이다. 13주 동안 컴퓨터 프로그램으로 교육시켜 바로 취업 가능하다. 우리가 제공하는 인증서는 학점과 관련된 건 아니지만 취업에 큰 도움이 된다. 우리는 또 학습 랩을 만들고 특화된 전문가를 배양할 수 있는 특별 프로그램을 운영 중이다.

과거에 없는 기회가 지금 있다. 인류는 앞으로 20년간 인류 역사상 변한 것보다 더 많은 변화를 겪게 될 것이다. 리스크 또한 기하급수적으로 늘고 있다. 아직 태어나지 않은 우리 자녀들은 여러분에게 달려 있다. 에디슨은 '대부분의 사람들이 기회를 놓치는 건 기회가 일처럼 보이기 때문이다'라고 말한 적이 있다. 기회를 알아봐야 한다.

03 과학을 통해
초인류가 탄생할 것이다

'사업주는 근로자 정년을 60세 이상으로 정해야 한다'(19조)고 규정한 '정년 60세법'이 2013년 4월 국회를 통과했다. 2016년 300인 이상 사업장 적용을 시작으로 2017년에는 전 사업장에 적용된다. 이 법이 통과된 배경엔 늘어나는 수명에 따른 삶의 질과 밀접한 관련이 있다. 하지만 무작정 회사에 남아 있는다면 기업 처지에선 적지 않은 부담이다. 때문에 정년 60세 시대엔 인력구조의 중심을 차지하는 중·장년층의 생산성 향상이 무엇보다 중요하다.

HR 전문가인 제이 도허티 머서인력과학연구소 대표는 "노동생산성 측정은 개인이나 현 시점만 보지 말고 조직적이며 장기적인 차원에서 볼 필요가 있다"고 설명했다. 인적 자원은 업무에 투입한 즉시 결과가 나오지 않는다. 조직 내 다른 구성원들에게 영향을 받고 또 영향을 주기 때문이다. 도허티 대표는 "경륜 있는 직원들은 자신의 노하우를 후배 직원들에게 전수할 수 있는데 이때 전수자와 이수자 모두 인센티브를 받아 협력할 수 있는 제도를 만들어야 한다"고 조언했다. 그는 "회사는 인재 또한 다른 자산을 중요시하는 것처럼 잘 보살피고 측정하기 위해 좀 더 계량적인 방법으로 접근할 필요가 있다"고 강조했다.

세계적 미래학자인 호세 코르데이로 미국 싱귤래리티대 교수는 "인간의 수명이 획기적으로 늘 것"이라 단언하며 "가까운 미래에 인간이 불멸의 존재로 진화해 '초인류'가 될 것"이라고 예언했다. 그의 자신 있는 주장 뒤엔 기술의 발전이 있다. 코르데이로 교수는 "2045년이 되면 컴퓨터의 연산 능력이 인간을 넘어서게 될 것"이라며 "이런 컴퓨터 인공지능의 발전과 의학 기술의 발전이 힘을 합치면 각종 질병은 물론이고 노화도 막을 수 있다"고 설명했다.

아시아에 대한 이해도가 높은 그는 '위기(危機)'라는 한자어를 예로 들며 "위기가 위험과 기회라는 뜻을 갖고 있듯 지금 우리는 가장 큰 변화의 시기에 있다"고 진단했다. 토론자로 나선 김해동 비브라운 코리아 사장과 김병전 김앤장법률사무소 HR컨설팅 부문 대표도 자신들의 의견을 제시하며 발표자와 활발한 토론을 진행했다.

| 강연 | ❶

우리가 아끼는 자산처럼 인재를 관리해야

제이 도허티(머서인력과학연구소 대표)

노동시장 고령화 문제는 많은 국가들이 직면한 상태에서 여러 해답이 제시되고 있다. 세대 차이가 나는 노동시장을 어떻게 관리할 것인가에 대한 것들이다. 앞으로 세계 인구는 2050년 전까지 60세가 넘은 사람이 11억 넝이 추기될 것이다. 우리 기관은 많은 연구를 진행한다. 가장 중요한 분야는 과학적 방법, 빅데이터로 노동시장 문제를 파악하고 인적 자원 관리를 효율적으로 하겠다는 것이 목표다.

고령 노동시장을 어떻게 유지하고 관리해야 하는가에 대해 오해가 좀 있는 것 같다. 나이를 먹은 근로자들은 유지하기에 비싸다고 생각한다. 어느 정도는 맞는 얘기다. 시간에 따라 축적된 성과급이 1년이나 2년간 받는 보상보다 클 수 있다는 건 여러분도 알 것이다. 이런 보상은 커리어가 쌓이면 높아갈 수밖에 없다. 문제는 그에 맞는 생산성을 내는가를 봐야 한다는 것이다.

또 하나는 많은 국가에서 노동시장이 양분됐다. 청년층이 많지 않고, 나이든 근로자만 있는 몸통 없는 경우라 할 수 있다. 오랜 시간이 걸려야만 나오는 전문 인력이 없는 상황이다. 시간이 걸려도 전문성을 양성하고 핵심 기술을 유지하는 것이 중요하다. 청년 중에 더 많은 기회가 있는 친구들이 있는데 이들을 유지하고 전문성 있는 고령

제이 도허티 "인적 자원은 투자의 가장 큰 요인이다."

기술자를 유지하는 것도 관건이다.

오늘날 보건의료 전문가는 자기 일터 옆에 붙어서 일한다. 그러나 IT, 항공, 소비재 영역을 보면 대부분 일자리의 절반 이상이 꼭 고객이나 천연자원에 가깝지 않아도 일자리가 있다. 그래서 한편으론 아예 지리적으로 다른 곳에서 채용할 여지가 높아진다. 20년 전만 해도 상상하지 못할 일이었는데 통신, 물류, 교통 발달로 가능해졌고, 어딜 가나 교육 수준이 높은 사람을 찾기 쉬워졌다. 자격 있는 인력이 개발도상국에서 나오고 있고 이런 인력이 있다면 여러 국가에서 채용을 할 수 있다.

인적 자원은 투자의 가장 큰 요인이다. 그 나라 교육은 어떤지가 중요한 관건인데 노동시장 가격, 이직률 같은 것도 투자 결정에 중요한 요소다. 한 국가가 외국인직접투자(FDI)를 유치해야 성공하는 것이 아닌가. 우리 노동시장이 경쟁력이 있어야 더 많은 유치가 가능하고, 기업들이 어느 나라에서 채용을 할까 생각하는 상황이라 노동과 관련한 기준이 굉장히 중요해지고 있다. 예전엔 인프라, 교통, 물류를 봤다면 이제 인적 자원이 갖춰졌나를 보고 결정한다. 그래서 개별 기업은 노련한 근로자를 제대로 활용하려고 여러 방법을 쓴다. 생산성을 측정하는 전통적 기준은 개별 사람을 봤다. 이 사람의 생산성이 높은가, 비용을 들일 만한가 말이다. 그 외 숙련성을 측정하는 비전통적 기준이 있다. 연령대에 따라, 교육 수준에 따라 어떤 생산성이 나오는가 내지는 같은 연령대 사람이 일할 때와 다양한 연령대가 일할 때 어떤 효과가 나오는가. 그 성과를 보기도 하고 나아가 기업의 매출이라든지 재정적 상황, 그 이외에 혁신 정도라든지, 고객 만족도가 높았는지 등을 비전통적으로 측정하는 추세가 높아지고 있다.

다 그런 건 아니지만 오히려 나이 든 근로자가 그 회사에 큰 영향을 주는 경우가 있다. 오히려 다양한 연령대 직원을 두면 안정적이란 결과도 있다. 이번 인재포럼에 신뢰라는 얘기를 많이 하는데 나이 든 근로자들이 지식과 노하우를 전수할 수 있도록 신뢰하고 인센티브를 제공한다면 그 근로자들이 더 적극적으로 공유할 것이다. 만약 신뢰하지 않고 언제든 이 사람을 자르겠다고 벼르면 전혀 지식적 공유나 멘토링이 이뤄지지 않는다.

기업 입장에서 근로자 구성이 제대로 됐나 보는 것도 중요하다. 우리는 조직 내 소그룹 심리와 노동 경제학을 본다. 하나의 행위나 행동을 보는 게 아니다. 노련한 근로자들만 보는 게 아니라 이들이 이 회사에 어떤 영향을 주는가를 본다. 퇴직제도뿐만 아니라 회사의 그 제도가 인적 자원 시스템 안에서 맞아떨어지나 확인하고, 자원이나 재정을 보기도 하지만 시간에 따라 어떻게 흐르는가를 살펴본다. 경우에 따라선 일자리에 따라 사람들이 정점을 찍고 생산성이 떨어지기 때문에 퇴직하는 게 맞는 경우가 있다. 일자리에 따라 다양한 방법을 생각할 수 있다. 그래서 조금 더 오래 일할 수 있도록 방법을 제시할 수 있는 것이다. 퇴직 준비가 안 되고 퇴직 의사가 없다면 거기에 맞는 프로그램을 만들 수도 있다. 신입이나 커리어가 길지 않은 직원들의 보상만 갖춰지고 고령 근로자를 위한 보상 체계가 없는 경우도 있을 텐데 그에 대한 대책도 있어야 한다.

근로자들을 파악할 때 이들을 재화처럼 보거나 현 시점만 보지 말고 장기간에 걸쳐 조직적 차원에서 볼 필요가 있다. 재화를 추적하는 것처럼 보기 어려운 까닭은 사람들은 내가 어제 어떤 대우를 받았는지 기억한다는 것이다. 이 사람들이 우리 회사에 많은 기여를 하고 있는가를 보기 위해선 긴 시간에 걸쳐 볼 필요가 있다. 내가 이들을 적소에 배치하고 승진 기회를 제공하고 있는지, 수평적 이동이 가능한지 등의 요소를 봐야 한다. 그걸 파악한 뒤 나의 시나리오를 만들어 기업의 목표를 충족해야 한다.

누구를 채용하고 승진시키는지, 어디에서 채용하고 있고 어떤 레벨에서 채용하고 있는지, 또 내 지금의 모습과 미래 회사의 모습은 어떤지를 고려해야 한다. 경우에 따라서는 고령화된 근로자들이 한 고용주 밑에서 축적한 전문성을 가졌을 것이고 그것이 기업에 중요한 지식일 수도 있다. 어떤 일자리가 충분한 가치를 제공하는지 파악한 뒤 우리가 정책을 바꿀지 고민할 필요가 있다. 지식 이전도 하나의 방법인데 전수자와 이수자 모두 인센티브를 받아 협력할 수 있는 제도를 만들어야 한다. 공식, 비공식적 보상 체계를 통해서 고령 근로자가 자신의 전문성을 나눌 수 있는 제도가 필요하다.

많은 기업들이 이런 인재관리를 하나의 자산관리로 보고 있다. 인재도 우리가 아끼는 자산처럼 볼 필요가 있다. 그래서 좀 더 계량적 방법으로 접근할 필요가 있다. 물론 그러기 위해선 HR 도움을 받아야 할 수도 있다. 고객관리 IT 기술을 여기에 적용할 수도 있다. 마지막으로 영향평가가 필요다. 이 관리가 비즈니스에 어떤 영향을 미치는지 볼 필요가 있을 것이다.

 제이 도허티

머서인력과학연구소 공동설립자 겸 대표로 노동시장 동향, 인력 계획, 부지 선정 및 사업 결과에 대한 인력관리 관행 연구 분야에서 인정받는 전문가다. 노동시장 조사 및 사업 전략과 인적 자원을 관리하는 프로젝트도 맡고 있으며, 현재 세계경제 포럼에서 수행하는 여러 인적 자원 연구 프로젝트의 연구원이기도 하다.
그는 25년이 넘는 북미, 유럽 , 중동 및 아시아의 선도 기업을 돕는 경영 컨설팅 경험을 갖고 있다. 1996년 머서에 합류하기 전까지는 사우디아라비아 재정경제부를 비롯해 미국, 유럽에 있는 여러 회사와 함께 일했다.

불멸의 삶을 사는 날이 올 것이다

호세 코르데이로(싱귤래리티대학교 교수)

고령화에 대해서 말하려 한다. 20년 전 밀레니엄 프로젝트가 성립됐다. 한국을 비롯한 전 세계의 미래학자들이 참여하는데 매년 〈스테이트 오브 퓨처(State of Future)〉라는 보고서를 발간하고 있다. 20~30년 미래를 내다보는 데 많은 시사점을 제공한다. 아시아에 대해 많은 관심이 있는데 앞으로 미래를 동아시아가 주도해나갈 것이라 생각하고 있다. 특히 한국과 중국에 많은 관심을 갖고 있다. 인류의 역사는 이 지역에서 주도해나갈 것이라 본다. 그래서 다이나믹 코리아란 말도 있지 않겠나.

장수에 대해 생각하면서 싱귤래리티대를 만들었다. 기술적 특이점이라고도 할 수 있는데 인간이 불멸의 존재가 되는 때가 올 것이라 전망했다. 인공지능이 인간의 뇌를 초월하는 순간은 2045년 정도 되면 도래할 것이다. 인공지능이 인간 지능보다 우월해진다는 얘기다. 모어 박사가 만든 모어 법칙은 2년마다 컴퓨터 능력이 2배로 늘어난다는 것이다. 컴퓨터의 연산능력이 기하급수적으로 늘어난다는 것이고 이 같은 기술의 진보가 계속 이어지며 2045년이 되면 컴퓨터의 연산능력이 인간의 연산능력보다 훨씬 우월해진다고 예상한다. 컴퓨터는 여러 세대를 거치면서 연산능력은 발전하고 크기는 작아졌다.

인류는 게놈 프로젝트를 시작했다. 인간 게놈의 서열화를 통해 모든 사람의 유전자를 조절할 수 있을 것이다. 암, 당뇨병, 알츠하이머 기질이 있다는 것을 게놈을 통해서 알 수 있었다. 이와 같은 칩으로 5~10년 후면 인간 게놈 서열화를 진행할 것이다. 어떤 질환에 걸릴지도 알 수 있게 된다. 예방 의학이 발전할 것이다. 유전 정보에 대해서 더 잘 알게 될 것이다. 우리가 결혼하면 후손을 디자인할 수 있게 된다. 자신이 원하는 형질을 디자인할 수 있게 될 것이다.

이제 인류는 경제 시스템을 어떻게 성장시킬지 노하우가 생겼다. 18세기 말에 성장하기 시작해 20세기에는 400% GDP 성장률을 보였다. 우리는 21세기에 5,000% 이상 성장할 것으로 전망한다. 2000년 전에는 평균수명이 25세였는데 이후 차츰 늘어났다. 이제는 한 70세를 넘게 됐다. 곧 100세를 넘고 불멸의 존재가 될 것이다. 다시 말해 노화를 통제할 수 있게 된다는 것이다. 미래 기술을 보면 마법처럼 느껴진다. 30년 전으로 거슬러 가보면 초대형 컴퓨터를 사용했다. 20년 전부터 휴대폰이 나왔다. 10년 전엔 구글이 나타났다. 앞으로 어떤 일이 펼쳐질까. 마법이 펼쳐진다. 그중 하나가 우리가 노화를 통제할 수 있게 된다는 점이다. 어느 교수님은 노화를 질환이라고 말했다. 이는 치유 가능한 질환이 될 것이다. 작은 쥐들은 1년 반밖에 못 산다. 이를 늘리는 실험을 진행했더니 수명이 3배로 늘어났다. 5년 사는 생쥐, 이는 인간이 300세까지 사는 것과 같다. 그렇다면 향후 10년, 30년 후에 어떤 일이 일어날까? 불멸의 삶을 살 수 있을지도 모른다. 생식세포는 노화하지 않는다. 암세포도 노화하지 않는다. 암세포는 변형됐기 때문에 노화가 되지 않는 것. 노화하지 않는 세포가 있다는 것을 알고 있다. 이를 토대로 많은 연구소들이 불멸과 관련된 연구를 하고 있다. 프로젝트는 이미 출범했고, 20~30년 후면 사망을 없앨 수 있을 것이다. 가장 최근에 캘리포니아에서 장수 연구에 주는 노벨상 같은 상이 만들어졌다. 미국 과학재단에서는 이 같은 기술을 통해서 인류 역사가 바뀔 것이라 생각하고 있다. 우리는 기술적 발전으로 30년 뒤엔 새로운 존재가 될 것이다. 인간을 하드웨어로 보면 우리는 게놈에 대한 3기가바이트의 정보가 있다. 인간의 소프트웨어 복잡성을 보자면 우리는 뇌를 통해 연산작용을 한다. 뉴런을 보면 시냅시스와 연계돼 있다. 우리 몸에는 다양한 주파수가 있다. 이 주파수로 초당 10의 17승의 연산을 하게 된다.

뇌와 관련된 연구는 여러분의 사고를 읽어서 전이시킬 수 있는 기기들을 만들고 있다. 초능력과 같은 기술이다. 뇌와 뇌 사이의 커뮤니케이션, 인간과 로봇이 연결될 수 있다. 영화 〈터미네이터〉 장면처럼 나쁘게 생각할 수도 있다. 그러나 어디 살고 있느냐에 따라 로봇을 보는 관점이 다르다. 일본은 로봇이 인간보다 낫다고 생각한다. 아톰처럼 로봇에게는 영혼이 있다고 생각해 일본의 많은 회사들이 로봇과 관련된 작업을 하고 있다. 인간과 기계는 대체가 아니라 함께 갈 수 있다. 런던올림픽에 처음으로 사이보그가 출전했다. 브라질 월드컵에선 마비를 앓고 있던 사람이 신기술을 이용해 시축했다. 앞으론 사이버올림픽도 열릴 것이고 향후에 이런 것들을 더 많이 볼 것이다. 과학을 통해서 인류를 초월하는 초인류가 탄생할 것이다. 우리는 모두 질환을 치유하고 예방할 수 있을 것이다. 마비도 치료하고 파킨슨병도 예방할 수 있다. 알츠하이머와 고령화도 막을 수 있다. 지금은 격변의 시기다. 큰 위험과 기회가 동시에 있다.

04 일과 가정이 균형을 이루려면?

얼마 전부터 '경단녀'라는 신조어가 자주 쓰이고 있다. 이는 경력단절 여성의 줄임말이다. 결혼, 임신, 출산, 육아 등의 문제로 직장을 그만둔 기혼 여성은 200만 명에 육박한다(통계청 2013년 경력단절 여성 통계 기준). 정부가 고용 창출을 위해 시간제 일자리 확대를 독려하고, 국내 주요 기업들이 경력단절 여성 채용에 적극 나서고 있지만 아직 갈 길은 멀다.

〈글로벌 인재포럼 2014〉에서 전문가들은 "경력단절 여성 채용이 늘어나는 분위기는 바람직하지만 일부 대기업을 넘어 고용시장 전반으로 더욱 확산돼야 한다"고 입을 모았다. 여성들이 일과 가정을 양립할 수 있도록 하는 문화 조성도 중요하다고 강조했다.

랜들 에버츠 원장은 "세계 주요 국가들의 여성 노동 참여는 지난 100년간 많이 늘어났지만 최근 증가율이 둔화되는 모습을 보이고 있다"고 소개했다. 그는 "여성의 가사 부담이 높아 남녀 간의 책임이 동등하게 공유되지 않고 있다"면서 "기업에 수십 년 전의 문화가 남아 있어 야근 등의 부담도 지나치게 많다"고 지적했다.

김영옥 선임연구위원은 "한국 여성의 취업률은 결혼과 출산 전에는 높은 편이지만 자녀 출산과 함께 이탈한 뒤 돌아오지 못하는 사람이 많다"면서 "복귀하더라도 비정규직이나 일용직 등이 대부분인 것도 문제"라고 말했다. 김 위원은 여성들의 노동시장 이탈로 인한 소득 손실이 59조원에 달하고, 재취업에 성공한 경력단절 여성의 임금은 이전보다 11~19% 줄어든다는 통계를 소개하기도 했다.

고혜원 선임연구위원은 "유연근무제 도입에 적극 나선 미국 기업과 달리 국내 기업들은 이러한 변화에 소극적"이라고 지적했다. 이를 감안하면 정부가 사회 전반적으로 여성 인력의 중요성을 환기시키고, 효율적인 정책 입안에 적극 나서야 한다는 설명이다.

후쿠하라 히로유키 교수는 "OECD 통계에 따르면 한국의 근무시간은 굉장히 길고 이것이 여성의 근로를 위축시키는 요인"이라고 짚었다. 여성들의 라이프스타일을 감안해 근로시간을 줄이고 구직을 원하는 여성에게 충분한 직업훈련을 제공해야 한다고 주장했다.

여성들을 위한 일자리 창출

랜들 에버츠(미국 업존고용연구원 원장)

업존고용연구원에 대한 소개부터 먼저 하자면, 우리 연구원은 1932년 대공황 때 설립돼 연구와 더불어 연방정부와 주정부의 고용 관련 프로그램을 운영하고 있다. 여성 고용을 비롯해 일자리 창출을 위해 다양한 노력을 하고 있나. 어싱들을 위한 일자리 창출이라는 주제와 관련해 미국 상황에 대해 먼저 얘기하려 한다.

노동력의 여성 참여도는 지난 100년간 많이 늘어났다. 선진국의 경우 여성 노동력이 사실 크나큰 기여를 하게 됐다. 경제성장률과 생산성이 늘어났는데 수학적으로 계산하면 단순하다. 모든 사회 참가자들이 경제 역량을 보여주면 그런 수요와 공급이 잘 충족되기 때문이다. 그리고 이렇게 전폭적으로 참여하지 않으면 생산성이나 비교우위가 떨어질 수밖에 없다. 국가경제뿐만 아니라 기업에 있어서도 그렇다. 여성과 남성의 양쪽 역량을 잘 활용하지 못한다면 수익과 회사의 생산성에도 악영향을 미칠 수 있다.

여성의 노동 참여도는 많이 늘어나고는 있지만 남성과의 격차는 여전히 존재한다. 1980년대부터는 상승세가 다소 꺾이긴 했지만 점진적으로 늘어왔다. 왜 이렇게 늘어났을까? 학자들은 기술적으로 많은 진보가 있었다는 점을 든다. 경구용 피임약의 발명으로 1960년대부터 육아나 원치 않는 임신으로 인한 경력단절이 줄어들고 자유롭

랜들 에버츠 "여성의 노동 참여도는 많이 늘어나고는 있지만 남성과의 격차는 여전히 존재한다."

게 시장에 참여할 기회들이 생겼다. 자신들의 커리어와 미래를 통제할 수 있게 된 것이다. 남성과의 격차는 당시 60% 포인트 정도에서 지금은 30% 포인트 정도로 줄어들었다.

국가별로 남녀 간 노동시장 참여율의 격차를 보면 2012년 기준으로 한국과 일본은 22% 포인트 정도로 격차가 크다. 미국은 12% 포인트이고, 스웨덴이 8% 포인트 정도로 가장 낮다. 몇몇 국가에선 이 격차를 줄여야 할 필요성이 여전히 크다는 점을 알 수 있다.

일부 여성들은 가정에 충실하고 싶어 하는 마음이 있는 것 같다. 가임기 여성의 연령대는 커리어에 있어 가장 중요한 시기인 경우가 대부분이다. 그래서 일과 가정의 양립이라는 어려운 주제를 다뤄야 한다. 많은 고숙련 여성을 보면 굉장히 많은 수가 자녀 양육이나 아이들의 위기 상황 등을 겪는다. 여성의 28%가 아픈 가족이나 친지를 돌보기 위해 그만뒀다는 연구 결과가 있다.

(스크린에 드라마 장면을 띄우며) 1950년대 전형적인 미국 가정의 모습을 다룬 시트콤이다. 아빠는 일하고, 엄마는 집에서 일한다. 그러나 요즘 여성들은 일을 하면서도 집안일을 돌보고, 남성도 마찬가지다. 50 대 50은 아니겠지만 양쪽이 다 기여를 하게 된다. 엄마와 아빠 모두 너무 피곤해하는 모습을 볼 수 있다.

남녀 간의 책임은 동등하게 공유되지 않고 있다. 유럽 노동통계청에 따르면 남성은 여성보다 일하는 시간이 1시간 반 길고, 여성은 양육과 가족을 돕는 데 남성보다 1시간 45분을 더 쓰고 있다. 거의 2시간 정도 더 여성들이 가사일을 한다는 것이다.

최근 수십 년간 맞벌이 가구가 늘었다. 1920년대엔 10% 이하였지만 2006년 70% 정도였다. 돈 때문에 맞벌이하는 경우도 있지만 자아실현을 위해 일자리를 갖는 여성도 있다. 평생 육아만 하는 것이 아니라 자신이 돈도 벌고 자아실현을 하기 위해서 일자리를 찾는 여성이 늘어나고 있는 것이다.

하지만 많은 사업체들이 1950년대의 세팅을 유지하고 있다는 것이 딜레마다. 구세대적인 분위기가 있다. 아버지는 일하고, 어머니는 집에 있는 분위기가 팽배했다. 많은 사업체에서는 일주일에 40시간 이상 일하길 요구하고 있고 일찍 와서 늦게 가길 요구한다. 오래 일하면 일자리 충성도가 높다고 인정받기 때문에 승진 가능성이 더 높아진다. 상사랑 같이 있어야만 나의 일이 인정되는 경우가 많이 있다. 아무리 재택근무를 잘하더라도 인정이 안 되는 경우가 있다는 것이다.

미국 정부에서는 많은 개입을 하지 않았었다. 1993년 FLMA 가족 의료법에 따라 가족구성원이 아프다면 일을 잠깐 쉬었다가 올 수 있도록 했는데, 그래봤자 1주일이다. 그래서 사업체에서 잘 활용되지 않고 있다. 백악관에서는 기업인들을 초청해 이런 맞벌이 가구에 대해 유연해질 것을 우회적으로 설득하고 있고, 이런저런 노력을 통해 조금씩 변화가 생기고 있다.

기업들은 유연한 근무조건을 제공함으로써 많은 기회가 생기고, 인재들이 기업에 오게 된다는 것을 알게 된다. 기업 대상 설문조사에서 47%가 유연한 근무조건이 많은 인재를 유치한다고 답했고 25%가 생산성과 충성도 증가, 6%가 비용 절감 등을 답했다.

오늘 아침에 신문을 보니 삼성이 채용 시험을 필기 위주에서 구체적인 직무 중심으로 바꿀 것이라고 한다. 사업체에서 필요로 하는 역량과 매칭이 이뤄질 것으로 기대한다. 여성들은 직장을 찾을 때 커리어에 투자를 많이 하는 기업을 선호하게 된다. 미국에서 보면 상경계열이나 MBA나 엔지니어링을 전공하는 여성이 늘어나고 있다. 나중에 더 많은 취업 기회를 누릴 수 있어 그런 것이다.

고숙련 여성뿐 아니라 싱글맘과 저소득 여성을 위한 좋은 일자리도 많이 만들어야 한다. 일을 하면서 아이를 맡기면서 일할 수 있도록 해야 한다. 정부도 추가 보조금 등을 통해 어느 정도까지 재정적인 자립을 지원할 수 있다. 일자리 프로그램 등도 활용해 저소득층을 도와줄 수 있는 중간 매개체를 만들어야 한다.

여성들이 한 사업체에 고용되는 것뿐 아니라 창업할 수 있는 기회도 줘야 한다. 미국의 몇몇 기관에서는 여성 창업에 대한 대출과 교육센터가 운영되어 실질적인 도움을 주고 있다. 연방정부는 여성 소유 중소기업에 유리한 계약 조건을 제공하기도 한다.

 랜들 에버츠

UC샌디에고대학교 졸업 후 노스웨스턴대학교에서 경제학 박사 학위를 받았다. 오레곤대학교 교수, 클리브랜드 연방준비은행(FRB) 부원장보와 대통령 경제고문단을 역임했으며 1993년부터 업존고용연구원 원장을 맡고 있다.

 | 강연 | ❷
경력단절 여성의 재취업을 지원해야
김영옥(한국여성정책연구원 선임연구위원)

결혼 그리고 출산 전까지 한국 여성들의 취업률은 높다. 그런데 문제는 자녀 출산 시기에 이탈해서 돌아오지 못하는 여성이 많다는 것이다. 국가별 남성과 여성의 취업률 격차를 보면 우리나라는 굉장히 격차가 크다. 멕시코 다음인 것 같다. 나는 이 부분을 'Female Dropouts'라고 표현했다. 왜 이런 현상이 강하게 유지되고 있는지, 어떤 조치가 필요한지에 대해 얘기하겠다.

우리나라 여성 노동시장에는 굉장히 독특한 현상이 있다. 산업화가 시작된 1960년대 중반부터 여성의 경제활동 참여율은 계속 증가하는 추세다. 그런데 1998년 외환위기 이후로 여성의 경제활동 참여율은 정체돼 있다. 여성 노동시장에서 최대의 숙제다. 고학력자들은 많다. 고등학교에서 대학 진학하는 비율을 보면 남성과 여성의 차이가 거의 없다. 부모들의 자녀에 대한 교육 투자에 대해선 남녀 차별이 없는 편이다. 대학 진학률은 1990년 32.4%에서 2005년에는 80.8%까지 올랐다. 지난해엔 74.5%였고, 앞으로도 70% 수준은 계속 유지될 것으로 예상한다. 이 정도로 고학력자들이 많이 있다 보니 문제는 더 심각해진다. 교육 투자를 한 만큼 회수를 해야 하는데, 그게 잘 안 되는 것이다.

또 연령별로 고용률을 살펴보면, 35~39세 고용률이 54.4%로 가장 낮다. 30대 중반에서 고용률이 확 떨어지는 것이다. 이런 추세는 2000년과 지난해를 비교해봐도 비슷하다.

통계에 따르면 여성 970만 명 중에서 일하지 않는 사람이 406만 명 정도다. 이 중 경력단절 여성은 196만 명에 달한다. 경력단절 여성들이 일을 그만둔 배경을 조사해보면 대부분 아이 문제가 들어간다. 196만 명 중 '결혼을 해서'는 45.9%, '임신과 출산'은 24.2%, 그 밖에 '자녀 양육과 교육' 등이 차지하고 있다.

이들 196만 명의 단절기간은 1년 미만 정도인 경우는 9.6% 정도다. 5~10년 이상은 23.6%, 10~20년 이상은 27%에 달한다. 5년 이상이 갈수록 많아지는데, 그간에 지식이나 스킬은 쇠퇴하게 되므로 문제를 해결하기 더 어렵다.

또 40세쯤 자녀가 초등학교 들어갈 때쯤 되면 여성들이 노동시장으로 돌아오는데, 레스토랑 같은 판매업종에 많이 취업한다. 미혼 여성들의 최대 직종은 사무직인데, 경력단절 이후 판매직이나 서비스

직으로 돌아오는 것이다. 노동시장으로 돌아오는 여성들이 많지도 않지만, 돌아오는 여성들도 하강된 지위로 돌아온다는 것을 확인할 수 있는 통계다. 정규직 비율도 굉장히 줄어든다. 임시직과 일용직으로 많이 돌아온다.

돌아왔을 때 직접적으로 임금 손실도 발생한다. 월 평균 200만 원 정도 받던 여성의 임금이 150만 원 정도로 줄어들고, 경력단절이 있기 전에 144만 원을 받다가 다시 돌아와 120만원을 받는 경우도 있다. 경력단절 임금이 11~19% 정도 줄어든다는 김종숙 박사의 연구가 있다. 또 다른 연구를 보면 여성들이 노동시장으로 돌아오지 않으면서 발생하는 소득 손실은 59조 원에 달한다. 유능한 여성들의 경력단절이 국가 경제에도 큰 손실을 주는 것이다. 기업에게는 우수한 인재가 있는데 활용하지 못하는 것이고, 정부는 매년 8조에 달하는 소득 손실을 감수한다.

이 부분을 해결해야 한다. 경력단절은 일단 발생하면 수습하기 어렵기 때문에 단절하지 않도록 하는 것이 첫 번째 과제다. 그러나 그럼에도 불구하고 단절이 발생했을 때엔 빨리 돌아올 수 있도록 재취업을 돕고, 일과 가정의 양립을 지원해야 한다. 여성들은 결혼해서 임신을 했을 때, 출산을 했을 때 등 단계마다 많은 고민을 하는데 그런 문제를 상의할 곳이 없다.

일과 가정의 균형은 우리나라가 지속가능한 사회로 가기 위해 해결해야 할 과제다. 지난 대선 때 한 후보가 '저녁이 있는 삶'이라고 해서 공감을 많이 얻지 않았나. 이 부분들을 한 번에 해결할 수 있는 만병통치약은 없을 거라고 생각한다. 모범 사례를 들면, SK이노베이션의 경우 지난해에는 초과근로가 집계할 수 없을 정도로 많았는데 초과근무 시간이나 연차 사용을 부서장의 인사에 영향을 미치도록 프로그램을 만들자 시행 1년 만에 하루 평균 초과근로가 13분으로 줄었다고 한다.

 김영옥

서울대학교 가정관리학과를 졸업한 뒤, 네덜란드 헤이그대학교 여성학 석사, 고려대학교 경제학 박사 학위를 받았다. 여성부 장관 정책보좌관, 한국여성경제학회 부회장 겸 이사, 중앙노동위원회 공익위원, 한국여성정책연구원 선임연구위원 등을 역임했다.

 | 토론 | ⓘ
일과 가정의 양립 정책, 정부가 주도해야
고혜원(한국직업능력개발원 선임연구위원)

한국과 미국 사례가 하나로 모아지는 지점은 '어떻게 하면 여성의 고용을 유지하고 지속가능한 것을 만드느냐' 일 것이다. 사실 미국은 정부가 기업이나 노동 문제에 관여하지 않는 나라이기 때문에 대부분 기업체에서 자발적으로 플렉스타임(flextime) 제도를 만들어왔고 활성화되어 있다. 한국에서는 여성들이 교육을 많이 받지만 결혼과 육아 때문에 들어가는 문제가 많은 것이 우리나라의 큰 문제라고 볼 수 있다.

앞선 두 강연에 덧붙여 몇 가지 검토해보려 한다. 미국에선 일과 가정의 양립이 기업체에서 먼저 만들어졌다. 사회 저변에 공고하게 자리매김하는 효과는 있으나, 우리나라를 포함해 대부분의 국가에서 기업들이 자발적인 어프로치를 하지 않는다. 정부가 주도해야 하는 측면이 있다. 스웨덴, 네덜란드 등의 경우 정부가 나서 일과 가정의 양립을 가능하게 하는 정책을 많이 만들었다. 여전히 자발적 접근보다 사회 전체적으로 여성 인력이 중요하다는 인식을 공감하면서 정부 주도로 정책을 만들어낼 필요가 있다.

두 번째로는 플렉시블 워크플레이스 사례다. 한국에서도 유연근무제가 많이 개발돼 있다. 여성 고용을 위해 이 제도를 활성화하고 근로시간을 좀 줄이는 것이 좋은 방법이라는 생각이 든다.

우리나라는 세계에서 가장 긴 근로시간을 가진 국가다. 30대 중반 이후 여성인력 비율이 낮아지는데 그때 남성도 같은 제도를 공유할 수 있도록 남녀를 망라하는 제도가 돼야 한다. 시간을 줄이는 것이 남녀 공히 이뤄져야 하고, 50대에는 남자들이 퇴직을 하는데 남녀 모두 제2의 인생을 준비할 수 있도록 개인 상태에 맞게 시간을 줄일 필요가 있다.

세 번째로 제조업이나 소규모 기업일수록 일과 가정의 양립을 도입하기 굉장히 힘이 든다. 공공 부문은 정부 주도로 만들었기 때문에 양립 정책을 계속 추진할 수밖에 없다. 독일처럼 공공 부문에서 여성 일자리를 많이 확충하는 것이 추진돼야 할 필요가 있다. 우리나라는 초고령화 사회로 들어가는 국가이기 때문에 확대되는 공공 부문 사회서비스에 여성들이 들어갈 수 있도록 해야 한다.

조세제도도 잘 마련돼야 한다. 연말정산할 때 일은 하는데 더 많이 내서 손해 보는 게 아닌가 하는 생각이 들 때가 있지 않나. 일하는 사람들이 육아시설을 이용할 수 있도록 정비도 필요하다.

또 학교를 졸업해 좋은 일자리로 가게 하는 것이 중요하다. 사무직 쪽에 여성들이 많이 근무하고 있는데, 대체 인력을 너무나도 쉽게 구할 수 있는 직종 중 하나다. 남성이 많이 일하는 직종으로도 진입하도록 교육 프로그램을 많이 만드는 것이 중요하다. 여성을 연구하는 사회학자들은 간호직종이 여성이 많은데 굉장히 낮은 임금이었으나, 남성 간호사가 들어오면서 해당 직종 임금이 올라갔다고 한다. 여러 통계에서 확인한 근거 있는 사실이다.

| 토론 | ❷

일과 가정의 양립이 필요하다
후쿠하라 히로유키(오사카시립대학교 경제학과 교수)

여성의 노동시장 참여율이 확대되면서 한국 정부는 많은 정책들을 입안했다. 1987년에 법안을 만들었고 1998년부터 여성의 노동기본법을 시행해왔다. 이런 정책들로 인해 여성들의 노동시장 참여율이 높아질 수 있었다. 이것은 굉장히 큰 의미를 가져왔다. 20세 이상 여성들의 고위직에서의 지위가 높아지고 있는데, 고학력자가 늘어나고 있어서다. 일본에서도 이런 현상이 있다. 그런데 기업들이 여성들의 경영 참여율을 반기는 경우는 많지 않다.

여성들의 노동시장에서의 차별과 출산, 양육으로 인한 경력단절 때문에 여성들은 불안정한 상황이다. 여성들의 고용을 지원해 사회 참여 의사가 있는 여성들을 도와야 한다. 여성들의 취업을 진작하려면 일과 가정의 양립이 필요하다. 근무시간이 단축되거나 하는 변화가 일어난다면 일과 가정을 잘 지킬 수 있을 것이다.

두 가지가 중요하다. 첫 번째는 근무시간이고 두 번째는 직업훈련 강화다. OECD에 따르면 한국의 근무시간은 굉장히 길다. 한국의 노동시간이 워낙 길기 때문에 부모들이 일과 가정을 양립하는 것이 어렵다. 그래서 맞벌이가 많은 상황에서 더 큰 문제가 일어나는 것 같다. 여성들이 사회진출을 하려면 근무시간이 줄어야 한다. 근무시간이 여성들의 라이프스타일에 맞아야 하는 것이다.

두 번째는 직업훈련을 강화해서 여성들이 추가 훈련을 받을 수 있도록 해야 한다. 민간 분야의 활력도 가져올 것이다. 중앙정부와 지방정부는 민간 부분의 직업훈련 강화에 도움을 줘야 한다.

| 토론자 |
랜들 에버츠(미국 업존고용연구원 원장), 김영옥(한국여성정책연구원 선임연구위원)

▶ 중소기업의 경우 여성 재고용 문제가 더 심각한데 정부와 기업 차원의 해법은 무엇인가. 그리고 근로시간 단축을 재계가 반대하는 상황에서 해법은? 기업 입장에서 육아와 출산으로 휴직하는 경우 공백을 채우기 어렵다. 남은 직원 업무가 가중되고 신규 직원으로 채우면 적응기간 문제, 복직시 유휴인력 문제 등이 생긴다. 다른 나라에선 어떻게 해결하고 있나.

▶ 랜들 에버츠: 2000~2014년 기혼 여성 노동 참여율이 줄어든 이유를 확실히는 모르겠다. 2002년까지 경기 둔화, 2008년 이후 금융위기로 실업률이 높아졌던 것이 회복이 잘 안 되고 있어서 일자리에서 아예 빠져 구직활동을 안 하는 분들도 있다. 두 기간의 경기 침체 때 참여율이 줄어들었던 것 같다.

직업 훈련에 대해 말하자면, 여성들이 남성이 주로 종사했던 직업군으로 가면서 직업교육 훈련, 모듈화된 훈련이 유용해진 것 같다. 지역 대학에 풍력 터빈 기술자라는 코스가 있는데, 올라가서 고치는 거다. 그 프로그램에도 여성들이 많이 등록해서 듣고 있다. 이것도 하나의 고용 훈련이다.

여성임원의 수는, 상황이 좀 바뀐 것 같다. GM, 휴렛팩커드, 헨리포드 등 여성 CEO가 있었다. 눈에 띄는 여성임원의 활약이 있다. 그러나 애석하게 여성 임원 비율이 낮고 30% 정도만 여성이고 최고 임원층은 13~15%밖에 되지 않는다고 알고 있다. 이 부분에 대해 많은 경각심을 가져야 할 것 같다.

근로 유연성은 아직 완벽하지 않다. 일하는 사람들에게 부담이 되지 않도록 노력하는데… 팀워크라는 것이 있다. 위계질서가 아니라 팀으로 일하는 것이다. 이게 있다면 일을 대체해줄 수 있다는 것이다. 작은 중소기업의 경우 훨씬 어렵다는 말은 맞다. 대체하기 어려운 것이 사실이다.

▶ 먼저 경력단절 문제를 해결하려면 사업자들의 노력이 중요하지 않은가.

▶ 김영옥: 맞다. 그런데 정부가 밀면 10대그룹도 따라간다. 스타벅스 코리아 등의 '리턴맘' 프로젝트는 언론에도 많이 소개됐고 여성 단체들이 현장 검증을 진행하기도 했다더라. 문제는 이런 게 10대그룹을 넘어서 확산돼야 한다는 것이다. 패밀리기업 인증마크를 주거나, 기업들이 하고 싶어도 어떻게 하는지 몰라 하는 경우에는 사례를 발표하게 하고 그 노하우를 얻어 가게 하는 포럼을 지속식으로 열게 하는 식의 정책들이 있다. 모두 CEO들의 노력을 고취시키려는 목적에서 하는 것들이다.

▶ 중소기업에서 개선되는 것이 필요하지 않나.

▶ 김영옥: 우리나라 일자리의 88%가 중소기업이고 대기업은 12%에 불과하다. 중소기업의 일자리를 매력적으로 만드는 게 필요하다. 여성을 취업하도록, 은퇴자를 취업하도록 하기위해 6개월~1년 정도 인건비를 절반 정도 보조하는 중소기업 재고용 노력이 시행되고 있다. 근로시간 단축이 또 중요한데 사업자들이 잘 안 하려고 하지 않는가.

▶ 근로시간 문제 해결은 어떻게 해야 하는가.

▶ 김영옥: 이 부분을 해결해야 하는데, 우리나라 장시간 업무가 많은 이유는 자영업까지 포함됐기 때문이다. 자영업자들의 근로시간이 굉장히 길다. 초과근무만 없어도 많은 문제가 해결될 것이라고 생각한다. 여성들이 많이 찾는 일자리가 교사인

데, 그 이유는 방학도 있고 초과근무도 없어서다.

지난해 통상임금 대법원 판례가 나왔다. 초과근무 시간이 통상임금에 포함되면서 기업들의 임금 부담이 커지고 있다. 삼성그룹에선 야근하려면 3단계까지 올라가서 '야근의 필요성'을 얘기해야 한다고 하더라. 이런 판례가 좋은 영향을 줄 것이라고 본다. 초과근무 시간이라도 없어진다면 도움이 되지 않을까 생각한다.

▶ 경력단절 문제는 제도가 아닌 문화의 문제가 아닐까. 가정에서 휴식을 확보하는 것도 중요하다고 생각한다. 문화의 확산이라는 측면에서 여성들이 가정에서 휴식을 확보할 방안은 없을까.

▶ 김영옥: 우리나라만큼 관련 제도가 많은 곳도 없다. 제도만 소개하면 기립박수를 받을 정도로 제도는 많다. 왜 제도가 많나? 현실이 잘 안 되니까 제도가 많은 것 같다. 세계를 뒤져봐도 제도는 우리가 참 잘 돼 있다. 문제는 이게 현실에서 활용이 안 된다는 것이다. 이제는 아버지의 역할을 하는 것이 능력으로 여겨지고 있다. 그런 문화 부분이 변화가 있다는 생각이 들고, 지켜봐야 할 것 같다.

▶ 여전히 남성들만을 위한 직업은 뭐라고 보는가.

▶ 랜들 에버츠: 굉장히 답변하기 어려운 질문을 줬다. 신체적인 힘이 필요한 직종이 있기는 하지만 이제는 많이 바뀌어가는 것 같다. 여성들이 군에서 활약하는 모습을 쉬 볼 수 있지 않는가.

▶ 김영옥: 우리나라는 대기업 임원이 좀 그렇다. 상장기업 CEO에 여성은 거의 없다. 있더라도 아버지로부터 물려받은 경우이고, 대기업 임원도 여성 비율이 1%도 안 된다. 또 다른 직업으로 화물차 운전기사는 100% 남성 직업인 것 같다.

05 일자리 나누기가 필요하다

이번 포럼 참가자들은 모두 일자리 확대를 위해서는 노동조합의 역할이 중요하다 지적했고 다양한 의견을 내놨다.

첫 번째 발표자로 나선 정원호 연구원은 노동조합이 근로시간을 줄여 일자리를 더 만드는 데 적극적으로 나서야 한다는 의견을 제시했다. 정 연구원은 "법정 노동시간이나 협약 노동시간보다도 실질 노동시간을 줄이는 것이 더 중요하다"며 "법정 노동시간이 40시간이라도 추가 노동이 있으면 추가 고용을 할 여력이 없어지기 때문에 실질 노동시간을 줄이는 것이 필요하다"고 강조했다. 또 노동시간을 줄이면서도 생산성을 유지하기 위해서는 숙련도를 높여야 한다고도 지적했다. 정 연구원은 "일자리 나누기를 통해 단기적으로는 시간제 일자리를 늘리고 시간제 임금에 대한 적정한 수준의 인상이 필요하다"고 강조했다.

노동조합의 단체교섭력이 중요하다는 지적도 나왔다. 두 번째 발표자로 나선 한스 데를레프 퀼러 대표는 "성공적 단체교섭을 위해서는 노조원들 간의 광범위한 합의가 선행돼야 하고 파업을 할 수 있는 역량이 있어야 한다"고 강조했다.

특히 퀼러 대표는 단체교섭시 협상력을 높이기 위해서는 노조의 법적 지위가 확실히 보장돼야 한다고 지적했다. 기업 수준 또는 공장 수준에서 법적인 권한을 갖는 직업대표가 있어야 한다는 것이다. 퀼러 대표는 "독일에서 직업대표는 법적으로 보호받고 고용주에게 특정한 권한을 갖게 된다"며 "이들은 기업의 인사계획, 근무시간 조정, 공정한 임금 체계 설정과 합의 등에 참여하고 혁신적인 방식으로 그들의 권한을 활용한다"고 강조했다. 그는 또 "근로시간에 대한 유연성 또는 유연한 보장이라는 전통적인 개념은 오늘날 유연하면서도 안정적이어야 한다는 쪽으로 바뀌어가고 있다"며 "노사 간의 의사소통이 잘 이뤄질 때만 고용이 개선될 수 있다"고 덧붙였다.

국내 현실에 대한 지적도 이어졌다. 첫 번째 토론자로 나선 권순원 교수는 "노조가 지속가능한 역할을 모색하고 사회적, 경제적 지위를 확대·재생산하려면 일자리에 대한 고민을 체계적으로 할 필요가 있다"며 "고령 인력, 외국인 노동자에 대한 교육훈련 및 숙련 향상이 그간 정부 중심으로 이뤄졌다고 한다면 이제 이러한 직업훈련에 노조가 적극 나서야 한다"고 설명했다. 한국노총 정문주 정책본부장도 "고용서비스, 직업훈련 강화 부분 등 전반적인 고용 문제를 다룰 수 있는 거버넌스가 필요하다"고 덧붙였다.

노동조합은 어떤 역할을 할 수 있을까

정원호(한국직업능력개발원 연구위원)

OECD 국가들과 한국의 고용률 추이를 보면 2008년도 글로벌 경제 위기 이전 OECD 고용률 평균이 66.5%였는데 위기 이후 64.7%로 하락하더니 작년에 이르러서도 회복을 못하고 있다. 한국은 62.9% 까지 하락했다가 서서히 회복을 하고 있지만 여태껏 OECD 평균에 는 미치지 못하고 있다.

고용률에는 정부와 더불어 노동조합도 중요한 역할을 한다. 임금 과 노동시장이 고용에 영향을 미치기 때문이다. 노동조합이 고용효 과에 어떤 영향을 미치는지 이론적으로 살펴보는 것은 물론 노동조 합이 고용 확대에 대해 어떤 노력을 했는지 살펴보고자 한다.

우선 신고전파 기본모형을 보자. 완전경쟁을 가정하고 임금이 인 상되면 고용이 하락한다는 주장이다. 완전경쟁시장에서는 노동 수요 와 공급이 교차하는 점에서 임금이 결정되는데 임금이 인상되면 고 용이 낮아진다는 원리다. 간단한 원리지만 이 모델이 노동 사용자인 기업에게 강한 지지를 받고 있고 주류 언론의 입장이기도 하다.

하지만 현실의 노동시상에서는 이 모델이 잘 작동하지 않는다. 왜 냐하면 완전경쟁시장에서는 정보가 완전해야 하고 사용자와 노동자 간의 정보가 균등해야 하는데 이것이 지켜지지 않기 때문이다. 또 즉 각 대체될 수 있는 동질의 노동력이 제공되지 않는다. 특히 임금은 하방경직성이 있어 조절이 쉽지 않다. 이런 가정이 있기 때문에 현실에서 이 모델은 잘 작동하지 않는다.

그에 반해 임금이 오르면 고용이 늘어난다는 의견도 있다. '효율임금가설'은 임금이 인상되면 고용이 늘어나는데 임금인상으로 인해 생산성이 오른다는 것이 핵심이다. 노동자들의 건강이 좋아지고 심리적으로 안정되고 고용주에 대한 충성도가 높아지고 근속연수도 올라가고 하는 방식으로 노동의 생산성이 좋아진다는 것이다. 그렇게 되면 임금이 올랐음에도 불구하고 고용이 늘 수 있게 된다. 예컨대 높은 임금이 일자리를 더 창출할 수 있다는 게 이 가설의 핵심 주장이다.

이런 이론들은 미시적 관점이다. 거시적 관점에서 살펴보자. 케인즈 고용이론의 핵심은 임금이 인상되면 노동소득이 경제 전체의 수요를 증가시키고 생산을 늘리고 결국 고용을 늘린다는 것이다. 최근 한국의 연구 결과를 보면 노동 소득 1% 증가가 GDP를 0.68~1.09% 증가시키고 생산성 및 고용을 늘리는 효과가 있었다는 내용도 있었다.

노동조합이 임금인상 외에 고용에 어떤 영향을 미쳤는가를 살펴보겠다. 노동시간 단축이 고용 증대를 가져온 사례다. 한국의 노동시간은 1953년에 주 48시간으로 정해졌다. 그러다가 1989년에 와서 감축이 시작돼 2011년 주 40시간까지 단축됐다. 노동시간이 줄어들어야 한다는 논의가 이뤄진 배경은 OECD 국가 중 실질 근로시간이 제일 긴 국가가 한국이었기 때문이다. 또 노동조합들도 노동시간 단축을 위한 투쟁을 지속적으로 전개했다.

결과적으로 1989년도에 44시간제가 도입되면서 고용이 4.7% 증가했다. 하지만 총 고용이 늘어난 것이 아니라 노동시간 단축에 따른 고용 증대 효과였다. 2011년까지는 5.2%의 고용 효과가 있었다는 결과가 나왔다.

외국의 사례를 보자. 네덜란드에서 1982년에 체결된 '와세나르 협약'도 한 예다. 실업을 타개하기 위해 노사 간 맺은 협약으로 노동시간을 단축하되 주로 파트타임을 확산하는 형태의 협약이다. 실제로 협약 이후 약 10년간 100만 명 정도의 일자리가 늘었다. 이 중 80%가 파트타임이었다. 당연히 실업은 10년 새 3% 감소했다. 미국 위스콘신에서 일어난 '위스콘신 지역 트레이닝 파드너십(WRTP)'은 노동조합 주도의 노동시간 감축이었다는 점이 특이하다. 그 결과 1994년부터 1999년까지 6,000여 개의 일자리가 생겼고, 이 중 1년 이상 일자리를 유지하는 경우가 75%였다. 취업 첫 해의 임금(연봉)수준도 8,500달러에서 2만 2,500달러까지 올랐다.

실제로 노동조합은 어떤 역할을 할 수 있을까. 노동조합이 고용 확대에 긍정적인 역할을 한다는 주장도 있다. 노동시간을 줄인다는 것은 기준이 되는 법정 노동시간이나 협약 노동시간을 줄이는 식으로 이뤄진다. 고용을 늘리려면 노동시간을 줄여야 한다는 것이 중요한 기준이 된다. 실제로 2025년 무렵엔 주 30시간까지 노동시간이 줄어들 것이라는 예상도 있다. 노동시간은 자동으로 줄지도 않고 사용자가 줄여주지도 않는다. 노동조합이 요구해야 한다.

하지만 기준이 되는 법정 노동시간이나 협약 노동시간보다도 실질 노동시간을 줄이는 것이 더 중요하다. 법정 노동시간이 40시간이라도 추가 노동이 있으면 추가 고용을 할 여력이 없어진다. 따라서 실질 노동시간을 줄이는 것이 필요하다.

　다음은 숙련도 향상이다. 재직자뿐 아니라 구직자도 직무 숙련도를 높여야 한다. 직무훈련을 강화하고 노동자 내 전문가들이 있어야 노동시간을 감축하고도 생산성이 보장된다. 이는 노동시간을 줄이는 데 큰 역할을 한다.

　정부에서도 임금인상이 경제회복에 중요하다는 사실을 알고 있다. 저임금은 한계소비성향이 높아 내수 확대에 도움이 안 되기 때문이다. 하지만 민간기업의 임금을 정부가 강요할 수는 없다. 따라서 임금인상의 주체인 노동조합의 역할이 중요하다.

　그리고 네덜란드 사례처럼 일자리 나누기가 중요하다. 단기적으로는 파트타임 확산이 필요하다. 전제조건이 여러 가지가 있다. 전일 노동이 파트타임으로 유연하게 조절돼야 하고 적정한 임금수준의 인상이 필요하다.

　고용 문제는 임금 문제와는 달리 사회적 파트너십이 중요하다. 정부가 중요한 역할을 해야 한다. 정부는 노사 간, 어느 한쪽에 치우치지 않는 균형 있는 정책을 내야 한다.

 정원호

서울대학교 대학원에서 경제학 석사 학위, 그리고 브레멘대학교 대학원에서 경제학 박사 학위를 받았다. 산업연구원 연구위원, 한국개발연구원 연구위원, 한국직업능력개발원 연구위원을 역임했다.

노사 간 의사소통이 잘 이뤄져야

한스 데를레프 퀼러(퀼러콘토 대표)

나는 학계에서 온 것이 아니라 노조에서 왔기 때문에 실질적인 사례를 말하겠다.

노조의 임무라는 것은 근로자의 권리를 보호하는 것이다. 그래서 근로자들의 임금을 보장하는 것이나, 게인외 노동생활의 주기 동안 소득을 보호하고 의료보장을 지원하고 실업급여를 제공하는 것들이 핵심이다. 양질의 근로를 제공하고 근로시간을 줄이고 작업의 인간화를 가져오는 것도 중요하다. 노조의 임무로는 좋은 일자리를 저해하는 요인에 대항하는 것이다. 임시직의 열악한 환경을 개선하고, 아웃소싱을 하거나 정규직을 계약직으로 대체하는 활동을 시위 그리고 보호하는 것이 노조의 활동이라 할 수 있다.

좋은 일자리와 고용률을 상승시키기 위한 다양한 수단이 있다. 단체교섭이 그것이다. 그것이 첫 번째 축이다. 두 번째 축은 정치력이다. 단체교섭은 국가별, 지역별, 부문별, 기업별의 접근 방법이 있다.

전통적으로 노조는 다른 국가도 마찬가지지만 소득을 방어하는 것이 1차 목표다. 2번째 목표는 근로시간 감축이다. 노동계약 조건을 단체협약을 통해 개선시키는 것인데 노동해약 조건을 집어넣는다든지 등이 그 예다. 유급휴가나 의료보호 등은 독일에서 단체협약을 통

한스 데를레프 퀼러 "오늘날 노조들에게는 다양한 유연성이 요구된다."

해 진행돼왔다.

성공 사례를 보자. 국가마다 노조의 성공사례는 다를 것이다. 독일에선 노조원의 숫자는 줄었지만 노동조합의 권한은 커졌다. 그래서 독일에서는 상대적으로 높은 임금을 얻어낼 수 있었고 직원들에 대한 보호 정책을 잘 수립할 수 있었다. 또 경제의 글로벌화가 추진되면서 유럽연합의 단일통화시장이 생겼고 그 결과 독일이 통일된 후에는 임금인상 압박이 심해졌었다.

독일 노조들은 그런 불안정한 상황을 잘 넘겼다. 정부의 노동시장 자율화 정책으로 노동시장의 분리가 일어났고 불안정한 업무가 늘어났다. 지난 15년간 상대적으로 온건한 임금 정책이 시행됐는데 다 노조 덕이라고 할 수 있다. 1980년대에는 주당 근로시간을 줄이고 작업의 인간화에 초점이 많이 맞춰졌었다. 그때는 보수적인 정부였다.

노동계약의 유연성을 제고할 수 있는 정책을 도입하기 시작했다. 독일 통일 후 짧은 호황기를 거치고 1992년에 경제위기가 닥치면서 기업과 노동시장이 압박을 받기 시작했다. 이때 노동의 안정성을 위해 임금을 낮추는 협약들이 맺어지기 시작했다. 이런 협약 덕분에 지금까지 온건한 임금 정책을 펼칠 수 있었다.

독일의 노조는 혁신적 접근을 시작해서 고용을 늘릴 수 있는 가능성을 높였고 최근에는 불안정한 직업에 종사하는 직원들을 보호하고, 55세 이상의 직원들을 고용할 수 있도록 근로시간을 단축하는 '유연한 근로시스템'을 채택하는 것을 진행하고 있다. 또 일과 가정의 양립을 위한 개선이 일어났다. 물론 이러한 접근은 토론도, 실행도 쉽지 않았다. 이때 필요한 것이 바로 단체교섭이다.

성공적인 단체교섭을 위해서는 노조원들 간의 광범위한 합의가 선행돼야 한다. 또 파업을 할 수 있는 역량이 있어야 한다. 그렇지 못하면 성공적인 협상을 진행할 수 없다. 과거에는 노조원들 간의 합의가 가장 잘 이뤄지는 것이 임금 분야였다. 그래서 노조는 마치 임금인상을 하는 기계 같다라는 표현들도 있었다.

그러나 초과근무 폐지, 추가 교육을 위한 유급휴가 등에 대한 합의 도출은 어려웠다. 이런 것들은 고용의 안정성이 확보된 다음에야 논의가 가능한 것들이었다. 합의 도출이 어려운 주제인 만큼 단체교섭 전에는 반드시 노조원들 간의 토론이 필요하다.

또 노조 지휘부가 명확한 의지를 갖고 있어야 한다. 이러한 혁신적 접근에 대한 의지를 갖고 있어야 노조원들을 설득할 수 있는 것은 물론, 고용주들의 강력한 반발을 일으킬 수 있는 근로시간 단축

등의 사안들에 대해서 논의를 원활히 진행시킬 수 있다. 노조와 같은 민주적 기관에서는 새로운 전략을 세우는 데 시간이 오래 걸릴 수 있다. 지금까지 독일 노조가 단체합의를 이룩한 것은 3~4개 분야에 불과하다.

노사 간의 단체교섭을 하는 부문에 있어서는 기업 수준의 또는 공장 수준의 직업대표 시스템이 필요하다. 독일에서 직업대표는 법적으로 보호받고 특정한 권한을 갖게 된다. 노동위원회라는 곳에서는 법적인 권한을 갖고 있고 이들은 기업의 인사계획, 근무시간 조정, 공정한 임금 체계 설정과 합의 등에 참여한다. 독일의 직업대표들은 혁신적인 방식으로 그들의 권한을 활용한다. 근로시간 계좌라고 하는 것은 초과근무를 다른 날 근무시간으로 대체할 수 있는 것을 말하는데 이런 것도 협의할 수 있다.

근로시간에 대한 유연성 또는 유연한 보장이라는 개념은 오늘날 유연성과 안정성을 합한 'Flexecurity'라는 개념으로 모습을 바꿔 나타나고 있다. 오늘날 노조들에게는 다양한 유연성이 요구된다. 직원들이 추가 자격증이나 일과 가정을 양립할 수 있는 시간 조정도 가능해야 하며 노인 등 병약한 가족과 친지들을 돌볼 수 있는 시간이 할애가 돼야 하고 또 추가적인 직업교육에 대한 인지도가 높아야 한다. 내 생각에는 노사 간의 의사소통이 잘 이뤄질 때만 고용이 개선될 수 있고 양측의 소통이 잘 이뤄져야 책임 있는 현실적 결과로 이어질 수 있다고 생각한다.

한스 데틀레프 퀼러

베를린공대학교 경영학과를 졸업했다. 1970년부터 2008년까지 독일노동조합총연맹 (DGB)에 몸담으며 독일 노동운동 현장의 역사를 직접 체험했다. 2009년부터 노동 관련 컨설팅회사 퀼러콘토를 설립해 강연과 저술 활동을 활발히 벌이고 있다.

 |토론| ❶

일자리에 대한 고민을 세계적으로
권순원(숙명여자대학교 교수)

최근 노동조합과 일자리에 대한 관심이 확대되고 있지만 동시에 고민하기도 어려운 문제다. 노동조합이 일반적으로는 일자리와 교환관계에 있다는 것이 일반적이었고, 둘을 연계시킬 때 중요한 것이 노동조합의 두 얼굴론이다. 독점적인 노동조합의 임금프리미엄을 20~25%라고 하는데 이것 때문에 고용이 축소되고 이것 때문에 밀려난 노동자들이 다른 일자리에서의 경쟁을 높이는 것이 바로 독점론이다. 또 일자리의 질을 향상시키는 차원에서 논의되는 것도 있다.

최근 미국 데이터를 봤더니 독점효과의 가설에 입각하면 노동조합 조직률이 높아짐에 따라 실업률도 높아져야 하는데 실제로 그런 경향들이 나타나지 않았다. 노동조합이 반드시 일자리에 독점적인 효과를 미쳐 일자리를 줄이는 것이 아닌 것으로 입증되고 있다.

노동조합의 효과 자체가 일자리에 어떤 역할을 할 것인가를 고민해보자. 우리나라는 두 번의 중대한 경제위기를 겪으면서 전통적으로 유지되던 고용안정이 상당히 취약해졌다. 기업 내 근로자들의 고용안정성이 취약해지면 노동자들이 할 수 있는 가장 합리적 선택은 임금인상 요구를 강화하는 것이다. 노조의 전략이 그렇게 갈 가능성이 높아진다. 악순환이 반복되고 있다.

노동조합의 조직률이 현저히 떨어지고 있는 것도 문제다. 한국 노동시장을 보면 현재 노조 조직률이 약 10% 정도 된다. 민간 부문 조직률이 7~8% 수준이다. 대부분의 노조는 300인 이상 대기업군에 집중돼 있다. 300인 이하 중소기업에서 조직된 근로자는 2%도 채 안 된다.

고용 여력이 거의 없는 기업이 많다 보니 실제 시장에서는 노조와 일자리 창출 간의 충돌이 일어날 수밖에 없다.

일자리 관련 노조의 역할은 앞으로 어떻게 될 것인가를 생각해봐야 한다. 전통적으로 우리나라는 경제위기가 왔을 때 노조가 고통 분담을 많이 해왔다. 고용 책임은 주로 정부와 기업이 지는 것이고 고용의 질을 향상시키고 고용을 유지하는 것은 노동조합의 몫이란 식의 이분법적 기능 분화가 이뤄져왔다.

앞으로 노조가 지속가능한 역할을 모색하고 사회적, 경제적 지위를 확대 및 재생산하려면 일자리에 대한 고민을 체계적으로 할 필요가 있다.

우리나라는 초고령 사회 진입을 앞두고 있다. 이에 따라 정년 연장도 60세까지 됐다. 고령화, 외국인 노동자에 대한 교육훈련 및 숙련 향상 등이 그간 정부 중심으로 해왔다고 하면, 이제 그 과정에 노조가 적극 개입해 전직 지원도 하고 숙련 수준 유지도 하고 적극적인 프로그램을 개발할 필요가 있다.

두 번째는 취약근로 계층에 대한 것이다. 흔히 선호되는 대기업 정규직 부분은 노동시장에서 5~7%밖에 안 되고, 나머지는 다 고용불안 계층인 중소기업 종사자 등 사회적으로 보호가 필요한 영역에 있다. 그런데 제도나 노조의 관심은 취약한 수준이다. 제도의 사각지대에 방치돼 있는 상황이다. 노조가 관심을 가져야 한다고 생각한다. 비정규직에 대한 관심도 확대해야 한다.

| 토론 | ❷
전반적인 고용 문제를 다룰 수 있는 거버넌스가 필요
정문주(한국노총)

건국 이래 1980년~1990년 초 · 중반까지가 한국 경제가 가장 활성화됐고 노조 활동도 높았던 때다. 그러므로 경제성장과 노조 활동이 꼭 등가교환이 가능한 가치라고 말할 수는 없다.

고용의 질을 어떻게 개선시킬 것인가. 또 새로운 일자리 창출을 어떻게 할 것인가. 현재 한국 사회 지배적 분위기는 한국 노동시장이 아직도 경직적이라는 그릇된 판단을 하고 있다. 유연성이라는 것이 고용불안과 임금불안을 증진시키는 방향인데 우리는 그 방향으로 가고 있다. 유연성 강화가 필요한 시기가 아니다. 지금은 안전성 강화로 가는 게 바람직하다.

고용 서비스, 직업훈련 강화 부분 등 전반적인 고용 문제를 다룰수 있는 거버넌스가 필요하다. 한국의 고용 문제와 관련해 국제사회가 권고한 사항을 살펴보자. 국제무역기구와 유엔무역기구 등에서 한국은 장기 저성장과 내수 침체와 양극화가 심화되고 있다고 지적했다. 이를 해결하기 위해선 임금-소득 기반 성장이 필요하다. 그럼에도 정부가 제시하는 건 노동계가 제시하는 것과 다르다. 최저임금인상, 생활임금제도 조례 확산 문제 등이 중요하다고 본다.

지난 5월 OECD가 한국 사회에 권고한 내용이 있다. 경제성장과 사회통합 관련 내용이다. 한국의 사회안전망이 취약한 부분을 깨야 한다. 또 노동시장의 이중구조도 해결해야 한다. 또 노동기본권을 확대하고 강화해야 한다. 이는 헌법이 보장하고 있는 것임에도 교사, 공무원 문제뿐 아니라 비정규직에서도 잘 지켜지지 않고있다. 현 정부는 비정규직을 종전 수준보다 절반 이상 낮추겠다는공약을 제시했다. 노조가 있는 곳과 없는 곳의 차이를 볼 필요가있다.

고용 창출과 관련된 여러 수단을 살펴보자. 한국의 현재 법정 노동시간은 주 40시간 그리고 노사 간 합의가 있으면 52시간까지다. 그러나 노동부가 이와 관련된 해석을 엉뚱하게 내려 장시간 노동이 많이 일어나고 있다. 법적 노동시간이 준수되면 한국에서 최소한 75만개 이상의 양질의 일자리가 창출된다는 분석결과도 있다.

보육과 교육, 보건의료 등의 공공사회 서비스의 확대 문제도 있다. OECD도 파트타임 일자리를 늘리라고 했는데 연간 5.7%씩 이 부분에 일자리가 생겨나면서 2017년이 되면 75만 개 일자리가 창출된다고 한다. 이 문제와 관련해 정부의 선제적 투자가 필요하고 공공 서비스직의 열악한 임금 문제를 해결하기 위한 뒷받침이 필요하다.

06 좋은 일자리, 어떻게 늘릴 것인가

이번 〈글로벌 인재포럼 2014〉에선 급여와 복지, 경력 관리와 안정적 생활 등에 유리한 '좋은 일자리' 창출에 대해서도 다양한 조언이 나왔다.

윤기설 소장과 한스 데틀레프 퀼러 대표는 "양질의 일자리 창출을 위해선 노동조합의 협력이 중요하다"고 한 목소리를 냈다. 윤 소장은 "한국은 미국과 유럽 선진국들에 비해 고용시장이 상당히 경직돼 있다"며 "파견근로와 기간제근로 등 다양한 노동 형태 도입, 근로시간 조정 등에 대해 노조 측에서 좀 더 유연하게 대처해야 한다"고 지적했다.

퀼러 대표는 "독일은 노조 차원에서 비정규직 근로자 보호 대책과 탄력근무제 도입, 직원 재교육 등에 대해 사측과 긴밀히 협의한다"며 "모두의 발전을 위해 필요하다면 노조에서 한발 양보하는 경우가 많

310

다"고 말했다. 아울러 "독일 정부에선 각 기업이 '좋은 일자리'를 얼마나 공급하고 있는지 점검한 뒤 성과가 좋은 곳엔 보조금을 지급하고 있다"고 설명했다.

랜들 에버츠 원장은 "'좋은 일자리'를 만들어내기 위해선 근로자의 업무 역량 개발과 직원교육을 위한 기업의 지속적 투자, 정부의 안전망 등 세 가지 요건이 충족돼야 한다"고 강조했다. 에버츠 원장은 "저임금, 저숙련 노동자들을 위한 재교육 프로그램이 지금보다 훨씬 더 많아져야 한다"며 "근로자와 그의 동료들, 기업, 정부를 하나로 연결해 서로를 멘토링하는 '성공 고치' 프로그램을 활성화하면 효과적"이라고 말했다.

최충 조교수는 "국내에서 '좋은 일자리'를 많이 만들어내려면 제조업계 혁신이 우선돼야 한다"며 "한국의 뛰어난 제조업 기술이라면 독일의 '인더스트리 4.0'과 같은 제조업 혁신 프로그램을 얼마든지 만들 수 있다"고 설명했다.

| 토론 | ❶

정부 주도의 직업훈련이 필요하다
랜들 에버츠(미국 업존고용연구원 원장)

미국의 사례를 기본으로 해서 말씀드리겠다. 좋은 일자리 정의는 뭘까. 사실 좋은 일자리라는 건 주관적이다. 누군가는 집에 가서 일에 대해 완전히 잊을 수 있는 게 좋을 수도 있고, 또 누군가는 돈이 필요할 때 추가 수입을 늘릴 수 있는 직장이 좋을 수도 있다.

어쨌든 이런 좋은 일자리를 어떻게 늘릴까. 만병통치약 같은 특별한 해결책은 없다. 차근차근 해나가야 한다. 첫 번째는 근로자의 역량 개발이다. 두 번째는 고용주가 근로자에게 투자를 많이 해야 한다. 근로자를 하나의 자산으로 봐야 한다. 버릴 수 있는 대체 가능한 수단으로 보면 안 된다. 또 정부가 안전망을 제공해야 한다. 그래야 고용에 유연성을 줄 수 있다.

미국 같은 경우 일자리가 더 많이 필요한 건 사실이다. 950만 개가 지난 4년간 생겼지만 인구성장만큼 일자리가 늘어나지 않고 있다. GDP 성장도 따라잡지 못하고 있다. 2007년 4분기부터 2014년 2분기까지 인구는 6.5% 늘고 실질 GDP 성장률은 6.7% 늘었다. 그러나 고용률은 0.5% 증가에 불과했다. 임금도 늘어나지 못하고 있다.

기업들은 기업문화에 잘 맞출 수 있는 인재여야 한다는 얘기를 한다. 그럼 과연 기업은 근로자의 문화를 맞출 수 있는가. 구글이나 실리콘밸리는 잘하고 있다. 뉴욕시의 은행과는 다르다. 은행은 매일 정장을 입어야 하지만 구글은 반바지에 티셔츠를 입고 심지어 탁구도 친다. 그렇기 때문에 구직할 때는 특정 기업에서 어떤 인재를 찾는지도 봐야 한다.

또 많은 기업들은 인재를 찾지 못하고 있다. 실업률이 내려오고는 있지만 기업문화를 이해할 수 있는 인재를 찾지 못하는 회사가 많다.

갤럽 설문조사 결과 미국 근로자 30%만이 일에 몰입하는 것으로 나타났다. 일을 통해서 자기실현을 하는 것이다. 다른 나라는 더 낮다. 한국은 11%, 일본은 7%, 중국은 6%다. 그리고 전 세계 평균은 13%다.

2000년대 태어난 젊은이들은 일의 몰입도가 떨어진다. 문화에 대한 불연속성 때문이다. 젊은이들이 원하는 것과 현실적인 근로환경이 맞지 않는다. 젊은이들이 원하는 문화에 맞춘 형태를 고려해야 한다. 하루 종일 상사와 같이 있고 퇴근하는 그런 일터는 구시대적이다. 이것이 실제로 생산성과 수익에 많은 영향을 미치고 있다.

미국에서는 요즘 사람들이 대학교 졸업장을 받도록 많이 유도하고 있다. 사실 미국은 대학에 입학을 해도 학위를 따는 사람은 반이 안 된다고 한다. 학위를 취득하지 않고 취업하는 경우가 많아서다. 왜 그럴까. 대학에서 적절한 직업교육을 안 하고 있기 때문이다.

기업들도 직업교육에 많이 개입을 해야 한다. 적절한 교육을 하면 본인들이 원하는 기술을 습득할 수 있도록 할 수 있다. 졸업장이나 학위 같은 건 기술이 아니라 하나의 인증서일 뿐이다.

또 미국의 기업체 같은 경우 회계 시스템에서 근로자를 하나의 소비재로 분류한다. 자산으로 분류하고 있지 않다. 자산의 품질관리에 관심이 없다. 회계원칙을 바꾸면 직원들에 대한 투자가 늘지 않을까 생각한다.

미국은 정부의 직업훈련 지원금이 많지 않다. 경력이 단절된 사람들을 일터로 다시 불러오는 프로그램들이 필요하다. 많은 사람들이 6개월 이상 일을 안 하고 있고 소외된 상황이다. 이런 사람들을 많이 복귀시켜야 한다. 임금손실 보전 프로그램도 필요하다.

청년실업은 유럽이나 한국, 미국 다 마찬가지다. 어떻게 하면 줄일 수 있을까. 많은 한국 청년이 고학력자인 것을 안다. 그런데 일자리 가 충분하지 못하기 때문에 어려움 겪고 있다. 그렇기 때문에 카운슬 링이 필요하다. 사람들이 좀 더 적합한 교육을 받고 졸업한 다음에도 일자리를 잘 찾을 수 있게 도움을 줘야 한다. 전공을 선택할 때부터 나중에 그 사람이 원하는 고용주에게 어필할 수 있도록 멘토링을 해 줘야 한다. 미국은 고등학교 때부터 그런 프로그램을 진행하고 있고 독일도 잘 돼 있다.

어떻게 하면 좋은 일자리를 늘릴 수 있을까. 일단 임금 보전을 통 해서 실업의 어려움을 줄일 수 있다. 장기적 실업자를 위한 대책도 필요하다. 민간 교육훈련도 필요하고 여기에는 기업들이 많이 관심 을 가져야 한다.

보조금을 주는 강력한 직업훈련이 필요하다. 전통적으로 정부 개 입이 없었다. 정부의 역할이 좀 더 커져야 한다.

| 토론 | ②

제조업에서 좋은 일자리를 창출하자
최충(한양대학교 ERICA캠퍼스 경제학부 조교수)

좋은 일자리는 제조업에서 창출해야 한다는 게 기본적인 생각이다. 좋은 일자리는 명확한 학술적 정의가 있는 건 아니다. 고용안정성이 나 금전적인 보상일 거라는 식으로 주관적으로 정해지고 있다. 최근 대부분의 직업이 서비스업에서 발생하고 있다. 300만 개 이상이다. 반면 제조업에서는 50만 개다. 제조업을 더 혁신하고 그로 인해 좋은 일자리를 만들어야 한다고 주장하고 싶다. 특히 중소기업의 혁신을 이끌어야 한다.

현재 한국 중소기업 상황은 네 가지로 요약된다. 1970~1980년대 고성장 시기를 거쳐서 제조업 성장률이 더딘 상황을 보이고 있다. 두 번째는 수출에 있어서 2011년에는 46%를 중소기업이 담당했는데 지금은 42.8%로 낮아졌다. 또 저임금 노동자와 현지 시장에 액세스 하기 위해 제조기업이 외국 현지로 이동하는 중이다. 네 번째는 제조업 내에서도 직업의 절대적인 수는 늘어나고 있는데 증가율은 둔화되고 있다. 이것이 제조업 섹터의 흐름이다.

금융위기 이후에 왜 제조업인가. 금융위기 이후에 제조업 비중과 2009년과 2011년 고용률 차이를 보면 제조업 비중이 높을수록 금융위기 이후에 고용 증가가 빨리 진행됐다. 한국을 살펴보면 서비스산업에 비해 고용유발지수는 낮은 게 사실이다. 하지만 왜 제조업이 중요하냐면 2002년부터 10년간을 보자. 2002년에는 제조산업에서 좋은 일자리 비율이 22.6%였는데 2012년에는 34.8%로 증가했다. 양질의 일자리 비중이 높다. 그리고 정규직 비율만 하더라도 2004년 76.7%에서 85.7%로 증가했다. 다른 섹터에 비해서 성장할 수 있는 개선 여지도 많은 분야다. 제조업 내에서 중소기업 문제를 해결하면 양질의 일자리를 만들어낼 수 있다.

한국 제조업 특징은 영세업 비중이 높다는 것이다. 영세 중소기업 퍼센트를 따지면 한국, 영국, 일본, 독일, 미국 순이다. 한국은

80% 이상이다. 취직이 이슈임에도 이런 분야는 해외 인력으로 채우고 있다.

그럼 어떻게 중소기업 생산성을 높일까. 알다시피 IT 분야의 하드웨어 분야에서 한국은 세계 최고의 기술을 보유하고 있다. 독일은 자국 제조산업 확대를 위해서 스마트팩토리를 키우려 하고 있다. 이런 기술력을 바탕으로 대중소기업 상생 방안을 마련하자.

IT기술을 이용한 스마트팩토리 경쟁력을 확보해야 한다. 이를 통해 대기업과 중소기업이 상생할 수 있다. 예를 들면 대기업 네트워크를 중소기업이 이용할 수 있도록 할 수 있다. 생태계를 만들자는 것이다. 구체적으로 정부 역시 정책적으로 스마트팩토리를 위해 지원해야 한다. 다른 나라는 제조 분야의 혁신을 이뤄가고 있다. IT에서 강점을 가지고 있기 때문에 한국형 제조혁신을 조속히 확대해나가야 한다.

대기업과 중소기업의 상생관계를 만들고 생태계 전반에 대해서 고려를 하자는 것이다. IT기술을 이용해 중소기업 제품에 대한 수요가 있는 대기업이 중소기업 정보에 대해 쉽게 접근할 수 있게 할 수도 있다. 중소기업은 대기업 네트워크를 통해서 해외시장에 접근할 수 있다.

🌐 **최충**

한양대학교 경제학과를 졸업하고 미국 애리조나대학교에서 경제학 석사 및 박사 학위를 받았다. 사내 재교육과 복지, 급여 등 각종 노동 문제에 대해 연구 중이다. 2008~2013년 유럽정책연구센터(CEPS) 연구원으로 일했으며, 2014년 5월부터 3개월간 경제협력개발기구에 단기 파견 근무를 했다.

노동자를 보호하기 위한 노력

한스 데틀레프 퀼러(퀼러콘토 대표)

노조의 역할에 대해서 얘기하고자 한다. 어떻게 하면 노조가 좋은 일
자리를 만드는 데 도움을 줄 수 있을까. 노조는 다음과 같은 의무가
있다. 근로자 권리 보호, 근로자 임금 보장, 생산성 향상에 부합하는
적절한 임금, 양질의 근로환경 확보 등이다. 근무의 인간화, 교육을
위한 유급휴가 확보도 있다.

투쟁한다는 측면에서는 좋은 일자리를 저해하는 조치들에 대항해
야 한다. 임시직 근로자의 열악한 환경을 개선하고 아웃소싱 등 정규
직을 대체하는 계약을 막고, 계약 없이 직원을 고용하는 행태들을 막
아야 한다. 상대적으로 높은 임금을 독일인은 누리고 있다. 현대적인
직업 프로필을 가진 직원이 많다. 노조가 직업프로그램에 함께 관여
하고 있기 때문에 가능한 일이다. 부정적으로는 글로벌 경제 통합이
되면서 임금 압박이 있다. 유로화 단일통화가 출범하고 독일 통일 이
후의 압박도 생겼다. 정부의 노동시장 자유화로 노동시장 분리가 일
어났고 그로 인해 불안정한 일자리가 증가했다.

사실 이러한 노조의 임무가 처음에는 임금인상에 국한되다가 양
질의 일자리 확대로 넓어지고 있다. 이런 식으로 노조의 기조가 바뀌
고 있는데 이런 전략적인 변화를 이루는 데는 시간이 필요하다. 예를
들어 유급휴가 문제는 아이디어가 노조 지도층으로부터 나왔는데 처

음에 아이디어가 생기고 20년이 지난 다음에 협상의제가 됐고 금속 부문에서 단체합의가 2001년 처음으로 이뤄지게 됐다.

최근의 상황을 보면 불안정한 직종에 있는 노동자를 보호하기 위한 노력이 있다. 임시직 노동자의 취업에 대한 단체합의가 일어나고 있다. 노조가 고용주와 함께 그런 노동자를 보호하기 위한 협상을 벌인다. 계약직을 기업의 직원명부에 포함하는 것이다. 정치적인 부분에서는 로비활동을 통해 사회 환경 문제를 기업연례보고서에 공개하도록 압박하기도 한다.

개인과 직원들에게 더 많은 기회와 권한을 제공해야 한다. 추가적인 자격증을 취득하기 위한 유급휴가, 일과 가정 양립을 위한 그리고 건강 돌보기를 위한 파트타임, 돌봄 서비스 제공 등이다. 독일에서 가장 큰 노조인 금속 부문 노조에서 지난주, 고용주와 함께 고용 파트타임에 대해 논의하겠다고 발표했다. 50%의 근로시간을 감축하고 대학 진학 등 고등교육도 할 수 있도록 해서 직원들 역량을 강화하겠다는 얘기다.

| 토론 | ④

노동시장의 유연화가 필요하다

윤기설(한국경제신문 좋은일터연구소 소장)

최근 우리나라 정부가 고용유연성 정책을 펼치려 하는데 노동계의 눈치를 많이 본다. 기간제근로나 파견근로 등이 선진국에 비해 경직돼 있다. 끌어올려야 하는데 노동계 반대가 심하다. 고용경직성과 고용률의 관계는 어떤지, 선진국은 어떤 식으로 고용유연성 정책을 펼쳐왔는지, 앞으로 어떤 방향으로 가야 고용이 늘어날지 살펴보겠다.

고용보호 법제가 낮을수록 고용률이 높다. 라틴계는 노사관계가 안 좋고 명분과 조직논리가 상당히 세게 작용하는 나라여서 기간제 파견 제한 등의 규제가 우리나라랑 비슷하다. 고용률이 낮다. 독일은 고용경직성이 높은 것으로 나타나는데 해고기 상당히 어렵다 해고가 어려운 대신에 기업 단위에서의 노사합의를 통한 유연성이 가능하기 때문에 고용률이 높다. 일본은 한국보다 유연화돼 있다.

파업 건수도 특징적인 게 이탈리아와 스페인이 높다. 노조가 상당히 크고, 강성노조가 있는 나라다. 고용보호 법제도 강하다.

독일은 하르츠 개혁, 어젠다 2010 하면서 고용률이 올랐다. 고용률 5.6% 포인트가 5년 만에 올라갔다. 네덜란드도 노동계 임금인상 자제와 정부의 파트타임 차별 철폐 정책 등 적극적인 정책을 통해서 고용률이 5년간 6.9% 포인트 늘어났다. 영국도 대처리즘이 들어오면서 고용이 많이 늘어났다.

폭스바겐은 회사가 어려웠을 때 노동시간을 20% 낮추면서 임금도 20% 낮췄다. 대신 고용은 보장했고 회사가 회생하는 데 많은 도움이 됐다. GM도 노조가 임금을 42%까지 삭감을 받아들이는 등 개혁하고 다시 세계 1위로 복귀했다. 독일 IG메탈 노조도 임금인상 없는 근로시간 연장을 받아들였다.

한국에서는 불가능한 일이다. 노사가 협력하면 고용률이 올라갈 수 있다. 피아트나 푸조 등이 어려운 것도 고용경직성과 연관이 있다.

고용창출을 위한 정책 방향은 노동시장을 유연화해서 기업들이 인력을 채용할 때 좀 탄력적이게 만들어줘야 한다. 독일이나 미국, 일본과 같은 선진국 수준으로 고용보호 법제를 낮춰줘야 한다. 그래야 글로벌 시장에서 경쟁을 할 수 있다고 생각된다. 한국의 고질병인 대기업 노조의 집단이기주의도 바뀌어야 한다. 우리나라 정부의 문제점 중 하나가 바로 상당히 정치적인 행보다. 정치권 노조의 눈치를 많이 보면서 정책이 휘둘리고 있다. 이게 왜 필요한지 국민들에게 설득시키고 이를 통해 더 많은 일자리가 생기고 여성 인력도 끌어낼 수 있다는 논리를 개발할 필요가 있다.

2005년 독일노총에 가서 하르츠 개혁을 할 때 왜 반대를 안 했냐 물어보니 사회적 압력이 자기들에게 집중돼 그랬다고 답했다. 노동계가 예민한 법안을 추진할 때는 교수, 언론, 정치권이 여러 가지 세미나나 칼럼 등의 여론을 형성해서 압박하는 것이 효과가 있지 않을까. 명분이나 조직논리를 약화시킬 수 있지 않을까 생각한다.

 윤기설

중앙대학교 신문방송학과를 졸업했고, 동 대학원 경제학과 박사 과정을 수료했다. 한국경제신문 사회부 차장, 한국경제신문 문화부장을 역임했으며, 현재 한국경제신문 노동전문기자로 활동 중이다. 저서로는 《제5의 권력》, 《노동운동, 상생인가 공멸인가: 노동 전문가 3인의 대담》이 있다.

07 미래를 가져다줄 실패의 쓴맛

"한국 일자리는 대부분 제조업인데도 대학 졸업자들이 작업 현장에서 일하는 '블루칼라' 일자리를 기피하고 있다. 이는 청년실업이 가중되는 이유다."

〈글로벌 인재포럼 2014〉에서 '도전하는 사람이 성공하는 능력 중심의 사회' 토론자로 나선 샤오양 리양 세계은행 선임교육스페셜리스트는 이같이 지적했다. 대졸자들의 생산직 기피로 대학에서 배우는 기술과 기업이 필요로 하는 기술 간 '미스매치'가 심화되고 있다는 것이다.

좌장으로 나선 권대봉 고려대 교육학과 교수는 할릴 던다르 세계은행 선임교육스페셜리스트와의 공동연구를 통해 "한국의 청년실업률은 장년층 실업률 대비 심각한 상황"이라고 분석했다. 2011년 45~54세의 실업률 대비 청년실업률(15~24세의 적극적인 구직자 실업률)

은 한국이 4.6배로 미국 2.5배, 유럽 27개국 3배, 독일 1.7배에 비해 월등히 높다. 권 교수는 "기술직업교육훈련의 설계 단계부터 고용주가 참여해 업계가 필요로 하는 기술교육을 제공하고 해고 및 고용 규제의 경직성을 완화해야 한다"고 제안했다. 심원술 교수는 "1980년대 미국 레이건 정부는 아날로그산업에서 디지털산업으로의 전환기에 실업자가 대량 발생하자 근로자들에게 디지털 기술교육을 강화했다"며 "민간과 정부가 협력해 근로자의 기술 격차를 메워주는 역할을 해야 한다"고 주문했다.

중졸 학력으로 블루칼라 근로자의 성공 신화로 꼽히는 김성길 대성중공업 회장은 이날 발표자로 나와 용접 기술 하나로 연매출 1,540억 원대 크레인 전문기업을 일군 일화를 소개했다. 김 회장은 "시화공단 부지에 장롱을 기둥 삼아 천막을 치고 간이 사무실을 만들며 사업을 시작했다"며 "학연·지연 등 비빌 언덕 하나 없이 믿을 건 오직나 자신뿐이라는 현실이 끊임없이 도전하게 한 원동력"이라고 강조했다.

고졸 취업 우수기관으로 선정된 프리마호텔의 이상준 사장은 "20대는 겉멋 부리지 말고 몸으로 때운다는 각오로 도전하라"며 "실패의 쓴맛이 엄청난 미래를 가져다줄 것"이라고 조언했다.

청년실업의 원인은 무엇일까
권대봉(고려대학교 교육학과 교수)

한국은 1960년대 2.6%에서 2010년 인구의 40%가 고등교육을 받게 됐다. 반면 말레이시아는 고등교육 비율이 15%, 스리랑카는 2%에 불과하다.

청년실업 문제에 있어 독일은 성장히 상황이 좋고 한국도 나쁘진 않다. 2011년 기준, 15~24세의 적극적인 구직자 실업률은 미국 17.3%, 유럽 27개국 21.4%, 독일 8.5%, 한국 9.6% 등이다. 한국의 청년실업률은 OECD 국가에 비해 상대적으로 낮다. 그러나 세대 간 위험분담을 감안하면 상황이 다르다. 45~54세 실업률 대비 청년실업률을 비교하면 미국 2.5배, 유럽 27개국 3.0배, 독일 1.7배, 한국 4.6배로 한국이 월등히 높다.

그럼 청년실업의 원인은 무엇일까? 경기 침체 및 경제성장의 둔화에 따른 일자리 부족이 첫 번째 원인이다. 두 번째는 고용주가 필요로 하는 기술과 교육제도를 통해 얻을 수 있는 기술 간 격차를 꼽을 수 있다. 세 번째는 노동시장의 경직성으로 임금 및 복지의 문제, 고용보호의 문제 등이다.

던다르 박사는 기술의 수요와 공급 간 미스매치를 경험하는 모든 국가들에 다음과 같은 정책적 제언을 한다. 고용주들이 기술직업교육훈련(TVET) 프로그램 설계 단계에 참여해 기술 관련성을 높여야 한다는 것이다. 또한 모니터링 평가를 강화하고, 성과급제도 등 인센티브를 제고해야 한다. 또 하나는 공공과 민간에서 제공하고 있는 훈련 프로그램 간 조율이다. 업계 파트너들이 참여하는 학교 내 진로교육이 더욱 강화돼야 한다. 고용과 해고 규정에 유연성도 필요하다. 실업수당을 이용해 고비용의 해고 시스템의 대안을 마련해야 한다.

| 토론 | ❷
주어진 삶에 굴복하지 않고 도전했기에
김성길(대성중공업 회장)

시골에서 5형제 중 차남으로 태어나 어린 나이에 가장이 됐다. 생계를 위해 지게를 짊어지는 날이 많아서 중학교만 간신히 졸업했다. 철공소 일을 하면서 기술을 가져야 동생들이 배를 곯지 않는다는 생각에 광주직업훈련원에서 1년간 용접 훈련을 받았다. 그 뒤에 원자력공사 조공으로 취업했지만 기술을 가르쳐주는 사람은 없었다. 그래서 리비아에서 6년간 일하며 기술을 배웠고, 최고 수준의 용접기술자가 됐다.

1994년 650만원으로 첫 사업을 시작했다. 작은 발전기를 임대했고 화물차를 한 대 샀다. 크레인을 만들 임대공장도, 부품을 수입할 돈도 없었다. 시화공단부지 철조망을 끊고 들어가 불법으로 사업을 시작했다. 고물상에서 고철을 사서 창고를 만들고 옷장을 기둥 삼아 사무실 겸 휴식할 공간을 만들었다. 그곳에서 화물차를 세워놓고 낮에는 영업, 밤에는 수주한 물건을 제작했다. 정말 죽을 각오로 열심히 일했다. 7일간 1초도 잠을 자지 않았던 적도 있다. 그렇게 시작한 사업이 5년 후 500평 규모의 공장을 설립하기에 이르렀다. 필리핀에 크레인을 수출하는 것을 시작으로 중동, 미국 등에 크레인을 수출하는 최대 수출회사가 됐다. 주어진 삶에 굴복하지 않고 도전했기에 가능한 일이었다.

| 토론 | ③
한국의 성공 DNA
심원술(한양대학교 경영학부 교수)

누가 기능 있는 인력을 공급하느냐는 국가 발전 단계에 따라 다르다. 개발도상국일수록 정부가 감독이 되어 그랜드플랜을 짜고 시작해야 하지만, 사회가 발전하고 성숙한 단계로 들어설수록 회사가 주역이 돼야 한다. 하지만 그것은 'OR'의 문제가 아니라 'AND'의 문제다.

1980년대 초반 미국의 제조업체들이 외국으로 나가고, 산업이 아날로그에서 디지털화되면서 많은 실업자가 생겼다. 그런데 이를 극복한 가장 중요한 비밀은 미국 노동성을 비롯해 주립 또는 연방정부가 나서서 아날로그 기술을 가진 노동자에게 무료로 디지털교육을 시켜준 데 있다.

한국은 배고프고 굶주릴 때 정부에서 산업기술을 가르쳤고, 죽음과 바꿀 각오로 열심히 일하는 근로자가 있었다. 이 두 가지가 한국 경제를 대표하는 성공 스토리가 아닌가 생각한다.

이제 우리의 숙제는 이런 DNA를 어떻게 유지하고 발전시킬 수 있는지다. 특히 우리나라는 80%의 고용이 중소·중견기업에서 이뤄지는데, 이런 성공 DNA를 어떻게 대기업이 아닌 기업에 전파하느냐가 굉장히 중요한 문제다. 또 유복한 환경에서 자라나는 2세들에게, 어떻게 하면 이런 DNA를 전파하느냐에 대한 해답을 찾아야 한다.

마지막으로 과연 개발도상국 상태에서 성공 스토리를 만들어냈던 DNA가 디지털시대에 과연 맞는가다. 만약 여전히 현 경제 상황에서도 필요하다면 이것을 어떻게 잘 가공해서 후세에게 공유할 방법을 개발할지를 찾는 게 학자들의 큰 과제가 아닌가 생각한다. 다시 말해, 열심히 일하는 것과 똑똑하게 일하는 것의 조화를 모색해야 한다는 것이다.

 | 토론 | ④
공동 거버넌스 위원회를 만들자
샤오얀 리양(세계은행 선임교육스페셜리스트)

어떻게 하면 인지적 발달과 함께 혁신과 창의성을 유지하고 21세기 기술을 모두 배울 수 있도록 균형을 잡을 수 있을까. 무엇보다 기술

직업교육훈련(TVET) 시스템을 유연하게 만드는 것이 필요하다. 노동시장과 사회 변화에 발 빠르게 맞춘 기술을 교육할 수 있어야 한다. 이를 위해선 고용주와 기업의 참여가 필요하다. TVET 기관, 업계, 정부 간 공동 거버넌스 위원회를 만들어 관리 체계를 만들고, 기업의 적극적인 참여를 유도해야 한다. TVET의 교육 내용도 업계에서 요구하는 기술이 무엇인지가 중심이 돼야 한다.

한국의 TVET 시스템은 노동력을 발전시키는 데 큰 역할을 해왔다. 다만 여전히 고쳐야 할 점이 있다. 대학을 졸업하고 블루칼라가 되는 것을 무시한다. 그런데 한국에 있는 일자리 대부분은 블루칼라 직종이다. 대학을 졸업하고도 취직을 못하는 경우가 많은데, 이는 기술 미스매치의 대표적 예라 할 수 있다.

직업능력개발교육시스템은 고등학교, 산업대, 폴리텍대, 기술고 등으로 파편화돼 있다. 특성화된 공립학교인 마이스터고를 더욱 확대시켜야 한다. 540개 고등학교 중 40개만이 마이스터고다. 나머지 500개 학교는 정부나 업계의 지원금도 받지 못하고 있다.

| 토론자 |
김성길(대성중공업 회장), 이상준(프리마호텔 사장)

▶ 청중 1: 어렵고 힘든 일이 있을 때마다 도전을 이끈 원동력이 무엇이었는가?

▶ 김성길: 가진 게 처음부터 없었다. 학연, 지연, 혈연이라는 도움을 받아본 일도 없다. 어렵고 힘들 적에는 그런 지원을 해줄 수 있는 주변 사람도 없었다. 소도 비빌 언덕이 있어야 비비는데, 그런 게 없었다. 믿을 건 나뿐이라는 생각으로 자신과의 싸움을 많이 했다.

주변 사람도 '쟤 망한다'는 얘기 많이 했는데 그걸 이기고, 꿈을 현실화해서 성공해야겠다는 생각밖에 없었다. 모든 것이 부족했던 점이 나를 단련시키는 가장 큰 스승이 아니었나 생각한다.

오늘 이 자리에 있을 수 있는 것도 자만하지 않은 덕분인 것 같다. 다른 사람들은 골프장 회원권을 사고, 좋은 집과 차를 살 때 나는 더 후진 차를 타고 열세 평짜리 전셋집에 살았다. 자만은 내 주변 사람을 다 죽이는 행위라고 생각했다. 대신 부모형제를 살피고, 직원들을 가족처럼 챙기는 일에 많은 연구를 했다. 21년째 사업을 하고 있는데, 10여 년 전부터 '소(小)사장제'를 운영하고 있다. 능력 있는 사람을 현장에서 일하는 경영자처럼 키우기 위해서다. 대기업에서 퇴직한 사람 등 17명의 소사장이 있는데 나름 경쟁력을 갖추고 있다.

지금은 오너지만 언제 망해서 다시 용접을 해야 할지 모르기 때문에 입던 옷도 버리지 않고 간직하고 있다. 오늘 망하더라도 내일 다시 그 자리에 올 수 있도록 포기하지 않고, 자만하지 않고 있다는 얘기다. 옛날 그 순간을 버리지 않기 위해 지금도 내 시계는 멈춰 있다.

▶ 청중 2: '도전하라'는 말을 자주 듣지만 많은 학생들은 실패하는 것이 두려워 도전하지 않거나, 이미 실패를 경험해 좌절하고 있다. 이런 학생들한테 따뜻한 조언이나 따끔한 충고를 해달라.

▶ 이상준: 한마디로 자신의 분수를 깨닫게 해줘야 한다. 우리는 너무 겉멋이 들었다. 부모가 한풀이 식으로 자녀를 교육시킨 결과다. 능력이 안 되고 공부 못하는 아이도 좋은 대학 보내야 한다는, 또 대학 보내야 부모 노릇 한다는 생각 때문이다. 어느 자리든 사회에서 소중하다는 것을 인정해줘야 한다. 택시기사나 배관공이 없으면 우리 사회에 큰일이 난다. 그분들의 일자리 하나하나를 소중하게 생각하는 사회가 됐을 때, 우리가 말하는 도전은 성공한 사람들만을 위한 것이 아닌 게 된다.

도전이라는 것은 몸으로 뛰어야 한다는 거다. 몸으로 때운다는 가치관을 갖고 일해봐라. 노상에서 영업할 수 있고, 무 밑천으로 장사할 수 있는 비전… 모든 일을 할 수 있다는 각오로 한번 해보는 거다. 체면문화나 친구들의 비교하는 마음이 우리 발목을 잡고 있는데, 그걸 내려놓으면 된다.

실패하면 어떤가? 그때 느껴지는 가치는 실패 안 해본 사람은 모른다. 실패라는 말을 두려워하지 마라. 거기서 오는 쓴맛이 엄청난 미래를 가져다줄 것이다.

글로벌 인재포럼 2014

신뢰와 통합의 인재가 답이다

제1판 1쇄 인쇄 | 2014년 12월 17일
제1판 1쇄 발행 | 2014년 12월 24일

지은이 | 한국경제신문 특별취재팀
펴낸이 | 고광철
펴낸곳 | 한국경제신문 한경BP
편집주간 | 전준석
편집 · 기획 | 김건희 · 이지혜
홍보 | 정명찬 · 이진화
마케팅 | 배한일 · 김규형
디자인 | 김홍신

주소 | 서울특별시 중구 청파로 463
기획출판팀 | 02-3604-553~6
영업마케팅팀 | 02-3604-595, 583 FAX | 02-3604-599
H | http://bp.hankyung.com   E | bp@hankyung.com
T | @hankbp   F | www.facebook.com/hankyungbp
등록 | 제 2-315(1967. 5. 15)

ISBN 978-89-475-2995-2   03320